Berlitz®

Portugais

guide de conversation

W0341174

Berlitz Publishing/APA Publications GmbH & Co. Verlag KG, Singapore Branch, Singapore

© 2003 Berlitz Publishing/Apa Publications GmbH & Co. Verlag KG, Singapore Branch, Singapore

Tous droits sont réservés. Sans l'autorisation préalable de l'éditeur, il est interdit de reproduire cet ouvrage, même partiellement, d'en faire des copies ou de le retransmettre par quelque moyen que ce soit, électronique ou mécanique (photocopie, microfilm, enregistrement sonore ou visuel, banque de données ou tout autre système de reproduction ou de transmission).

Marque Berlitz déposée auprès de l'US Patent Office et dans d'autres pays

Utilisation autorisée par licence de Berlitz Investment Corporation

Marques déposées: Ce livre contient des termes qui sont ou qui ont été désignés comme des marques déposées. La présence ou l'absence de cette désignation ne peut toutefois être considérée comme ayant valeur juridique.

Photo de couverture: © Royalty-Free/CORBIS

ISBN 981-246-155-8

Imprimé à Singapour par Insight Print Services (Pte) Ltd.,
38 Joo Koon Road, Singapore 628990

Table des matières

Guide de prononciation 6

Quelques expressions courantes 11

Arrivée 17

17 Contrôle des passeports
17 Douane
18 Bagages—Porteur
19 Où est...?
19 Réservation d'hôtel
20 Location de voiture
21 Taxi

Hôtel—Logement 22

23 A la réception
25 Décision
26 Personnel hôtelier
27 Questions d'ordre général
28 Téléphone—Courrier
28 Difficultés
29 Blanchisserie—Teinturerie
30 Coiffeur—Institut de beauté
31 Départ
32 Camping

Restaurants 33

34 Repas
35 La cuisine portugaise
36 Questions et commandes
38 Qu'y a-t-il au menu?
40 Petit déjeuner
41 Hors-d'œuvre
42 Salades
43 Potages
44 Poissons et fruits de mer
46 Viande
48 Gibier et volaille
49 Légumes
50 Pommes de terre, riz, pâtes
50 Epices et fines herbes
51 Fromage
52 Fruits
53 Desserts—Pâtisseries
55 Apéritifs
55 Bière
56 Vin
58 Autres boissons alcoolisées
59 Boissons sans alcool
61 Réclamations
62 L'addition
63 Repas légers—Pique-nique

Excursions 65

65 En avion
66 En train
68 Renseignements
69 Billets
69 Réservations
70 Dans le train
71 Bagages et porteurs
72 En métro
72 En autocar
73 En autobus—En tram
74 En bateau
74 Autres moyens de transport
75 En voiture
76 Demander son chemin
77 Stationnement
78 Pannes—Assistance routière
79 Panneaux routiers

Visites touristiques 80

81 Où est...?
82 Entrée
83 Qui—Quoi—Quand?
84 Services religieux
85 A la campagne
85 Points de repère

Distractions 86

86 Cinéma—Théâtre
88 Opéra—Ballet—Concert
88 Fado—Discothèques
89 Corrida
89 Sports
90 A la plage

Faire connaissance 92

92 Présentations
94 Le temps
95 Invitations
95 Rendez-vous

Guide des achats 97

98 Magasins et services
100 Expressions générales
104 Appareils électriques
105 Articles ménagers
106 Bijouterie—Horlogerie
108 Bureau de tabac
109 Camping
110 Epicerie
111 Habillement
111 Couleur
112 Tissu
114 Taille
115 Vêtements et accessoires
117 Chaussures
118 Librairie—Papeterie
120 Opticien
121 Pharmacie
125 Photographie
127 Souvenirs
127 Disques—Cassettes
128 Jouets

Votre argent: les banques—change 129

130 A la banque
131 Termes d'affaires

A la poste 132

133 Télégramme—Télex—Télécopie
134 Télécopie

Médecin 137

137 Généralités
138 Parties du corps
139 Accidents—Blessures
140 Maladies
141 Chez le gynécologue
143 Ordonnance—Traitement
144 Honoraires
144 Hôpital
145 Dentiste

Renseignements divers 146

146 Pays
147 Nombres
149 Année et âge
150 Saisons
150 Mois
151 Jours et date
152 Jours fériés
152 Souhaits et vœux
153 L'heure
154 Abréviations
155 Panneaux et inscriptions
156 Urgences
156 Objets perdus—Vol

Résumé de grammaire 157

Lexique et index (Portugais—Français) 162

Index en portugais 190

Carte du Portugal et du Brésil 192

Remerciements

Nous tenons à remercier tout particulièrement Mme Christine Arthur, Mme Dominique van der Stadt et Silvia Pilla pour leur collaboration dans la rédaction de ce livre ainsi que Dr T.J.A. Bennett, auteur du système de transcription phonétique.

Guide de prononciation

Cet exposé est destiné à vous familiariser avec notre système de transcription et à vous faciliter la prononciation du portugais.

Sous le titre «Quelques expressions courantes» (pages 11-16), nous avons sélectionné un minimum de mots et de phrases qui vous seront utiles pendant votre voyage.

Aperçu de l'orthographe et des sons portugais

Vous trouverez ci-après la prononciation des lettres et des sons portugais, ainsi que les symboles que nous utilisons pour leur transcription phonétique. Cette dernière devrait être lue comme s'il s'agissait de français, exception faite de quelques règles expliquées ci-dessous.

Certes, les sons de deux langues ne correspondent jamais exactement mais, en suivant attentivement nos indications, vous n'éprouverez aucune difficulté à lire nos transcriptions et à vous faire comprendre.

Les lettres écrites en **caractères gras** devraient être lues avec une accentuation plus prononcée que les autres.

Consonnes

Lettres	Prononciation approximative	Symbole	Exemple	
c, ç, ch, f, h, j, m, n, p, t, v	se prononcent comme en français			
b	1) au début d'un mot se prononce comme en français	b	**boca**	**bô**ka
	2) entre deux voyelles, est moins net	b	**beber**	beu**bér**

d	1) au début d'un mot se prononce comme en français	d	**dia**	**di**a
	2) il est moins net entre deux voyelles et rappelle le **th** du mot anglais **th**is	d	**cedo**	**sé**dou
g	1) au début d'un mot, ainsi que devant **a**, **o**, **u**, **l**, **r**, comme **g** dans **g**ant	g gh	**garfo** **guia**	**gar**fou **ghi**a
	2) il est moins net lorsqu'il est précédé d'une voyelle et suivi de **a**, **o**, **u**	g	**rogar**	rou**gar**
	3) devant **e**, **i**, se prononce comme **j** dans **je**	j	**gelo**	**jé**lou
l	1) à la fin d'un mot ou entre voyelle et consonne, comme le **l** de hou**le** prononcé au fond de la gorge	l	**mal**	mal
	2) autrement comme en français	l	**falar**	fa**lar**
lh	comme **lli** dans mi**lli**on	ly	**olho**	**ô**lyou
nh	comme **gn** dans oi**gn**on	gn	**vinho**	**vi**gnou
qu	1) devant **a**, **o**, comme **k** suivi d'un faible **ou**	k^{ou}	**quadro**	**k^{ou}a**drou
	2) devant **e**, **i**, comme en français	k	**quê**	ké
r	comme le **r** méridional (roulé à l'avant de la bouche)	r	**rua**	**rou**a
s	1) au début d'un mot ou après une consonne, comme **s** dans **si**; est transcrit **ss** si l'on veut conserver le son **s** entre deux voyelles	s	**saber**	sa**bér**
	2) entre deux voyelles (ne se trouvant pas forcément dans la même syllabe) se prononce comme **z** dans zoo	z	**casa**	**ka**za
	3) à la fin d'un mot ou devant **c**, **f**, **p**, **t**, **q**, comme **ch** dans **ch**at	ch	**país**	pa**ich**
	4) ailleurs comme **j** dans **je**	j	**cisne**	**sij**neu

x	1) généralement comme **ch** dans **ch**at	ch	**baixo**	**baï**chou
	2) dans la syllabe **ex-** précédant une voyelle, comme **z** dans **z**oo	z	**exacto**	ɨ**za**tou
	3) quelquefois comme le son **ks** du mot ta**x**i	ks	**taxi**	**ta**ksi
z	1) au début d'un mot ou entre deux voyelles comme **z** dans **z**oo	z	**zero**	**zè**rou
	2) à la fin d'un mot ou devant **c**, **f**, **p**, **q**, **s**, **t**, comme **ch** dans **ch**at	ch	**feliz**	feu**lich**

Voyelles

a	1) comme **a** dans ch**a**t	a	**nado**	**na**dou
	2) inaccentué ou devant **m**, **n**, **nh** (sans faire partie de la même syllabe), un peu comme **eu** dans p**eu**r	a	**porta**	**por**ta
e	1) accentué, généralement comme **è** dans m**è**re	è	**perto**	**pèr**tou
	2) accentué, quelquefois comme **é** dans th**é**	é	**cabelo**	ka**bé**lou
	3) inaccentué, comme **eu** dans p**eu**	eu	**pesado**	peu**za**dou
	4) au début d'un mot et dans quelques autres cas se prononce entre **é** et **i** français	ɨ	**exacto** **antes**	ɨ**za**tou **œ̃**tɨch
é	comme **è** dans m**è**re	è	**café**	ka**fè**
ê	comme **é** dans th**é**	é	**mês**	méch
i	1) se prononce comme en français	i	**riso**	**ri**zou
	2) au long de cette transcription, utilisé pour indiquer une «mouillure»; même son que le **y** dans **y**oga	^{y}	**viajem**	**vya**jœ̃^{y}

o	1) accentué, comme **o** dans v**o**te, mais avec la langue un peu plus bas	o	**fora**	**fo**ra
	2) quelquefois, accentué ou non, se prononce comme **ô** dans r**ô**le (notamment devant **l** ou **a**)	ô	**voltar**	vôltar
	3) inaccentué, à la fin d'un mot, comme **ou** dans ch**ou**	ou	**caso**	**ka**zou
ô	se prononce comme en français	ô	**pôs**	pôch
ou	comme **ô** dans r**ô**le	ô	**ouro**	**ô**rou
u	généralement comme **ou** dans ch**ou**	ou	**número**	**nou**meurou

Diphtongues

Une diphtongue est la juxtaposition de deux voyelles prononcées ensemble et ne formant plus qu'un seul son; p.ex. **oi** dans r**oi** ou **ail** dans trav**ail**. Dans les diphtongues portugaises **a**, **e**, **o** sont des voyelles «fortes», tandis que **i** et **u** sont des voyelles «faibles». Dans les diphtongues, les voyelles «fortes» sont prononcées avec plus d'intensité que les «faibles»; ainsi **ai** se prononce comme **ail (aï)** dans trav**ail**.

La prononciation exacte des diphtongues portugaises n'est pas facile à déterminer. Nous les transcrirons en utilisant **y** (prononcé **ille**) et **ou** pour indiquer l'élément «faible» sauf dans quelques cas où nous utiliserons **aï** ou **oï** pour éviter des ambiguïtés. Nous imprimerons l'élément faible dans une position élevée, donc **é**$^{\mathbf{ou}}$ doit être lu avec **é** «fort» suivi dans la même syllabe d'un **ou** «faible».

oi	se prononce comme **oï** dans M**oï**se	oï	**noite**	**noï**teu
ai	se prononce comme **ail** dans trav**ail**	aï	**mais**	maïch

Voyelles nasales

ã, am, an	comme **um** dans h**um**ble (prononciation non parisienne)	œ	**maçã**	ma**ssœ**
em, en	un **é** nasalisé	ẽ	**cento**	**sẽ**tou
im, in	un **i** nasalisé	ĩ	**cinco**	**sĩ**kou
om, on	comme **on** dans s**on**	õ	**bon**	bõ
um, un	un **ou** nasalisé	ũ	**um**	ũ

Diphtongues nasales

Dans ces diphtongues, le premier élément est nasalisé et combiné avec un deuxième élément plus faible (**y** ou **ou**), dont le degré de nasalisation varie.

Dans ces différents cas, **y** se prononce: **ille**.

ãe, ãi, -en, êm, -em en finale	comme **œ** portugais suivi d'un **y** faible	œ^{y}	**mãe**	mœ^{y}
ão, am finale inaccentuée	comme **œ** portugais suivi d'un **ou** faible	œ^{ou}	**mão**	mœ^{ou}
õe, õi	comme **õ** suivi d'un **y** faible	õ^{y}	**põe**	põ^{y}
ui	dans le mot **muito** comme un **ou** nasalisé suivi d'un **y** faible	o͠u^{y}	**muito**	**mo͠u^{y}**tou

Le portugais au Brésil

Le portugais parlé au Brésil diffère da la langue de souche sur plusieurs points. Le débit est plus lent, et les mots sont plus détachés. En outre, les voyelles non accentuées sont plus distinctes, alors qu'au Portugal elles sont souvent avalées.

En fin de syllabe, on a tendance à prononcer les consonnes **s** et **z** comme dans **s**on et **z**one, plutôt que comme **ch** dans **ch**at ou **j** dans **j**eu. Au surplus, certains groupes de voyelles ou certaines diphtongues sont souvent simplifiés.

Quelques expressions courantes

Oui.	**Sim.**	sĩ
Non.	**Não.**	nœou
S'il vous plaît.	**Por favor/Se faz favor.**	pour fa**vôr**/sé fach fa**vôr**
Merci.	**Obrigado(a)*.**	ôbri**ga**dou(a)
Merci beaucoup.	**Muito obrigado(a)*.**	mõũytô ôbri**ga**dou(a)
Il n'y a pas de quoi/ de rien.	**De nada.**	dé **na**da

Salutations *Saudações*

Bonjour.	**Bom dia.**	bõ **di**a
Bonjour (après-midi).	**Boa tarde.**	**bô**a **tar**dé
Bonsoir.	**Boa noite.**	**bô**a **noï**té
Bonne nuit.	**Boa noite.**	**bô**a **noï**té
Au revoir.	**Adeus.**	**adéou**ch
A plus tard.	**Até logo.**	a**tè lo**gou
Salut!	**Olá!**	**o**la
Voici Monsieur/ Madame/ Mademoiselle…	**Apresento-lhe o Senhor/a Senhora/a Menina [a Senhorita]…**	aprezẽtô lyeu ô sɨ**gnôr**/a sɨ**gno**ra/a mé**ni**na [a sɨgno**ri**ta]
Enchanté(e).	**Muito prazer.**	**mõũy**tô pra**zér**
Comment allez-vous?	**Como está?**	**kô**mô ɨch**ta**
Très bien, merci. Et vous?	**Muito bem, obrigado(a). E o senhor (a senhora)?**	**mõũy**tô bẽ ôbri**ga**dô(a). è ô sɨ**gnôr** (a sɨ**gno**ra)
Comment ça va?	**Tudo bem?**	**tou**dô bẽ
Très bien.	**Tudo bem.**	**tou**dô bẽ
(Je vous demande) pardon?	**Como disse?**	**kô**mô **di**ssé
Excusez-moi.	**Com licença.**	kõ li**ssẽ**sa
Pardon/Désolé(e)!	**Desculpe!/Perdão!**	dɨch**koul**pé/pér**dœou**

---

* Lorsqu'un mot peut être employé au masculin ou au féminin, nous avons donné la forme masculine en premier, suivie du féminin entre parenthèses; dans cet exemple, une femme dirait **obrigada**.

Questions *Perguntas*

Où?	**Onde?**	õdé
Comment?	**Como?**	**kô**mou
Quand?	**Quando?**	**k^{ou}œ̃**dou
Quoi?	**O quê?**	ô ké
Pourquoi?	**Porquê?**	pôr**ké**
Qui?	**Quem?**	kẽ
Quel(le)?	**Qual/Quais?**	k^{ou}al/k^{ou}aich
Où est...?	**Onde e/fica...?**	**õ**dé è/**fi**ka
Où sont...?	**Onde são/ficam...?**	**õ**dé sœ̃^{ou}/**fi**kœ̃
Où puis-je trouver/ obtenir...?	**Onde posso encon- trar/arranjar...?**	**õ**dé **po**ssô ẽkõ**trar**/arœ̃**jar**
A quelle distance?	**A que distância?**	a ké dis**tœ̃**ssya
Il faut combien de temps?	**Quanto tempo?**	k^{ou}**œ̃**tô **tẽ**pou
Combien?	**Quanto/Quan- tos(as)?**	k^{ou}**œ̃**tou/k^{ou}**œ̃**tôch(ach)
Combien coûte ceci?	**Quanto custa isto?**	k^{ou}**œ̃**tô **kouch**ta **ich**tou
A quelle heure ouvre/ ferme...?	**Quando abre/ fecha...?**	k^{ou}**œ̃**dô **a**bré/**fé**^{y}cha
Comment appelle- t-on ça en portugais?	**Como se chama isto/aquilo em português?**	**kô**mô sé **cha**ma **ich**tou/ a**ki**lô ẽ portou**gouéch**
Que veut dire ceci/ cela?	**O que quer dizer isto/aquilo?**	ô keu keur **di**zèr **ich**to/ œ**ki**lou

Parlez-vous...? *Fala...?*

Parlez-vous français?	**Fala francês?**	**fa**la fran**sséch**
Est-ce que quelqu'un ici parle français?	**Há aqui alguém que fale francês?**	a a**ki al**guèm ké **fa**lé fran**sséch**
Je ne parle pas (bien) portugais.	**Não falo (bem) português.**	nœ̃^{ou} **fa**lô (bẽ) portou**gouéch**
Pourriez-vous parler plus lentement, s.v.p.?	**Pode falar mais devagar?**	**po**dé fa**lar** maïch déva**gar**
Pourriez-vous répéter ça?	**Pode repetir?**	**po**dé répé**tir**
Pourriez-vous l'épeler?	**Pode soletrar?**	**po**dé sôlé**trar**

Comment prononce-t-on ça?	**Como se pronuncia isto?**	**kô**mô sé pro**nõu**ssia **ich**tou
Pourriez-vous l'écrire, s.v.p.?	**Pode escrever, por favor?**	**po**dé ɨchcré**vèr** pôr fa**vôr**
Pourriez-vous me traduire ça?	**Pode traduzir-me isto?**	**po**dé tradou**zir**mé **ich**tou
Pourriez-vous nous traduire ça?	**Pode traduzir-nos isto?**	**po**dé tradou**zir**nôch **ich**tou
Pourriez-vous me montrer le/la ... dans le livre, s.v.p.?	**Pode mostrar-me ... no livro, por favor?**	**po**dé môch**trar**mé ... nô **li**vrô pôr fa**vôr**
mot	**a palavra**	a pa**la**vra
expression	**a expressão**	a ɨchpré**ssœ̃ou**
phrase	**a frase**	a **fra**zé
Un instant.	**Só um momento.**	so õu mô**mẽ**tou
Je vais voir si je le trouve dans ce livre.	**Vou ver se acho neste livro.**	vô vér sé **a**chô **néch**té **li**vrou
Je comprends.	**Percebo/Compreendo*.**	pér**cè**bou/kõ**pryẽ**dou
Je ne comprends pas.	**Não percebo/compreendo*.**	nœ̃ou pér**kè**bo/kõ**pryẽ**dou
Vous comprenez?	**Percebe/Compreende?***	pér**kè**bé/kõ**pryẽ**dé

Puis-je ...? *Pode ...?*

Puis-je avoir ...?	**Pode dar-me ...?**	**po**dé dar mé
Pouvons-nous avoir ...?	**Pode dar-nos ...?**	**po**dé dar nôch
Pouvez-vous m'indiquer ...?	**Pode mostrar-me ...?**	**po**dé môch**trar** mé
Je ne peux pas.	**Não posso.**	nœ̃ou **po**ssou
Pouvez-vous me dire ...?	**Pode dizer-me ...?**	**po**dé di**zèr** mé
Pouvez-vous m'aider?	**Pode ajudar-me?**	**po**dé ajou**dar** mé
Puis-je vous aider?	**Posso ajudá-lo(la)?**	**po**ssô ajou**da** lô(la)
Pouvez-vous m'indiquer le chemin de ...?	**Pode indicar-me a direcção para ...?**	**po**dé ĩdi**kar** mé a dir**éssœ̃ou**

* Au Brésil; **Entendo/Não entendo/Entende** (ẽn**tẽn**dou/nœ̃ou ẽn**tẽn**dou/ẽn**tẽn**dɨ).

Voulez-vous...? *Quer...?*

Je voudrais...	**Queria...**	ké**ria**
Nous voudrions...	**Queríamos...**	ké**ria**moch
Qu'est-ce que vous voulez?	**O que deseja?**	o ké dé**zé**ja
Pourriez-vous me donner...?	**Poderia dar-me...?**	podé**ria** dar mé
Pourriez-vous m'apporter...?	**Poderia trazer-me...?**	podé**ria** tra**zèr** mé
Pourriez-vous m'indiquer..?	**Pode mostrar-me...**	**po**dé môch**trar** mé
Je cherche...	**Estou à procura de...**	ɨch**tô**^{ou} a prô**kou**ra dé
Je suis à la recherche de...	**Estou a buscar...**	ɨch**tô**^{ou} a bouch**kar**
J'ai faim.	**Tenho fome.**	**tẽ**gnô **fo**mé
J'ai soif.	**Tenho sede.**	**tẽ**gnô **sè**dé
Je suis fatigué(e).	**Estou cansado(a).**	ɨch**tô**^{ou} kœ̃**ssa**dô(a)
Je me suis égaré(e).	**Perdi-me.**	pér**di** mé
C'est important.	**É importante.**	è ĩpôr**tœ̃**té
C'est urgent.	**É urgente.**	è our**jẽ**té

C'est/il y a... *É/Está/Há...*

C'est...	**É/Está*...**	è/ɨch**ta**
Est-ce...?	**É/Está...?**	è/ɨch**ta**
Ce n'est pas...	**Não é/Não está...**	nœ̃^{ou} è/nœ̃^{ou} ɨch**ta**
Le voici/la voici.	**Aqui está.**	a**ki** ɨch**ta**
Les voici.	**Aqui estão.**	a**ki** ɨch**tœ̃**^{ou}
Le voilà/la voilà.	**Aí está.**	aï ich**ta**
Les voilà.	**Aí estão.**	aï ich**tœ̃**^{ou}
Il y a...	**Há...**	a
Y a-t-il...?	**Há...?**	a
Il n'y a pas...	**Não há...**	nœ̃^{ou} a
Il n'y en a pas.	**Não há nenhum (nenhuma)/nenhuns (nenhumas).**	nœ̃^{ou} a né**gnoũ** (né**gnoũ**ma)/né**gnoũch** (né**gnoũ**mach)

---

* Voir section grammaire page 162 (verbes).

C'est... *É/Está...*

beau/laid	**lindo/feio***	**lĩ**dou/**fé**^{y}ou
bon marché/cher	**barato/caro**	ba**ra**tou/**ka**rou
bon/mauvais	**bom/mau**	bõ/ma^{ou}
chaud/froid	**quente/frio**	**kẽ**té/**fri**ou
facile/difficile	**fácil/difícil**	**fa**ssil/dɨ**fi**ssil
grand/petit	**grande/pequeno**	**grœ̃**dé/pé**ké**nou
ici/là-bas	**aqui/aí**	a**ki**/aï
juste/faux	**certo/errado**	**sèr**tou/ɨ**rra**dou
le suivant/le dernier	**próximo/último**	**pro**ksimou/**oul**timou
libre/occupé	**livre/ocupado**	**li**vré/ôkou**pa**dou
lourd/léger	**pesado/leve**	pɨ**za**dou/**lè**vé
mieux/pire	**melhor/pior**	mɨ**lyor**/pyor
ouvert/fermé	**aberto/fechado**	a**bèr**tou/fɨ**cha**dou
plein/vide	**cheio/vazio**	**ché**you/va**zi**ou
près/loin	**perto/longe**	**pèr**tou/**lõ**gé
rapide/lent	**rápido/lento**	**ra**pidou/**lẽ**tou
tôt/tard	**cedo/tarde**	**sé**dou/**tar**dé
vieux/jeune	**idoso/jovem**	i**do**zou/**jo**vẽ^{y}
vieux/neuf	**velho/novo**	**vè**yo/**no**vou

Quantités *Quantidades*

un peu/beaucoup	**um pouco/muito**	õu **pô^{ou}**kou/**mõu^{y}**tou
peu de/quelques	**poucos/alguns (algumas)**	**pô^{ou}**kôch/al**gõu**ch (al**gõu**mach)
beaucoup (sing.)	**muito**	**mõu^{y}**tou
beaucoup (plur.)	**muitos**	**mõu^{y}**tôch
plus/moins (que)	**mais/menos (do que)**	maich/**mè**noch (do ké)
assez/trop	**bastante/ demasiado**	bach**tœ̃**té/déma**sia**dou
du/de la/des	**algum/alguns**	al**gõu**/al**gõu**ch

* Pour le pluriel et le féminin, voir section grammaire page 160 (adjectifs).

Quelques autres mots utiles *Outras palavras úteis*

à	**a, em**	a, ẽ^{y}
à côté de	**ao lado de**	a^{ou} **la**dô dé
après	**depois (de)**	dé**poïch** (dé)
à travers	**através (de)**	atra**vèch** (dé)
aucun(e)	**nenhum(a)**	nẽ**gnoũ** (nẽ**gnoũ**ma)
au-dessous	**abaixo (de)**	a**ba**^{y}chô (dé)
au-dessus	**acima (de)**	a**ssi**ma (dé)
aussi	**também**	tœ̃**bẽ**
avant	**antes (de)**	**œ̃**tich (dé)
avec	**com**	kõ
bientôt	**em breve**	ẽ **brè**vé
dans	**em**	ẽ
de	**de**	dé
dedans	**dentro (de)**	**dẽ**trô (dé)
dehors	**fora (de)**	**fo**ra (dé)
depuis	**desde**	**dèj**dé
derrière	**atrás (de)**	a**trach**
en bas	**em baixo**	ẽ **ba**^{y}chou
en haut	**em cima**	ẽ **sĩ**ma
ensuite	**então**	ẽ**tœ̃**^{ou}
entre	**entre**	ẽtré
et	**e**	i
ici	**aqui**	a**ki**
jamais	**nunca**	**noũ**ka
jusqu'à	**até**	a**tè**
maintenant	**agora**	a**go**ra
mais	**mas**	mach
ou	**ou**	ou
pas	**não**	nœ̃^{ou}
pas encore	**ainda**	aĩda
pendant	**durante**	dou**rœ̃**té
peut-être	**talvez**	tal**vèch**
pour	**por, para**	por, **pa**ra
près	**perto de**	**pèr**tô dé
puis	**depois**	deu**poïch**
rien	**nada**	**na**da
sans	**sem**	sẽ
seulement	**só**	so
sous	**debaixo (de)**	dé**ba**^{y}chô (dé)
sur	**sobre**	**so**bré
très	**muito**	**moũ**^{y}tou
vers/en direction de	**para, cerca de**	**pa**ra, **sèr**ka dé

Arrivée

Contrôle des passeports *Controle de passaportes*

Voici mon passeport.	**Aqui está o meu passaporte.**	**aki** ɨch**ta** o mé^{ou} passa**por**té
Je resterai...	**Fico...**	**fi**kou
quelques jours	**alguns dias**	al**gõuch di**ach
une semaine	**uma semana**	**õu**ma sé**mœ̃**na
deux semaines	**duas semanas**	**dou**ach sé**mœ̃**nach
un mois	**um mês**	õu méch
Je ne sais pas encore.	**Ainda não sei.**	aĩda nœ̃^{ou} sé^{y}
Je suis ici en vacances.	**Estou aqui de férias.**	ɨch**tô** a**ki** dé **fè**ryach
Je suis ici pour affaires.	**Estou aqui em [a] negócios.**	ɨch**tô** a**ki** ẽ [a] né**go**ssyoch

ALFÂNDEGA
DOUANE

Après avoir récupéré vos bagages à l'aéroport (*o aeroporto*—ou aèro**ppôr**tou), vous avez le choix: suivez la sortie verte si vous n'avez rien à déclarer; ou suivez la sortie rouge si vous avez des marchandises à déclarer.

DECLARAR
marchandises à déclarer

ARTIGOS A NADA A DECLARAR
rien à déclarer

Je n'ai rien à déclarer.	**Não tenho nada a declarar.**	ñ^{ou} **tẽ**gnô **na**da a dékla**rar**
J'ai...	**Tenho...**	**tẽ**gnou
cartouche de cigarettes	**um pacote de cigarros**	õu pa**ko**té dé si**gar**rôch
bouteille de whisky	**uma garrafa de uísque**	**õu**ma gar**ra**fa dé **ouïch**kɨ
C'est pour mon usage personnel.	**É para uso pessoal.**	è **pa**ra **ou**zô péss^{ou}**al**
C'est un cadeau.	**É um presente.**	è õu pré**sẽ**té

O seu passaporte, por favor.	Votre passeport, s'il vous plaît.
Tem alguma coisa a declarar?	Avez-vous quelque chose à déclarer?
É favor abrir este saco [esta bolsa].	Pouvez-vous ouvrir ce sac, s.v.p.?
Tem de pagar direitos [taxas] por isto.	Il y a des droits de douane à payer sur cet article.
Tem mais bagagem?	Avez-vous d'autres bagages?

Bagages—Porteur *Bagagem—Carregador*

Porteur!	**Bagageiro [Carregador]!**	baga**jœ**^{y}rô [karréga**dôr**]
Prenez ce bagage, s.v.p.	**Por favor, leve esta bagagem.**	pôr fa**vôr lè**vé **ich**ta ba**ga**jẽ
C'est le mien.	**Essa é minha.**	**i**ssa è **mi**gna
Portez ces bagages à la/au ...	**Leve esta bagagem ...**	**lè**vé **ich**ta ba**ga**jẽ
bus	**até ao autocarro [ônibus]**	a**tè** a^{ou} a^{ou}tô**ka**rrô [**ô**nibouch]
taxi	**até ao táxi**	a**tè** a^{ou} **ta**ksi
Combien vous dois-je?	**Quanto é?**	kou**œ̃**tô è
Il en manque un/une.	**Falta um volume.**	**fal**ta ũu vo**lou**mé
Où sont les chariots à bagages?	**Onde estão os carrinhos da bagagem?**	õdé ich**tœ̃**^{ou} och ka**rri**gnoch da ba**ga**jẽ

Change *Câmbio*

Où est le bureau de change le plus proche?	**Onde fica a agência de câmbio mais próxima?**	õdé **fi**ka a a**jẽ**ssya dé **kœ̃**byo maich **pro**ssima
Pouvez-vous changer ces chèques de voyage?	**Pode trocar estes cheques de viagem?**	**po**dé trô**kar ich**téch **chè**kéch dé **via**jẽ
Je voudrais changer des ...	**Quero trocar ...**	**kè**rô trô**kar**

BANQUE—CHANGE, voir page 129

Pouvez-vous changer ceci contre des cruzeiros?	**Pode trocar isto em cruzeiros?**	podé trôkar ichtô e krouzœ^{y}rôss

Où est...? *Onde é...?*

Où est...?	**Onde é...?**	õdé è
bureau des réservations	**a marcação de lugares**	a markassœ̃^{ou} dé lougaréch
kiosque à journaux	**o quiosque [a banca] de jornais**	o kiochki [a bœ̃ka] dé jornaich
magasin hors-taxe	**a free shop**	a fouï chop
restaurant	**o restaurante**	o rɨchtaourœ̃té
Comment puis-je aller à/au...?	**Como posso ir para...?**	kômô possô ir para
Y a-t-il un bus pour aller en ville?	**Há um autocarro [ônibus] para o centro da cidade?**	a õũ aoutôkarro [ônibouch] para o sẽtrô da sidadé
Où puis-je trouver un taxi?	**Onde posso apanhar um táxi?**	õdé possô apagnar õũ taksi
Où puis-je louer une voiture?	**Onde posso alugar um carro?**	õdé possô alougar õũ karrou

Réservation d'hôtel *Reserva de hotel*

Avez-vous un guide des hôtels?	**Tem uma lista de hotéis?**	tẽ õũma lichta dé hôtéich
Pourriez-vous me réserver une chambre?	**Podia reservar-me um quarto?**	pôdia rézérvarmé õũ k^{ou}artou
dans le centre-ville	**no centro**	no sẽtrou
près de la gare	**perto da estação dos caminhos de ferro [estação ferroviária]**	pèrtô da ɨchtassœ̃^{ou} dôs kamignos dé fèrrô [ɨstassœ̃^{ou} fèrrôvyarya]
une chambre à un lit	**um quarto individual**	õũ k^{ou}artô ĩdivid^{ou}al
une chambre pour deux personnes	**um quarto duplo**	õũ k^{ou}artô douplou
pas trop chère	**não muito caro**	nœ̃^{ou} mõũ^{y}tô karo
Où se trouve l'hôtel/la pension?	**Onde fica o hotel/a pensão?**	õdé fika o ôtél/a pẽssœ̃^{ou}
Avez-vous un plan de la ville?	**Tem uma planta [um mapa] da cidade?**	tẽ õũma plœ̃ta [õũ mapa] da sidadé

HÔTEL/LOGEMENT, voir page 22

Location de voiture *Aluguer [Aluguel] de automóveis*

Pour louer une voiture, vous devez être en possession d'un permis de conduire valide (depuis au moins un an). Certaines compagnies fixent l'âge minimum à 23 ans, d'autres à 25 ans. Si vous possédez une carte de crédit reconnue, vous n'aurez pas, en principe, à payer d'arrhes; sinon vous devrez laisser des arrhes assez élevées (qui vous seront rendues à la fin). L'assurance au tiers est généralement comprise dans le prix.

Je voudrais louer une voiture…	**Queria alugar um carro…**	ké**ria** alou**gar** õũ **ka**rrou
petite	**pequeno**	pé**kẽ**nou
moyenne	**de tamanho médio**	dé ta**mœ̃**gno **mè**dyou
grande	**grande**	**grœ̃**dé
automatique	**automático**	aoutô**ma**tikou
Je la voudrais pour un jour/une semaine.	**Queria-o por um dia/uma semana.**	ké**ria** ô pôr õũ **di**a/**õũ**ma sé**ma**na
Y a-t-il des forfaits pour le week-end?	**Há condições especiais para o fim-de-semana?**	a kõdi**ssõ^{y}ch** ɨchpé**ssia^{y}ch** para o fĩ dé sé**ma**na
Avez-vous des tarifs spéciaux?	**Há tarifas especiais?**	a ta**ri**fach ɨchpé**ssia^{y}ch**
Quel est le tarif par jour/semaine?	**Qual é o preço por dia/semana?**	k^{ou}al è o **pré**ssô pôr **di**a/ sé**ma**na
Est-ce que le kilométrage est compris?	**A quilometragem está incluída?**	a kilomé**tra**jém ɨch**ta** ĩclou**i**da
Quel est le tarif par kilomètre?	**Qual é o preço por quilómetro?**	k^{ou}al è o **pré**ssô pôr ki**lo**métrou
J'aimerais laisser la voiture à…	**Queria deixar o carro em…**	ké**ria** dé^{y}**char** o **ka**rrô ẽ
Je voudrais une assurance tous risques.	**Queria um seguro contra todos os riscos.**	ké**ria** õũ sé**gou**rô **kõ**tra **to**dôch ôch **rich**koch
Quel est le montant de la caution?	**De quanto é o sinal?**	dé **k^{ou}œ̃**tô è o si**nal**
J'ai une carte de crédit.	**Tenho cartão de crédito.**	**tẽ**gno kar**tœ̃**^{ou} dé **kré**ditou
Voici mon permis de conduire.	**Aqui está a minha carta de condução [carteira de motorista].**	a**ki** **ɨchta** a **mi**gna **kar**ta deu kõdou**ssõũ**^{ou} [kar**tœ**^{y}ra deu môto**ris**ta]

VOITURE, voir page 75

Taxi *Táxi*

Au Portugal les taxis sont signalés par l'inscription *táxi* ou par la lettre «A» (pour *aluguer*—libre). Tous ne disposent pas d'un compteur. Au Brésil tous taxis ont un taximètre.

Où puis-je trouver un taxi?	**Onde posso apanhar um táxi?**	õdé **po**ssô apœ**gnar** õu **ta**ksi
Où est la station de taxis?	**Onde fica o ponto de táxi?**	õdé **fi**ka o **põ**tô dé **ta**ksi
Pourriez-vous m'appeler un taxi?	**Podia chamar-me um táxi?**	pô**di**a cha**mar** mé õu **ta**ksi
Quel est le tarif pour...?	**Quanto é o percurso [a corrida] para...?**	**k^{ou}al è ô pré**ssô dô peur**kour**sô [da kô**rri**da] **pa**ra
A quelle distance se trouve...?	**A que distância fica...?**	a ké dich**tœ**ssia **fi**ka
Conduisez-moi ...	**Leve-me...**	**lè**vé mé
à cette adresse	**a este endereço**	a **ɨch**té ẽdé**rè**ssou
à l'aéroport	**ao aeroporto**	a^{ou} aèrô**por**tou
au centre-ville	**ao centro da cidade**	a^{ou} **sẽ**trô da si**da**dé
à l'hôtel...	**ao Hotel...**	a^{ou} o**tèl**
à la gare	**à estação dos caminhos de ferro [estação ferroviária]**	a ɨchta**ssœ̃^{ou}** doch ca**mĩ**gnoch dé **fé**rrô [ɨchta**ssœ̃^{ou}** férro**vi**aria]
Tournez à... au prochain coin de rue.	**Vire... na próxima esquina.**	**vi**reu... na **pro**ssima ɨch**ki**na
gauche/droite	**à esquerda/à direita**	a èch**kèr**da/a di**rè^{y}**ta
Continuez tout droit.	**Vá sempre em frente.**	va **sẽ**preu œ̃^{y} **frẽ**teu
Arrêtez-vous ici, s.v.p.	**Páre aqui, por favor.**	**pa**ré a**ki** pôr fa**vôr**
Je suis pressé(e).	**Estou com pressa.**	ɨch**tô** kõ **pré**ssa
Pourriez-vous conduire plus lentement?	**Pode conduzir [dirigir] mais devagar?**	**po**dé kõdou**zir** [diri**jir**] maich déva**gar**
Pourriez-vous m'aider à porter mes bagages?	**Pode ajudar-me a levar a bagagem?**	**po**dé ajou**dar** mé a lè**var** a baga**jém**
Pourriez-vous m'attendre?	**Pode esperar por mim?**	**po**dé ɨchpé**rar** pôr mĩ
Je reviens dans dix minutes.	**Volto daqui a 10 minutos.**	**vôl**tô da**ki** a 10 mi**nou**tôch

POURBOIRES, voir 3ème page de couverture

Hôtel—Logement

Il est indispensable de réserver à l'avance puis de confirmer votre réservation si vous vous rendez dans de grands centres touristiques en pleine saison. Mais s'il vous arrivait de vous trouver sans logement, adressez-vous à l'office de tourisme (*turismo*—tou**riz**mõ) que vous trouverez dans la plupart des villes.

Hotel (o**tèl**) — Outre les hôtels de famille «hotels rurais», les hôtels portugais sont classés en plusieurs catégories, qui vont des 2 étoiles aux 5 étoiles de luxe; au Brésil, il y a cinq catégories officielles. Les prix peuvent toutefois varier à l'intérieur d'une même catégorie, selon la situation de l'hôtel et les prestations offertes.

Pousada (pô[ou]**za**da) — Hostellerie de style régional gérée par l'État (Portugal) et construite à proximité des routes principales ou de sites historiques. Les prix y sont raisonnables et la nourriture excellente. En haute saison, vous ne pourrez y rester que 5 jours.

Estalagem (ɨchta**la**jẽ) — Même genre que la Pousada, mais plus cher. N'appartient pas à l'État.

Motel (mô**tèl**) — De plus en plus courants, surtout au Brésil.

Pensão (pẽ**ssœ**[ou]) — Correspond à une pension de famille. Il en existe en général quatre catégories.

Pousada de juventude (pô[ou]**za**da dé jouvẽ**tou**dé) — Auberges de jeunesse (Portugal). Vous pourrez séjourner dans ces auberges à Lisbonne et dans quelques villes de la côte.

Remarque: des appartements meublés ou des villas peuvent être loués par l'intermédiaire d'agences spécialisées.

Pouvez-vous me recommender un hôtel/une pension?	**Pode recomendar-me um hotel/ uma pensão?**	**po**dé rékõmẽ**dar** mé õu o**tèl**/**õu**ma pè**ssœ**[ou]
Y a-t-il des appartements libres?	**Tem apartamentos para alugar?**	tẽ aparta**mẽ**tôch **pa**ra alou**gar**

A la réception *Recepção*

Je m'appelle...	**O meu nome é...**	ô mé^{ou} **nô**mé é
J'ai réservé.	**Tenho uma reserva.**	**tœ̃y**gnô **ou**ma reuzèrva
Nous avons réservé deux chambres.	**Reservámos 2 quartos/um apartamento.**	rézèr**va**mouch doïch k^{ou}**ar**tôch/õu aparta**mẽ**tou
Voici la confirmation.	**Aqui está a confirmação.**	aki **ɨchta** a kõfirmœ**ssœ̃**^{ou}
Avez-vous encore des chambres libres?	**Tem quartos vagos?**	tẽ k^{ou}**ar**tôch **va**gôch
Je voudrais une...	**Queria...**	ké**ri**a
chambre à un lit	**um quarto individual**	õu k^{ou}**ar**tô ĩdivid^{ou}**al**
chambre pour deux personnes	**um quarto duplo**	õu k^{ou}**ar**tô **dou**plou
Nous voudrions une chambre avec...	**Queríamos um quarto...**	ké**ri**amoch õu k^{ou}**ar**tou
lits jumeaux	**com duas camas**	kõ **dou**ach **ka**mach
grand lit	**de casal**	dé ka**zal**
salle de bains	**com banho [banheira]**	kõ **ba**gnô [ba**gné**yra]
douche	**com duche [chuveiro]**	kõ **dou**ché [chou**vé**yrô]
balcon	**com varanda**	kõ va**rœ̃**da
vue...	**com vista...**	kõ **vich**ta
sur la rue	**para a frente**	para a **frẽ**té
sur la cour	**para as traseiras [os fundos]**	para ach tra**zé**yrach [och **foun**doch]
Elle doit être calme.	**Tem de ser tranquilo.**	tẽ dé sèr trœ̃**k**^{ou}**i**lo
Y a-t-il...?	**Há...?**	a
blanchisserie	**serviço de lavandaria**	sér**vi**ssô dé lavœ̃da**ri**a
climatisation	**ar condicionado**	ar kõdissyô**na**dou
eau chaude	**água quente**	**a**g^{ou}a **kẽ**té
eau courante	**água corrente**	**a**g^{ou}a ko**rrẽ**té
piscine	**piscina**	pis**si**na
radio/télévision dans la chambre	**rádio/televisão no quarto**	**ra**dyou/télévi**zœ̃**^{ou} no k^{ou}**ar**tou
salle de conférence	**sala de conferências**	**sa**la dé kõfé**rẽ**ssiach
service des chambres	**serviço de quartos**	sér**vi**ssô dé k^{ou}**ar**tôch

DÉPART, voir page 31

toilettes dans la chambre	**casa de banho [banheiro] privativa**	**ka**sa dé **ba**gnô [ba**gney**rô] priva**ti**va
Pourriez-vous mettre un lit supplémentaire/un lit d'énfant dans la chambre?	**Podia pôr mais uma cama/um berço no quarto?**	pô**di**a por maich **õũ**ma **ka**ma/õũ **bè**rso nô **k^{ou}ar**tou

Combien? *Quanto?*

Combien coûte...?	**Qual é o preço...?**	k^{ou}al è o **prè**ssou
par jour	**por dia**	pôr **di**a
par semaine	**por sémana**	pôr se**ma**na
pour la chambre et le petit déjeuner	**da dormida e pequeno almoço***	da dôr**mi**da i pé**ké**nô al**mô**ssou
sans les repas	**sem refeições**	sẽ réfé^{y}**ssõ^{y}ch**
la pension complète	**da pensão completa**	da pẽ**ssœ̃^{ou}** cõ**plè**ta
la demi-pension	**da meia-pensão**	da **mé^{y}**a pẽ**ssœ̃^{ou}**
Est-ce que cela comprend le/la...?	**O preço inclui...?**	o **pré**ssô ĩ**clou^{y}**
petit déjeuner	**o pequeno almoço [café da manhã]**	o pé**ké**nô al**mô**ssô [ca**fè** da ma**gna**]
service	**o serviço**	o sér**vi**ssou
T.V.A.	**o IVA (as taxas)**	o **i**va (ach **ta**chach)
Y a-t-il une réduction pour enfants?	**Há descontos para crianças?**	a dɨch**kõ**tôch **pa**ra cri**œ̃**ssach
Faut-il payer pour le bébé?	**O bebé paga?**	o bè**bè pa**ga
C'est trop cher.	**É caro demais.**	è **ka**rô dé**maich**
Avez-vous quelque chose de moins cher?	**Não tem nada mais barato?**	nœ̃^{ou} tẽ **na**da maich ba**ra**tou

Pour combien de temps? *Quanto tempo?*

Nous resterons...	**Ficamos...**	fi**ka**môch
une nuit seulement	**só esta noite**	so **ɨch**ta **noï**té
quelques jours	**alguns dias**	al**gõũch di**ach
une semaine (au moins)	**uma semana (pelo menos)**	**õũ**ma sé**ma**na (**pè**lô **mè**nôch)
Je ne sais pas encore.	**Ainda não sei.**	aĩda nœ̃^{ou} se^{y}

---

* Au Brésil: **pernoite e café da manhã** (pér**noï**tɨ ɨ ka**fè** da ma**gnœ̃**).

Décision *Decisão*

Puis-je voir la chambre?	**Posso ver o quarto?**	possô vér ô **k^{ou}ar**tou
C'est bien. Je la prends.	**Está bem. Fico com ele.**	ɨ**chta** bẽ. **fi**ko kõ **è**lé
Non. Elle ne me plaît pas.	**Não, não gosto.**	nœ̃^{ou} nœ̃^{ou} **goch**tou
Elle est trop...	**É muito...**	è **mœ̃**^{y}tou
froide/chaude	**frio/quente**	**fri**ou/**ke**teu
sombre/petite	**escuro/pequeno**	ɨch**kou**rou/pé**ké**nou
bruyante	**barulhento**	baru**lyẽ**tou
J'ai demandé une chambre avec bain.	**Pedi um quarto com banho [banheira].**	pé**di** õu **k^{ou}ar**tô kõ **ba**gnou [ba**gné**yra]
Avez-vous quelque chose de...?	**Tem alguma coisa...?**	tẽ al**goũ**ma **koi**za
mieux	**melhor**	mɨ**lyor**
moins cher	**mais barata**	maich ba**ra**ta
plus calme	**mais sossegada**	maich sôssé**ga**da
plus grand	**maior**	ma**yor**
Avez-vous une chambre avec une plus belle vue?	**Tem um quarto com uma vista melhor?**	tẽ õu **k^{ou}ar**tô kõ **oũ**ma **vich**-ta mɨ**lyor**

Formalités d'arrivée *Registo [Registro]*

A votre arrivée à l'hôtel ou à la pension, on vous demandera de remplir une fiche d'inscription (*uma ficha*—**ou**ma **fi**cha).

Apelido/Nome próprio [Sobrenome/nome]	Nom/Prénom
Cidade/Rua/No.	Lieu de résidence/rue/numéro
Nacionalidade/Profissão	Nationalité/Profession
Data/Lugar de nascimento	Date/Lieu de naissance
Origem/Destino	Venant de.../A destination de...
Número do passaporte	Numéro de passeport
Lugar/Data	Lieu/Date
Assinatura	Signature

Qu'est-ce que cela veut dire?	**O que quer dizer isto?**	o ké kèr di**zér** ɨ**ch**tou

NOMBRES, voir page 147

Posso ver o seu passaporte?	Puis-je voir votre passeport, s.v.p.?
Queira preencher esta ficha, se faz favor.	Pourriez-vous remplir cette fiche?
Assine aqui, por favor.	Signez ici, s.v.p.
Quanto tempo vai ficar?	Combien de temps resterez-vous?

Quel est le numéro de ma chambre?	**Qual é o número do meu quarto?**	k^ou^al è o **nou**mérô dô mé^ou^ k^ou^**ar**tou
Pouvez-vous faire monter nos bagages?	**Pode mandar subir a nossa bagagem?**	**po**dé mœ̃**dar** sou**bir** a **nô**ssa ba**ga**jẽ
Où puis-je garer ma voiture?	**Onde posso estacionar o carro?**	õdé **po**ssô ɨchtassiô**nar** o **ka**rrou
L'hôtel a-t-il un garage?	**O hotel tem garagem?**	o ô**tèl** tẽ ga**ra**jẽ
Je voudrais déposer ceci dans le coffre fort de l'hôtel, s.v.p.	**Gostava de deixar isto no cofre do hotel.**	goch**ta**va dé dey**char ich**to nô **ko**fré dô ô**tèl**

Personnel hôtelier *Pessoal do hotel*

concierge	**o porteiro**	o pôr**téy**rou
directeur	**o gerente**	o jé**rẽ**té
femme de chambre	**a criada de quarto [a arrumadeira]**	a cryada dé **k^ou^ar**tô [a arrouma**dé^y^**ra]
portier	**o bagageiro**	o baga**jey**ro
réceptionniste	**a recepcionista**	a récépssio**nich**ta
serveur	**o criado de mesa [o garçom]**	o kryado dé **méza** [ô gar**sõ**]
serveuse	**a criada de mesa [a garçonete]**	a kryada dé **méza** [a garso**né**tɨ]
standardiste	**a telefonista**	a téléfô**nich**ta

Appelez les membres du personnel hôtelier *senhor* (si**gnôr**) ou *senhora* (si**gnô**ra) ou *menina [senhorita]* (meu**ni**na [sɨgnô**ri**ta]).

Questions d'ordre général *Perguntas gerais*

La clé de la chambre..., s.v.p.	**A chave do quarto..., por favor.**	a **cha**vé dô **k^{ou}ar**tô... pôr fa**vôr**
Pourriez-vous me réveiller à..., s.v.p.?	**Pode acordar-me ás..., por favor?**	**po**dé akôr**dar** mé ach... pôr fa**vôr**
Y a-t-il une salle de bains à cet étage?	**Há uma casa de banho [um banheiro] neste andar?**	a **õũ**ma **ka**sa dé **ba**gnô [õũ ba**gne^{y}**ro] **néch**té an**dar**
Quel est le voltage?	**Qual é a voltagem?**	k^{ou}al è a vôl**ta**jẽ
Où est la prise pour rasoirs?	**Onde é a tomada para a máquina de barbear [o barbeador]?**	õdé è a tô**ma**da **pa**ra a **ma**kina dé bar**byar** [o barbya**dôr**]
Pouvez-vous me procurer un/une...?	**Pode arranjar-me...?**	**po**dé arrœ**jar** mé
garde d'enfants	**uma babysitter**	**õũ**ma bébi**ssi**teur
machine à écrire	**uma máquina de escrever**	**õũ**ma **ma**kina dé ɨchkré**vèr**
secrétaire	**uma secretária**	**õũ**ma sékré**ta**rya
Puis-je avoir ...?	**Pode dar-me...?**	**po**dé dar mé
aiguille et du fil	**agulha e linha**	a**gou**lya i **li**gna
bouillotte	**um saco [uma bolsa] de água quente**	õũ **sa**kô [**õũ**ma **bol**sa] dé agoua **kẽ**té
cendrier	**um cinzeiro**	õũ sĩ**zèy**ro
cintres (supplémentaires)	**(mais) cabides**	(maich) kœ**bi**deuch
couverture (supplémentaire)	**(mais) um cobertor**	(maich) õũ kôbér**tor**
enveloppes	**uns envelopes**	õũch ẽvé**lo**péch
glaçons	**cubos de gelo**	**kou**boch dé **jè**lou
lampe de chevet	**um candeeiro [abajur]**	õũ kœdé**éy**rô [aba**jour**]
oreiller (supplémentaire)	**(mais) uma almofada [um travesseiro]**	(maich) **õũ**ma almô**fa**da [õũ travé**ssé**yro]
papier à lettres	**papel de carta**	pa**pèl** dé **kar**ta
savon	**um sabonete**	õũ sabô**nè**té
serviette de bain	**uma toalha de banho**	**õũ**ma tô**a**lya dé **ba**gnou
Où est...?	**Onde é...?**	**õ**dé è
ascenseur	**o elevador**	o ɨléva**dor**
coiffeur	**o cabeleireiro**	o kabélé^{y}**ré^{y}**ro
salle à manger	**a sala de jantar**	a **sa**la dé jan**tar**

HEURES, voir page 153/PETIT DÉJEUNER, page 40

salle de bains	**a casa de banho [o banheiro]**	a **ka**sa dé **ba**gnô [o ba**gne**^{y}rô]
sortie de secours	**a saída de emergência**	a saïda dé ɨmér**jẽ**ssya
Où sont les toilettes?	**Onde são as casas de banho [os banheiros]?**	õdé sœ̃^{ou} ach **ka**zach dé **ba**gnô [ôch ba**gne**^{y}roch]

Téléphone—Courrier *Telefone—Correio*

Pouvez-vous me passer le 12 34 56 à Lisbonne?	**Pode ligar-me para o 12 34 56 em Lisboa?**	**po**dé li**gar** mé **pa**ra o 12 34 56 ẽ lich**boa**
Avez-vous des timbres?	**Tem selos?**	tẽ **sè**lôch
Pouvez-vous poster ceci pour moi, s.v.p.?	**Pode pôr-me isto no correio, por favor?**	**po**dé por mé **ich**tô nô kôr**re**^{y}o pôr fa**vôr**
Y a-t-il des lettres pour moi?	**Há alguma correspondência para mim?**	a al**goũ**ma korréchpõ**dẽ**ssia **pa**ra mĩ
Y a-t-il des messages pour moi?	**Há algum recado para mim?**	a al**goũ** rɨ**ka**dô **pa**ra mĩ
A combien s'élève ma note de téléphone?	**Quanto devo pelas chamadas telefónicas?**	**k^{ou}œ̃**tô **dè**vô **pè**lach cha**ma**dach télé**fo**nikach

Difficultés *Dificuldades*

Le/la ... ne marche pas.	**... não funciona.**	nœ̃^{ou} foũ**ss**^{y}**ô**na
bidet	**O bidé**	o bi**dè**
chauffage	**O aquecimento**	o akéssi**mẽ**tou
climatisation	**O ar condicionado**	o ar kõdissyô**na**dou
lumière	**A luz**	a louz
radio	**A rádio**	o **ra**dyou
télévision	**A televisão**	a télévi**sœ̃**^{ou}
ventilateur	**A ventoinha [o ventilador]**	a vẽtoïgna
Le robinet fuit.	**A torneira da água pinga.**	a tôr**né**^{y}ra da **a**goua **pĩ**ga
Il n'y a pas d'eau chaude.	**Não há água quente.**	nœ̃^{ou} a **a**goua **kẽ**té
Le lavabo est bouché.	**O lavatório [A pia] está entupido[a].**	o lava**to**ryô [a pia] ɨch**ta** ẽtou**pi**dô[a]
La fenêtre est bloquée.	**A janela está empenada.**	a ja**nè**la ɨch**ta** ẽpé**na**da

POSTE ET TÉLÉPHONE, voir page 132

Les rideaux sont coincés.	**Os cortinados estão perros [emperrados].**	och kôrti**na**dôch ɨch**tœ^{ou}** **pè**rrôch [ẽpé**rra**dôch]
L'ampoule est grillée.	**A lâmpada está fundida [queimada].**	a **lœ̃**pada ɨch**ta** foũ**di**da [kéy**ma**da]
Mon lit n'a pas été fait.	**A minha cama não foi feita.**	a **mi**gna **ka**ma nœ̃^{ou} foï fœ^{y}**tô**
Le/la...est cassé(e).	**... está partido(a) [quebrado(a)].**	ɨch**ta** par**ti**dô(a) [ké**bra**dô(a)]
interrupteur	**O interruptor**	o intérroup**tôr**
lampe	**A candeeiro [abajur]**	a kœ̃dé**éy**rô [aba**jour**]
prise	**A ficha [A tomada]**	a **fi**cha [a tô**ma**da]
store	**O estore**	o ɨch**tô**ré
volet	**A janela de madeira**	a ja**né**la dé ma**déy**ra
Pouvez-vous le/la faire réparer?	**Pode mandar consertar?**	**po**dé mœ̃**dar** kõssér**tar**

Blanchisserie—Teinturerie *Lavandaria—Lavandaria a seco*

Je voudrais faire... ces vêtements.	**Queria que esta roupa fosse...**	kéria **ɨch**ta **rô^{ou}**pa **fo**ssé
laver	**lavada**	lavada
nettoyer	**limpa**	**lĩ**pa
repasser	**passada a ferro**	pas**sa**da a **fè**rrou
Quand seront-ils prêts?	**Quando estará pronta?**	**k^{ou}œ̃**do ɨchta**ra** **prõ**ta
Il me les faut pour...	**Preciso dela...**	prés**si**zo **dè**la
aujourd'hui	**hoje**	**o**jé
ce soir	**hoje à noite**	**o**jé a **noy**té
demain	**amanhã**	ama**gnœ̃**
avant vendredi	**antes de sexta-feira**	**œ̃**téch dé **séch**ta **féy**ra
Pouvez-vous... ceci?	**Pode... isto?**	**po**dé... **ɨch**tou
raccommoder	**arranjar [consertar]**	arrœ̃**jar** [kõssér**tar**]
recoudre	**coser [costurar]**	ko**zér** [kostou**rar**]
repriser	**remendar**	rémẽ**dar**
Pouvez-vous recoudre ce bouton?	**Pode pregar este botão?**	**po**dé pré**gar** **ɨch**té bô**tœ̃^{ou}**
Pouvez-vous enlever cette tache?	**Pode tirar esta nódoa [mancha]?**	**po**dé ti**rar** **ɨch**ta **nô**dôa [**mœ̃**cha]
Mon linge est-il prêt?	**A minha roupa está pronta?**	a **mi**gna **rô^{ou}**pa ɨch**ta** **prõ**ta
Ce n'est pas à moi.	**Isto não é meu.**	**ɨch**tô nœ̃^{ou} è mé^{ou}

Il manque quelque chose.	**Falta alguma coisa.**	**fal**ta al**goũ**ma **coï**za
Il y a un trou.	**Isto tem um buraco.**	**ich**tô tẽ oũ bou**ra**kou

Coiffeur—Institut de beauté *Cabeleireiro-Barbeiro*

Y a-t-il un coiffeur/institut de beauté à l'hôtel?	**Há um cabeleireiro/ instituto de beleza no hotel?**	a oũ kabélé^{y}**ré**^{y}rou/ ĩchti**tou**tô dé bé**lè**za no **ôtél**
Puis-je prendre rendez-vous pour jeudi?	**Posso fazer uma marcação para quinta-feira?**	**po**ssô fa**zèr oũ**ma marka**ssœ̃**^{ou} **para kĩ**ta **fé**^{y}ra
Je voudrais une coupe et un brushing.	**Quero cortar e fazer brushing [escova].**	**kè**rô kôr**tar** i fa**zèr breu**ching [ɨch**ko**va]
Je voudrais une coupe de cheveux, s.v.p.	**Quero cortar o cabelo, por favor.**	**kè**rô kôr**tar** o ka**bè**lo pôr fa**vôr**
avec une frange	**com franja**	kõ **frœ̃**ja
brushing	**um brushing [uma escova]**	oũ **breu**ching [**oũ**ma ɨch**ko**va]
couleur	**uma rinsage**	**oũ**ma rĩ**ssa**jé
décoloration	**uma descoloração**	oũma dɨchkôlôra**ssœ̃**^{ou}
fixatif	**um fixador**	oũ fiksa**dôr**
gel	**um gel de cabelo**	oũ jèl dé ka**bè**lou
manucure	**uma manicura**	**oũ**ma mani**kou**ra
masque de beauté	**uma máscara de beleza**	**oũ**ma **mach**kara dé bé**lè**za
permanente	**uma permanente**	**oũ**ma pérma**nẽ**té
shampooing et mise en plis	**lavar e fazer mise [escova]**	la**var** i fa**zér mi**zé [ɨch**ko**va]
teinture	**uma pintura de cabelo**	**oũ**ma pĩ**tou**ra dé ka**bè**lou
Je voudrais un shampooing pour cheveux…	**Queria um shampoo para cabelo…**	ké**ri**a oũ chœ̃**pou** para ka**bè**lou
normaux/secs/gras	**normal/seco/oleoso**	nôr**mal**/**sè**kou/ôlé**ô**zou
Avez-vous un nuancier?	**Tem um mostruário de cores?**	tẽ oũ môch**tr**^{ou}aryo dé **ko**réch
Ne les coupez pas trop courts.	**Não corte muito curto.**	nœ̃^{ou} **kor**té **moũ**^{y}tô **kour**tou
Coupez-en encore un peu plus sur…	**Corte um pouco mais…**	**kor**té oũ **po**ko maich
derrière	**atrás**	a**trach**

dessus	**em cima**	ẽ **sĩ**ma
la nuque	**na nuca**	na **nou**ka
les côtés	**dos lados**	dôch **la**dôch
Je ne veux pas de laque.	**Não quero laca [laquê].**	nœ^{ou} **ké**rô **la**ka [**la**ké]
Pourriez-vous me raser.	**Queria fazer a barba.**	**ké**ria fa**zèr** a **bar**ba
Pouriez-vous m'égaliser ..., s.v.p.?	**Pode aparar-me ...?**	**po**dé apa**rar** mé
barbe	**a barba**	a **bar**ba
moustache	**o bigode**	o bi**go**dé
favoris	**as suiças**	ach **soui**ssach

Départ *Partida*

Puis-je avoir ma note, s.v.p.?	**Pode dar-me a conta, por favor?**	**po**dé dar mé a **kõ**ta pôr fa**vôr**
Je pars tôt demain matin.	**Parto amanhã de manhã cedo.**	**par**tô ama**gna** dé ma**gna** **sè**dou
Pourriez-vous me préparer la note, s.v.p.?	**Prepare-me a conta, por favor.**	pré**pa**ré mé a **kõ**ta pôr fa**vôr**
Nous partirons vers midi.	**Partiremos por volta do meio-dia.**	parti**rè**môch por **vol**ta do **mé**^{y}o **di**a
Je dois partir tout de suite.	**Tenho de partir já.**	**tẽ**gno dé par**tir** ja
Tout est compris?	**Está tudo incluído?**	ɨch**ta** **tou**dô ĩklouĩdou
Puis-je payer par carte de crédit?	**Posso pagar com cartão de crédito?**	**po**ssô pa**gar** kõ kar**tœ**^{ou} dé **krè**ditou
Je crois que vous avez fait une erreur sur la note.	**Creio que se enganou na conta.**	**krè**^{y}o ké sé ẽga**nô**^{ou} na **kõ**ta
Pouvez-vous nous appeler un taxi?	**Pode chamar-nos um táxi?**	**po**dé cha**mar** noch õũ **tak**si
Pourriez-vous faire descendre nos bagages?	**Pode mandar trazer para baixo a nossa bagagem?**	**po**dé mœ**dar** tra**zèr** **pa**ra **bai**chô a **no**ssa ba**ga**jẽ
Voici ma future adresse.	**Aqui está o meu próximo endereço.**	a**ki** ɨc**ta** o **mé**^{ou} **pro**ksimô ẽdé**rè**ssou
Vous avez mon adresse habituelle.	**Já tem a minha morada [o meu endereço].**	ja tẽ a **mĩ**gna mô**ra**da [o **mé**^{ou} ẽdé**rè**ssô]
Notre séjour a été très agréable.	**Tivemos uma estadia muito agradável.**	ti**vè**mouch **ou**ma **o**tima ɨchta**di**a

JOURS DE LA SEMAINE, voir page 151

Camping *Campismo*

La plupart des campings portugais sont situés à proximité d'une plage. Ils peuvent varier du terrain au confort très simple au centre de récréation tout équipé. Vous devez vous faire inscrire avec votre passeport, certains campings exigent même que vous soyez membre d'une association de camping nationale ou internationale. Au Brésil il est déconseillé de camper ailleurs que dans les campings reconnus officiellement.

Y a-t-il un camping près d'ici?	**Há um parque de campismo [camping] aqui perto?**	a õu **par**ké dé kœ̃**piz**mô [**kœ̃**ping] a**ki pèr**tou
Pouvons-nous camper ici?	**Podemos acampar aqui?**	pô**dè**môch akam**par** a**ki**
Avez-vous de la place pour une tente/une caravane?	**Tem lugar para uma tenda/caravana [trailer]?**	tẽ lou**gar pa**ra **õu**ma **tẽ**da/ kara**va**na [**tréy**leur]
Quel est le tarif...?	**Qual é o preço...?**	k^{ou}al è o **prè**ssou
par jour	**por dia**	pôr **di**a
par personne	**por pessoa**	pôr pé**ssô**a
pour une voiture	**por carro**	pôr **ka**rrou
pour une tente	**por tenda**	pôr **tẽ**da
pour une caravane	**por caravana [trailer]**	pôr kara**vœ̃**na [**tréy**leur]
La taxe de séjour est-elle comprise?	**A taxa de turismo está incluída?**	a **ta**cha dé tou**ris**mô ɨch**ta** ĩclouïda
Y a-t-il ...?	**Há...?**	a
eau potable	**água potável**	**a**goua pô**ta**vèl
électricité	**electricidade**	ɨléktrissi**da**dé
magasins	**lojas**	**lo**jach
piscine	**uma piscina**	**ou**ma pɨ**chsi**na
restaurant	**um restaurante**	õu rɨchta^{ou}**rœ̃**té
Où sont les douches/ toilettes?	**Onde são os duches [chuveiros]/as casas de banho [os banheiros]?**	**õ**dé sœ̃^{ou} ouch **dou**chéch [chou**véy**rôch]/ach **ka**sach dé **ba**gnô [ba**gney**rôch]
Où puis-je trouver du gaz butane?	**Onde posso arranjar gás butano?**	**õ**dé **po**ssô arrœ̃**jar** gach bou**tœ̃**nou
Y a-t-il une auberge de jeunesse près d'ici?	**Há uma pousada da juventude aqui perto?**	a **õu**ma pô**za**da da jouvẽ**tou**dé a**ki pèr**tou

MATÉRIEL DE CAMPING, voir page 109

Restaurants

Des snack-bars aux restaurants de luxe, goûter à la cuisine portugaise sera l'une des expériences les plus intéressantes de votre voyage. Voici une liste de quelques restaurants typiques que vous rencontrerez sans doute lors de votre voyage. Au Portugal, les plus caractéristiques sont les *pousadas* et les *casas de fados* ou *adegas típicas*, ces petits restaurants où vous pourrez manger au son du *fado*, chanson populaire portugaise.

Ne manquez pas, au Brésil, les *churascarias*, restaurants spécialisés dans les grillades.

Café (kaf**è**)	Café-bar où l'on sert des boissons chaudes et froides; on peut généralement y prendre une collation.
Casa de fados (**ka**za dé **fa**dôch)	Taverne portugaise typique, où l'on écoute sur fond de guitare, le célèbre *fado*.
Cervejaria (sérvéja**ri**a)	Un grand café où l'on peut boire de la bière et manger des plats simples à base de fruits de mer.
Churrasqueira (chourras**kè**ʸra)	Restaurant; spécialités de poulet.
Churrascaria (chourraska**ri**a)	Restaurant; spécialités de grillades. Une *churrascaria* offre une grande variété de viandes grillées, généralement accompagnées de pommes de terre frites et d'une sauce piquante, faite d'oignons, de tomates et de poivrons verts (Brésil).
Confeitaria (kõfèʸta**ri**a)	Pâtisserie où l'on sert du thé, du café, et d'autres boissons.
Estalagem (ɨchta**la**jẽ)	Auberge servant des spécialités régionales.
Lanchonete (lœchõ**nè**té)	Snack-bar (Brésil).
Pastelaria (pachtéla**ri**a)	Identique à la *confeitaria*.
Pousada (pô^ou^**za**da)	Auberge appartenant à l'État, spécialisée dans les plats régionaux; elles sont souvent situées près des sites touristiques.

Restaurante (richta^ou^rœté) — Restaurants dont la qualité est déterminée par leur catégorie: *de luxo* (de luxe), *de primeira, de segunda* ou *de terceira classe* (première, deuxième ou troisième catégorie).

Salão de chá (salœ^ou^ dé cha) — Salon de thé élégant.

Snack-Bar (snek bar) — Identique aux nôtres.

Heures des repas *Horas de comer*

Le petit déjeuner (*o pequeno almoço* - ô pé**kē**nô al**mo**ssô) au Portugal, (*o café da manhã* - ô ka**fè** da mœ**gnœ**) au Brésil, est généralement servi de 7h. à 10h. du matin.

Le déjeuner (*o almoço* - ô al**mo**ssô) est généralement servi de 12h30 à 14h30 au Portugal et au Brésil.

Le dîner (o jantar - ô jœ**tar**) est servi de 7h30 à 9h30 environ, sauf dans les *casa de fados* portugais où le spectacle commence généralement vers 10h., si bien qu'on peut servir le dîner plus tard. Au Brésil, le dîner est servi de 8h. à 11h.

Habitudes alimentaires *Hábitos de comer*

La plupart des Portugais commencent la journée par un petit déjeuner léger, afin de ne pas se couper l'appétit pour le déjeuner. Celui-ci se compose généralement d'un potage, de poisson ou de viande et d'un dessert. Pour les gourmands, le café ou le thé, servis dans l'après-midi, et accompagnés de toutes sortes de délicieux gâteaux ou encore de glaces, constituent le moment privilégié de la journée. Pour bien terminer la journée, les Portugais prenent un dîner composé de deux ou trois plats. Vous n'aurez pas de mal à satisfaire votre appétit, d'autant moins que les portions sont vraiment gargantuesques.

Les habitudes alimentaires des Brésiliens sont assez semblables à celles des Portugais. Le petit déjeuner est toutefois un peu plus substantiel, et quelquefois le potage peut être remplacé par une salade pour les autres repas. Les Brésiliens aiment prendre le temps de manger; ne soyez donc pas surpris si le service est un peu lent - vous aussi êtes sensés prendre votre temps.

La cuisine portugaise *Cozinha portuguesa*

La cuisine portugaise ne compte pas parmi les plus sophistiquées au monde, mais elle ne manque pas de légumes et de fruits frais, ou encore de poissons et fruits de mer fraîchement pêchés. Le *bacalhau*, morue séchée servie avec des pommes de terre à l'eau, reste le plat national favori, suivi de près par les crèmes et les pâtisseries. Le porc est cuisiné de plusieurs façons, ainsi que le poulet et le veau. En ce qui concerne les vins, certains d'entre eux sont connus dans le monde entier et méritent certainement qu'on les goûte.

La cuisine brésilienne a adopté beaucoup d'éléments de la cuisine portugaise et les a raffinés en utilisant de nouvelles épices et des fruits exotiques et en y ajoutant aussi une grande variété de grillades.

O que deseja?	Que désirez-vous?
Recomendo-lhe isto.	Je vous recommande ceci.
O que deseja beber?	Que désirez-vous boire?
Não temos...	Nous n'avons pas de...
Deseja...?	Désirez-vous...?

Avez-vous faim? *Tem fome?*

J'ai faim/j'ai soif.	**Tenho fome/sede.**	**tẽ**gnô **fõ**mé/**sé**dé
Pouvez-vous me recommander un bon restaurant?	**Pode recomendar-me um bom restaurante?**	**po**dé rékõmẽ**dar** mé o͠u bõ rɨchta^{ou}**rœ̃**té
Y a-t-il de bons restaurants à prix modérés dans les environs?	**Há restaurantes baratos aqui perto?**	a rɨchta^{ou}**rœ̃**téch ba**ra**tôch a**ki pér**tô

Pour être sûr d'obtenir une table dans un restaurant connu ou un *casa de fados*, mieux vaut téléphoner à l'avance pour réserver.

Je voudrais réserver une table pour 4.	**Queria reservar uma mesa para 4 pessoas.**	kéria rézér**var** **õu**ma **méza** para **k**^{ou}**atrô** pé**ssoach**
Nous viendrons à huit heures.	**Viremos às 8.**	vi**ré**môch ach 8
Pourrions-nous avoir une table...?	**Pode dar-nos uma mesa...?**	**po**dé dar nôch **õu**ma **méza**
dans le coin	**num canto**	nõu **kœ̃**tô
près de la fenêtre	**perto da janela**	**pér**tô da jœ̃**né**la
dehors	**lá fora**	la **fo**ra
dans le coin non-fumeur	**numa zona para não-fumadores [não-fumantes]**	**nõu**ma **zõ**na **pa**ra nœ̃^{ou} fõuma**do**réch [nœ̃^{ou} fõu**mœ̃**téch]

Questions et commandes *Pedidos e encomendas*

Monsieur/ Mademoiselle!	**Se faz favor!**	sé fach fa**vôr**
Je voudrais quelque chose à manger/à boire.	**Queria comer/ beber alguma coisa.**	**ké**ria kõ**mér**/ bé**bér** al**gõu**ma **ko**^{y}za
Puis-je avoir la carte s'il vous plaît?	**Pode trazer-me a ementa [o cardápio], por favor?**	**po**dé tra**zér** mé a ē**mē**ta [ô kar**da**pyô] pôr fa**vôr**
Avez-vous un menu à prix fixe/des spécialités régionales?	**Tem uma refeição a preço fixo/pratos regionais?**	**tœ̃**^{y} **õu**ma reufeui**çã**^{ou} a **pré**çô **fik**sou/**pra**touch reugiõ**naïch**
Que conseillez-vous?	**O que me recomenda?**	ô ké mé rékõ**mē**da
Avez-vous quelque chose qui soit prêt rapidement?	**Tem alguma coisa de preparo rápido?**	tē al**gõu**ma **ko**^{y}za dé pré**pa**rô **ra**pidô
Je suis pressé(e).	**Estou com pressa.**	ɨch**tô**^{ou} kõ **préssa**
Je voudrais...	**Queria...**	**ké**ria
Pourriez-vous nous apporter un/une..., s'il vous plaît?	**Podia trazer-nos...., por favor?**	pô**di**a tra**zér** nôch... pôr fa**vôr**
assiette	**um prato**	õu **pra**tô
cendrier	**um cinzeiro**	õu sĩ**zé**^{y}rô
couteau	**uma faca**	**õu**ma **fa**ka
cuillère/cuiller	**uma colher**	**õu**ma kô**lliér**
fourchette	**um garfo**	õu **gar**fô
serviette	**um guardanapo**	õu gouardœ̃**na**pô
verre	**um copo**	õu **ko**pô

Puis-je avoir...?	**Pode trazer-me...?**	**po**dé tra**zér** mé
assaisonnement	**temperos**	tẽ**pé**rôch
beurre	**manteiga**	mœ**té**^{y}ga
huile	**azeite**	**azé**^{y}té
pain	**pão**	pœ^{ou}
poivre	**pimenta**	pĩ**mẽ**ta
sel	**sal**	sal
sucre	**açúcar**	a**ssou**kar
vinaigre	**vinagre**	vĩ**na**gré

Régime spécial *Dietas especiais*

Expressions utiles pour ceux qui suivent des régimes spéciaux:

Je suis au régime.	**Estou a [de] dieta.**	ɨch**tô**^{ou} a [dé] **dié**ta
Je suis végétarien(ne).	**Sou vegetariano(a).**	sô^{ou} végéta**riœ**nô(a)
Je ne bois pas d'alcool.	**Não bebo bebidas alcoólicas.**	nœ^{ou} **bé**bô bé**bi**dach alkou**o**likach
Je ne mange pas de viande.	**Não como carne.**	nœ^{ou} **kõ**mô **kar**né
Je ne dois pas manger de plats contenant...	**Não devo comer alimentos que contenham...**	nœ^{ou} **dé**vô kõ**mér** ali**mẽ**tôch ké kõ**tẽ**gnœ
farine/graisse	**farinha/gordura**	fa**rĩ**gna/gôr**dou**ra
sel/sucre	**sal/açúcar**	sal/a**ssou**kar
Avez-vous... pour diabétiques?	**Tem... para diabéticos?**	tẽ... **pa**ra dia**bé**tikôch
un menu spécial	**uma ementa [um cardápio] especial**	**õu**ma ẽ**mẽ**ta [õu kar**da**pyô] ɨchpé**ssial**
Avez-vous des plats végétariens?	**Tem pratos vegetarianos?**	tẽ **pra**tôch véjéta**riœ**nôch
Puis-je avoir de l'édulcorant?	**Pode dar-me um adoçante artificail?**	**po**dé dar mé õu adô**ssœ**té artifi**ssial**
Je voudrais un peu plus de...	**Queria mais um pouco, se faz favor.**	ké**ri**a maich õu **pô**^{ou}kô sé fach fa**vôr**
Puis-je avoir un peu plus de..., s.v.p.?	**Pode dar-me mais..., por favor.**	**po**dé dar mé maich... pôr fa**vôr**
Rien qu'une petite portion.	**Só um bocado.**	so õu bô**ka**dô
Ça suffit, merci.	**Mais nada, obrigado(a).**	maich **na**da ôbri**ga**dô(a)
Où sont les toilettes?	**Onde são as casas de banho [os banheiros]?**	õdé sœ^{ou} ach **ka**zach da **bœ**gnô [ôch bœ**gné**^{y}rôch]

Qu'y a-t-il au menu? *O que há na ementa [no cardápio]?*

La plupart des restaurants portugais et brésiliens affichent un menu (*ementa* au Portugal, *cardápio* au Brésil); ils offrent rarement un menu fixe. Un *prato do dia* (plat du jour) vous permet en général de bien manger pour un prix raisonnable. Si vous voyez *especialidade da casa* à côté d'un plat sur la carte il s'agit d'une spécialité de la maison.

Vous trouverez sous les titres ci-dessous une liste alphabétique des plats susceptibles de se trouver sur une carte portugaise avec leur équivalent en français. Vous pouvez simplement montrer le livre au serveur. Si vous voulez des fruits par exemple, demandez-lui de vous indiquer sur la liste ceux qu'il peut vous offrir. Reportez-vous aux pages 36 et 37 pour les commandes en général.

	Page	
Petit déjeuner	40	**Pequeno almoço [café da manhã]**
Hors-d'œuvre	41	**Entradas**
Salades	42	**Saladas**
Potages	43	**Sopas**
Poissons et fruits de mer	44	**Peixes e mariscos**
Viande	46	**Carnes**
Gibier et volaille	48	**Caça e aves de criação**
Légumes	49	**Legumes**
Pommes de terre, riz, pâtes	50	**Batatas, arroz, massa**
Epices et fines herbes	50	**Temperos**
Fromage	51	**Queijos**
Fruits	51	**Frutas**
Desserts—Pâtisseries	52	**Sobremesas—Pastelaria**
Boissons	55	**Bebidas**
Vin	56	**Vinhos**
Boissons sans alcool	59	**Bebidas não alcoólicas**
Boissons chauds	60	**Bebidas quentes**
Repas légers—Pique-nique	63	**Refeições leves-Piquenique**

Pour lire la carte *Leitura da ementa [do cardápio]*

Especialidades de casa	Spécialités de la maison
Especialidades regionais	Spécialités locales
Prato do dia	Plat du jour
À.../À moda de...	A la...
Caseiro(a)	Fait maison
À escolha	A votre choix
Só por encomenda	Sur commande
Da época	En saison

acepipes	assé**pi**péch	hors d'oeuvres
aves	**a**véch	volaille
bebidas	bé**bi**dach	boissons
caça	**ka**ssa	gibier
cerveja	sér**vé**ja	bière
entradas	ē**tra**dach	entrées
frango	**frœ̃**gô	poulet
frutas	**frou**tach	fruits
gelado [sorvete]	jɨ**la**dô [sôr**vé**té]	glace
hamburguer	**œ̃m**bourguér	hamburgers
legumes	lé**goũ**méch	légumes
mariscos	ma**rich**kôch	fruits de mer
massas	**ma**ssach	pâtes
ovos	**o**vôch	plats aux œufs
peixes	**pœ**^{y}cheu	poisson
refeições leves	réféy**ssõ**^{y}**ch lé**véch	repas légers
saladas	sa**la**dach	salades
sobremesas	sôbrĕ**mé**zach	desserts
sopas	**so**pach	potages
sucos	**sou**kôch	jus de fruits (Brés.)
sumos	**soũ**môch	jus de fruits (Port.)
vinho	**vĩ**gnô	vin

Petit déjeuner *Pequeno almoço [Café da manhã]*

Le petit déjeuner portugais se compose de café (noir ou au lait), petits pains, beurre et confiture. Au Brésil, le petit déjeuner est en général plus copieux: jus de fruits frais, fruit, et petits pains, gâteau, beurre et confiture, accompagnés de café au lait.

Je voudrais prendre le petit déjeuner, s.v.p.	**Queria tomar o pequeno almoço [café da manhã].**	kéria tô**mar** ô pé**kẽ**nô almossô [ka**fé** da mœ̃**gnœ̃**]
Je prendrai...	**Queria...**	kéria
céréales	**cereais**	sér^{y}**aich**
confiture	**doce de fruta [geléia]**	dossé dé **frou**ta [jé**lé**^{y}a]
jambon	**presunto**	prɨ**zõũ**tô
jus de fruit	**sumo [suco] de fruta**	**sõũ**mô [**sou**kô] dé **frou**ta
pamplemousse	**toranja [grapefruit]**	tô**rœ̃**ja [**grép**frout]
orange	**laranja**	la**rœ̃**ja
marmelade	**doce [geléia] de laranja**	**do**ssé [jé**lé**^{y}a] dé la**rœ̃**ja
œuf à la coque	**ovo cozido**	**o**vô kô**zi**dô
mollet/dur	**quente/cozido**	**kẽ**té/kô**zi**dô
œufs	**ovos**	**o**vôch
sur le plat	**ovos estrelados**	**o**vôch ɨchtreu**la**dôch
brouillés	**ovos mexidos**	**o**vôch meu**chi**dôch
pain grillé	**torradas**	tô**rra**dach
yaourt	**iogurte**	yô**gour**té
Puis-je avoir...?	**Pode trazer-me...?**	**po**dé tra**zér** mé
beurre	**manteiga**	mœ̃**té**^{y}ga
café	**café**	ka**fé**
décaféiné	**sem cafeína**	sẽ kaféĩna
noir/au lait	**sem leite/com leite**	sẽ **lé**^{y}té/kõ **lé**^{y}té
chocolat (chaud)	**chocolate (quente)**	chôkô**la**té (**kẽ**té)
eau (chaude)	**água (quente)**	**a**goua (**kẽ**té)
lait	**leite**	**lé**^{y}té
froid/chaud	**frio/quente**	**fri**ô/**kẽ**té
miel	**mel**	mél
pain	**pão**	pœ̃^{ou}
petits pains	**pãezinhos**	pœ̃^{y}**zĩ**gnôch
poivre	**pimenta**	pi**mẽ**ta
sel	**sal**	sal
thé	**chá**	cha
au lait	**com leite**	kõ **lé**^{y}té
au citron	**com limão**	kõ lĩ**mœ̃**^{ou}

Hors-d'œuvre *Acepipes [Salgadinhos]*

Si vous voulez quelque chose pour vous aiguiser l'appétit, choisissez soigneusement car les entrées portugaises peuvent parfois être bourratives. Vous trouverez parfois une liste des entrées sur la carte sous le nom de *Petiscos*.

Je voudrais des hors-d'œuvre.	**Queria uns acepipes [salgadinhos].**	ké**ria** oũch assé**pi**péch [salga**dĩ**gnôch]
Que me conseillez-vous?	**O que me recomenda?**	ô ké mé rékõ**mẽ**da
acepipes variados	assé**pi**péch varia**dô**ch	hors-d'œuvre variés
anchovas	œ**cho**vach	anchois
azeitonas	azéy**tõ**nach	olives
recheadas/ pretas/de Elvas	réch^{y}**a**dach/ **prè**tach/dé **èl**vach	farcies/noires/vertes
camarões	kama**rõ**^{y}**ch**	crevettes
caracóis à Algarvia	kara**ko**^{y}**ch** a al**gar**via	escargots parfumés à l'origan
carnes frias	**kar**néch **fri**ach	charcuterie
chocos com tinta	**cho**kôch kõ **tĩ**ta	seiche cuite dans son encre
espargos	ɨch**par**gôch	asperges
melão com presunto	mé**lœ**^{ou}kõ prɨ**zoũ**tô	melon au jambon
moelas	**m**^{ou}**è**lach	estomac de poulet en ragoût
ostras do Algarve	**och**trach dô al**gar**vé	huîtres cuites au four avec du beurre et du vin sec
paio	**pa**^{y}ô	filet de porc roulé et fumé
pikles	**pi**kléch	légumes au vinaigre
pipis	pi**pich**	ragoût d'abattis épicé
presunto	prɨ**zoũ**tô	jambon salé ou fumé
requeijão	rékéy**jœ**^{ou}	fromage caillé
salgadinhos variados	salga**dĩ**gnôch varia**dô**ch	hors-d'œuvre variés (Brés.)
sardinhas	sar**dĩ**gnach	sardines
siri na casca	**si**ri **na cas**ca	crabe servi dans sa carapace (Brés.)
tremoços	treu**mo**çous	graines de lupins salées

amêijoas na cataplana (œ**mè**^{y}jouach na kata**plœ**na) prairies avec du jambon fumé, du *chouriço* et des piments cuits à la vapeur dans une casserole en forme de grosse coquille de noix

chouriço (chô^{ou}**ri**ssô)	saucisse de porc fumée à l'aïl et au paprika
coração de galinha (**ko**raçœ^{ou} deu ga**li**gna)	cœurs de poulets, qu'on mange en général avant les grillades au Brésil
linguíça frita (lĩg^{ou}ĩssa **fri**ta)	chouriço très mince coupé en tranche et frit au beurre
pimentos assados (pĩ**mẽ**tôch a**ssa**dôch)	poivrons doux rôtis et servis froids avec de l'huile et du vinaigre
rissóis de camarão (ri**sso**^{y}**ch** dé kœma**rœ**^{ou})	rissoles farcies aux crevettes
santola recheada (sœ**to**la ré**chya**da)	araignée de mer farcie avec sa chair généralement assaisonnée avec de la moutarde, du curry, du jus de citron et du vin blanc

Salades *Saladas*

Il est rare de servir une salade verte ou composée avec les repas. Il vous faudra la commander séparément. Vous pouvez commander d'autres types de salades comme entrée.

Qu'est-ce que vous avez comme salades?	**Que saladas tem?**	keu sa**la**dach tœ^{y}
salada	sa**la**da	salade
de alface	deu al**fa**ssé	verte
de atum	deu a**tõũ**	de thon et de pommes de terre
de feijão frade	fey**jœ**^{ou} **fra**dé	de haricots
mista	**mis**ta	laitue et tomates
russa	**rou**ssa	macédoine
de tomate	deu tou**ma**teuch	de tomates

Œufs *Ovos*

ovos	**o**vouch	œufs
cozidos	kou**zi**douch	à la coque
escalfados	ɨchkal**fa**deuch	pochés
estrelados	ɨchtreu**la**deuch	sur le plat
mexidos	meu**chi**douch	brouillés
verdes	**vèr**dé	farcis avec les jaunes bouillis, des oignons et du persil et frits
omelete	omeu**lè**teu	omelette
de camarão	deu kama**rõych**	aux crevettes
de chouriço	deu chô**ri**ssou	à la saucise de porc
de espargos	deu ɨch**par**gôch	aux asperges

Potages *Sopas*

Les repas portugais commencent souvent par un potage assez substantiel à base de pommes de terre.

Je voudrais de la soupe/un potage.	**Queria uma sopa.**	**ké**ria **õu**ma **so**pa
açorda à Alentejana	as**sor**da a alẽtẽ**jœ̃**na	soupe au pain, à l'aïl et aux fines herbes
canja	**kœ̃**ja	bouillon de poule au riz
sopa	**so**pa	soupe
à pescador	a pɨchka**dor**	de poisson
de abóbora	dé a**bo**bôra	au potiron
de agriões	dé agri**õ^{y}ch**	aux pommes de terre et au cresson
de camarão	dé kœ̃ma**rœ̃^{ou}**	aux crevettes
de cenoura	dé sẽ**nô^{ou}**ra	aux carottes
de ervilhas	dé ér**vi**lliach	aux petits pois
de favas	dé **fa**vach	aux fèves
de feijão	dé féy**jœ̃^{ou}**	aux haricots rouges et au chou
de feijão frade	dé fey**jœ̃^{ou} fra**dé	aux haricots blancs
de feijão verde	dé fey**jœ̃^{ou} vè**rdé	aux pommes de terre et haricots d'Espagne
de grão	dé grœ̃^{ou}	aux pois chiches
de grelos	dé **grè**lôch	aux navets
de hortaliça	dé ôrta**li**ssa	de légumes
de rabo de boi	dé **ra**bô dé **boy**	à la queue de bœuf
transmontana	trœ̃chmõ**tœ̃**na	de légumes avec du lard et du pain

caldo verde (**kal**dô **vèr**dé) soupe épaisse aux pommes de terre et au chou vert avec de la saucisse fumée

gaspacho (gach**pa**chô) soupe froide faite avec des tomates, des poivrons, des oignons, des concombres et servie avec des croûtons

migas de bacalhau (**mi**gach dé baka**llya^{ou}**) soupe à la morue séchée parfumé à l'aïl et épaissie avec du pain

sopa de cozido (**so**pa dé kô**zi**dô) bouillon de viande avec des légumes et des macaroni

sopa de tomate (**so**pa dé tõ**ma**té) soupe de tomates avec des œufs pochés et du pain

sopa seca (**so**pa **sè**ka) soupe épaisse avec du bœuf, du poulet, du jambon, de la saucisse fumée, du chou et du pain

Poissons et fruits de mer *Peixes e mariscos*

Lorsque vous fréquenterez les bords de l'Océan, ne manquez pas de goûter à l'infinie variété de poissons et de fruits de mer fraîchement pêchés. Les Portugais aiment beaucoup les plats à base de poisson bouilli servis avec du chou et des pommes de terre cuites à l'eau - le tout arrosé d'huile et de vinaigre.

Je voudrais du poisson.	**Queria peixe.**	kéria péyché
Qu'avez-vous comme fruits de mer?	**Que espécies de mariscos tem?**	ké ɨchpéssiéch dé marichkôch tẽ
amêijoas	amèyjouach	palourdes
atum	atoũ	thon
bacalhau	bakallyaou	cabillaud/morue
berbigâo	bérbigœ̃ou	type de coques
besugo	bézougô	poisson-lune/môle
camarões	kœ̃marõych	crevettes
camarões grandes	kœ̃marõych grœ̃déch	crevettes bouquet
caranguejo	karœ̃guèjô	crabe
carapau	karapaou	carague
cavala	kavala	maquereau
chocos	chokôch	seiche
congro	kõgrô	congre
eiró	éyro	anguille
enguia	ẽguia	anguille
espadarte	ɨchpadarté	espadon
gambas	gœ̃bach	gambas
lagosta	lagochta	langouste
lagostins	lagôchtĩch	langoustines
lampreia	lœ̃prẽya	lamproie
lavagante	lavagœ̃té	homard
linguado	lĩgouadô	sole
lulas	loulach	calmar
mexilhões	méchilliõych	moules
ostras	ochtrach	huîtres
pargo	pargô	brème
peixe-agulha	pèyché agoullia	aiguille de mer
peixe-espada	pèyché ɨchpada	ceinture d'argent
pescada	pɨchkada	merlan
polvo	polvô	poulpe/pieuvre
robalo	rôbalô	bar
salmão (fumado)	salmœ̃ou (foũmadô)	saumon (fumé)
santola	sœ̃tola	araignée de mer
sardinhas	sardĩgnach	sardines
siri	siri	crabe (Brés.)
truta	trouta	truite

Le poisson peut vous être servi de la manière suivante:

à la vapeur	**cozido ao vapor**	kôzidô aô va**por**
au four	**no forno**	nô **for**nô
frit	**frito**	**fri**tô
fumé	**fumado [defumado]**	foumadô [défoumadô]
grillé	**grelhado**	gri**lya**dô
mariné	**marinado**	mar**ina**dô
poché	**escaldado**	ichkal**da**dô
sauté	**sauté**	sô**té**

Les plats au *bacalhau* (morue séchée et salée) sont l'une des plus fameuses spécialités portugaises. Voici les noms de préparations que vous rencontrerez certainement:

bacalhau à Brás (baka**llya**ou a brach) — lamelles de morue séchée, frites avec des oignons et des pommes de terre dans de l'œuf battu

bacalhau à Gomes de Sá (baka**llya**ou a gõméch dé sa) — morue séchée avec des olives, de l'ail, des oignons, du persil et des œufs durs

bacalhau podre (baka**llya**ou **po**dré) — plat cuit au four: une couche de morue frite au beurre alterne avec une couche de pommes de terre frites en tranches; le tout est recouvert de chapelure et de fromage râpé

Goûtez donc à l'une des spécialités suivantes:

caldeirada (kaldèy**ra**da) — différentes sortes de poissons que l'on fait mijoter avec des oignons, des tomates, des pommes de terre et de l'huile d'olive

lulas recheadas (**lou**lach ré**chya**dach) — calmar farci aux jaunes d'œuf, au jambon émincé, aux oignons et servi à la sauce tomate

moqueca de peixe (mô**kè**ka dé **pè**yché) — ragoût fait de poisson et de fruits de mer ou de crevettes, avec du lait de coco, de l'huile *dendê* (huile de palme) et d'autres assaisonnements (Brésil)

vatapá (vata**pa**) — poisson et crevettes (séchées ou fraîches) dans une pâte frite faite de riz, de farine, de chapelure, de lait de coco, d'huile *dendê*, de cacahuètes, de noix de cajou et d'épices (Brésil)

Viande *Carnes*

Au Portugal, le *bife* (du mot anglais «beef») est le mot qui désigne le steak, même s'il s'agit de viande de veau, de porc ou même de poisson. La plupart du temps, les *bifes* de veau sont meilleurs que ceux de bœuf. Vous pouvez aussi essayer les côtelettes d'agneau (*costeletas*—kouchteu**lé**tœch) qui sont délicieuses au Portugal. Si vous séjournez au Brésil, ne manquez pas de goûter aux spécialités de grillades.

Je voudrais ...	**Queria ...**	**ké**ria
agneau	**borrego [cordeiro]**	bô**rré**gô [kôr**dé**^{y}rô]
bœuf	**carne de vaca**	**kar**né dé **va**ka
porc	**carne de porco**	**kar**né dé **por**kô
veau	**vitela**	vi**té**la

almôndega	al**mõ**déga	boulettes de viande
carne enrolada	**kar**né ẽrô**la**da	paupiettes de bœuf
carneiro	kar**né**^{y}rô	mouton
chouriço	chô^{ou}**ri**ssô	saucisse de porc
coelho	**k**^{ou}**é**lyô	lapin
costeleta	kôchté**lé**ta	côtelette
escalope	ɨchka**lo**pé	escalope
filete [filé]	fi**lé**té [fi**lé**]	filet
fressura de porco	fré**ssou**ra dé **por**kô	andouilles
leitão	léy**tœ̃**^{ou}	cochon de lait
língua	**lĩ**goua	langue
lombo de vaca	**lõ**bô dé **va**ka	faux-filet
medalhão	méda**lliœ̃**^{ou}	filet de bœuf ou de porc
morcela	môr**ssé**la	boudin noir
pernil (de borrego)	pér**nil** (dé bô**rré**gô)	gigot d'agneau
presunto	pr*i***zõû**tô	jambon (fumé)
rins	**rĩ**ch	rognons
rabo de boi	**ra**bô dé **boy**	queue de bœuf
salsicha	sal**si**cha	saucisse
timo de vitela	**tĩ**mô dé vi**té**la	ris de veau
toucinho	tô**ssi**gnou	bacon

bife a cavalo (**bi**fé a ka**va**lô)	bifteck et œufs sur le plat
bife na frigideira (**bi**fé na frigi**dè**^{y}ra)	bifteck frit au beurre, avec du vin blanc et de l'ail, servi avec du jambon et du pain rôti
carne de porco à Alentejana (**kar**né dé **por**kô a alẽté**jœ̃**na)	porc hâché cuit avec des palourdes, des tomates et des oignons

carne de sol com feijão verde (**kar**né dé sol kõ féi**jœ**^{ou} **vèr**dé)
viande séchée au soleil, consommée avec des haricots verts (Brésil)

cozido à Portuguesa (kô**zi**dô a pôrtou**guè**za)
bœuf bouilli, lard, saucisse fumée et légumes servis avec du riz

churrasco misto (chou**rrach**kô **mich**tô)
assortiment de viandes grillées (bœuf, porc, saucisse) (Brésil)

ensopado de cabrito (ẽssô**pa**dô dé ka**bri**tô)
ragoût à base de chevreau et de légumes, servi sur des tranches de pain

feijoada (féy**j**^{ou}**a**da)
C'est le plat national brésilien; des haricots noirs cuits avec du lard, du porc salé et séché et des saucisses; se mange avec du riz, des tranches d'oranges et la *farofa* (farine de manioc rôtie dans du beurre ou de l'huile)

iscas à Portuguesa (**ich**kach a pôrtou**guè**za)
foie en tranches mariné dans du vin blanc avec de l'ail et des herbes, puis frit

rojões à moda do Minho (rô**jõ**^{y}**ch** a **mo**da dô **mĩ**gnô)
porc hâché, mariné dans du vin blanc sec avec des oignons et des herbes, puis frit

sarapatel (sarapa**tèl**)
ragoût de porc ou de mouton, avec une sauce au sang (Brésil)

tripas à moda do Porto (**tri**pach a **mo**da dô **por**tô)
tripes cuites avec d'autres morceaux de porc, des haricots et du poulet, servies avec du riz

bouilli	**cozido**	kô**zi**dô
braisé	**estufado**	ichtou**fa**dô
cuit au four	**no forno**	nô **for**nô
frit	**frito**	**fri**tô
grillé	**grelhado**	gré**llia**dô
mijoté	**guisado**	gui**za**dô
rôti	**assado**	a**ssa**dô
sauté	**sauté**	sô**té**
bleu	**muito mal passado**	**mõũ**^{y}tô mal pa**ssa**dô
saignant	**mal passado**	mal pa**ssa**dô
à point	**meio passado**	**mé**^{y}ô pa**ssa**dô
bien cuit	**bem passado**	bẽ pa**ssa**dô

Gibier et volaille *Caça e aves de criação*

Tant au Portugal qu'au Brésil, le poulet, préparé de mille et une façons, est l'un des plats favoris. Les Portugais vous étonneront peut-être par le grand choix de volaille et de gibier offert dans maintes régions.

Je voudrais du gibier.	**Queria caça.**	keuria **kassa**
borracho	bô**rra**chô	pigeonneau
capão	ka**pœ̃**^{ou}	chapon
codorniz [codorna]	kôdôr**nich** [kô**dor**na]	caille
faisão	fai**zœ̃**^{ou}	faisan
frango	**frœ̃**gô	poulet
peito/perna/asa	**pé**^{y}tô/**pér**na/**a**za	blanc/cuisse/aile
galinhola	galĩ**gno**la	bécasse
ganso	**gœ̃**ssô	oie
javali	java**li**	sanglier
lebre	**lé**bré	lièvre
marreco	ma**rré**kô	sarcelle
pato	**pa**tô	canard
perdiz	pér**dich**	perdrix
peru	pé**rou**	dinde
pintada	pĩ**ta**da	pintade
pombo	**põ**bô	pigeon
veado	**v**^{y}**a**dô	chevreuil/venaison

arroz de frango (**arroz** dé **frœ̃**gô)
poulet grillé servi en cocotte avec du vin blanc, du jambon et du riz

coelho assado (**k**^{ou}**è**lyô **assa**dô)
lapin rôti avec des oignons, du vin blanc et des herbes aromatiques

frango ao molho pardo (**frœ̃**gô aô **mo**lliô **par**dô)
poulet au sang et au vinaigre

frango na púcara (**frœ̃**gô na **pou**kara)
poulet cuit en ragoût avec du porto et du cognac, puis frit avec des amandes cuites au préalable dans une sauce au vin

galeto com polenta (ga**lè**tô kõ pô**lẽ**ta)
coquelet rôti avec de la polenta (Brésil)

pato no tucupi (**pa**tô nô toukou**pi**)
canard rôti avec du tucupi (sauce au manioc)

xinxim de galinha (chĩ**chĩ** dé ga**lĩ**gna)
poulet cuit dans une sauce aux crevettes séchées, aux cacahuètes et au persil (Brés.)

Légumes *Legumes*

abacate	aba**ka**té	avocat
abóbora	a**bo**bôra	courge
abobrinha	abô**brĩ**gna	courgette
aipo	**ai**pô	céleri
alcachofra	alka**cho**fra	artichauts
alface	al**fa**ssé	laitue
alho porro	**a**lliô **po**rrô	poireaux
aspargos	ach**par**gôch	asperges (Brés.)
batata doce	ba**ta**ta **do**ssé	patate douce
batatas	ba**ta**tach	pommes de terre
berinjela	bérĩ**jé**la	aubergine
beterraba	bété**rra**ba	betterave
brócolos	**bro**kôlôch	broccoli
castanhas	kach**tœ̃**gnach	châtaignes/marrons
cebolas	sé**bo**lach	oignon
cenouras	seu**nô**rach	carottes
chicória	chi**ko**ria	endive
chuchu	chou**chou**	rutabaga
cogumelos	kôgõũ**mé**lôch	champignons
couve-flor	**kô**[ou]vé flor	chou-fleur
couve portuguesa	**kô**[ou]vé pôrtou**guè**za	chou vert
couves de Bruxelas	**kô**[ou]véch dé brou**ché**lach	choux de Bruxelles
ervilhas	ɨr**vi**lliach	petits pois
espargos	ɨch**par**gôch	asperges
espinafre	ɨchpĩ**na**fré	épinards
favas	**fa**vach	fèves
feijão	féi**jœ̃**[ou]	haricots
feijão-manteiga	féi**jœ̃**[ou] mœ̃**té**[y]**ga**	blancs (demi-secs)
verde	**vér**dé	verts
funcho	**fõũ**chô	fenouil
grelos	**grè**lôch	navets
legumes variados	lé**gõũ**méch varia**dô**ch	jardinière de légumes
lentilha	lẽ**ti**llia	lentilles
milho	**mi**lliô	maïs
milho verde	**mi**lliô **vér**dé	maïs (doux)
nabos	**na**bôch	navets
palmito	pal**mi**tô	cœurs de palmiers
pepino	pé**pĩ**nô	concombre
pimenta malagueta	pĩ**mẽ**ta mala**gué**ta	piment (Brés.)
piri-piri	**pi**ri **pi**ri	piment
quiabo	**kia**bô	okra
rabanetes	rabœ̃**né**téch	radis
repolho	ré**po**lliô	chou
tomates	tô**ma**téch	tomates
vagens	**va**jẽch	haricots verts

Et si vous visitez le Brésil, essayez l'un de ces délicieux plats aux légumes:

acarajé (akara**jè**)	purée de haricots à l'huile *dendê* (huile de palme), servie avec une sauce aux piments, aux oignons et aux crevettes
tutu à mineira (tou**tou** a mĩ**nè**ʸra)	plat fait de haricots, de farine de manioc, de porc, de chou, d'œufs frits et de tranches de lard rissolées

Pommes de terre, riz et pâtes *Batatas, arroz e massa*

Au Portugal, de nombreux plats sont servis avec du riz et des pommes de terre.

arroz	**a**rroz	riz
de alhos	dé **a**lliôch	à l'ail
de cabidela	dé kabi**dè**la	au sang de poulet
de cenoura	dé sẽ**nô**ᵒᵘra	aux carottes
de cozido	dé kô**zi**dô	cuit dans un bouillon de viande
de feijão	dé féi**jœ̃**ᵒᵘ	avec des haricots rouges ou blancs
de grelos	dé **grè**lôch	avec des navets
de manteiga	dé mœ̃**tè**ʸga	au beurre
de tomate	dé tõ**ma**té	à la tomate
batatas	ba**ta**tach	pommes de terre
cozidas (com pele)	kô**zi**dach (kõ **pè**lé)	à l'eau/bouillies (en robe des champs)
fritas	**fri**tach	frites
palha	**pa**llia	allumettes
massa	**ma**ssa	pâtes
esparguete	ɨchpar**guè**té	spaghettis
macarrão	maka**rrœ̃**ᵒᵘ	macaronis

Epices et fines herbes *Temperos*

açafrão	assa**frœ̃**ᵒᵘ	safran
agriões	**agr**ʸ**õ**ʸ**ch**	cresson
alcaparras	alka**pa**rrach	câpres
alecrim	alé**krĩ**	romarin (Brés.)
alho	**a**lliô	ail
anis	œ̃**nich**	anis
baunilha	baõ**u**ni**llia**	vanille
canela	kœ̃**né**la	cannelle
cebolinho	sébô**lĩ**gnô	ciboulette/fines herbes

chalota [cebolinha]	cha**lo**ta [sébô**lĩ**gna]	échalote
colorau [páprica]	kôlô**rœ**^{ou} [**pa**prika]	paprika
cominhos	kõ**mĩ**gnôch	cumin
endro	**ẽ**drô	aneth
estragão	ɨchtra**gœ̃**^{ou}	estragon
gengibre	jẽ**ji**bré	gingembre
hortelã	ôr**té**la	menthe
louro	**lô**^{ou}rô	laurier
manjericão	mœ̃jéri**kœ̃**^{ou}	basilic
manjerona	mœ̃jé**rõ**na	marjolaine
mostarda	môch**tar**da	moutarde
noz-moscada	nôch môch**ka**da	noix de muscade
oregão [orégano]	ôré**gœ̃**^{ou} [ô**ré**gœnô]	origan
pepinos	pé**pĩ**nôch	cornichons
pimenta	pĩ**mẽ**ta	poivre
rosmaninho	rôchma**nĩ**gnô	romarin
sal	sal	sel
salsa	**sal**sa	persil
salva	**sal**va	sauge
temperos variados	tẽ**pé**rôch vari**a**dôch	herbes aromatiques
tomilho	tõ**mi**lliô	thym

Fromages *Queijos*

Les fromages portugais sont souvent faits d'un mélange de lait de brebis et de chèvre, ou de lait de vache et de lait de chèvre. Le Brésil produit également quelques fromages qui sont consommés comme desserts, accompagnés de confitures ou de douceurs, comme la *goiabada*, une pâte à base de goyave. On offre rarement un plateau de fromages dans les restaurants portugais et brésiliens.

Je voudrais du fromage.	**Queria queijo.**	ké**ria** **ké**^{y}jô

crémeux	*Queijo da Serra, Azeitão, Évora, Castelo Branco, Serpa, Requeijão* (fromage brésilien fabriqué dans l'État de Minas Gerais)
fromage au lait de chèvre	*Cabreiro* (doit être mangé frais), *Queijo de Minas* (fromage brésilien, délicieux avec de la *goiabada*)
fromage au lait de vache	*São, Jão, São Jorge, Ilha* (fromage propre aux Açores), *Queijo do Sertão* (brésilien)

Fruits *Frutas*

abacaxi	abaka**chi**	ananas (Brés.)
alperces	al**pér**sséch	abricots
ameixas	œ**mé**^{y}chach	prunes
ameixas secas	œ**mé**^{y}chach **sé**kach	pruneaux
amêndoas	œ**mẽ**douach	amendes
amendoins	œmẽ**doĩch**	cacahuètes
ananás	œnœ**nach**	ananas
arando	ar**œ̃**dô	myrtille
avelãs	a**vé**lach	noisettes
banana	bœ̃**nœ̃**na	banane
caju	ka**jou**	(pommes de) cajou
caqui	ka**ki**	kaki (Brés.)
castanha-de-caju	kach**tœ̃**gna dé ka**jou**	noix de cajou (Brés.)
castanhas	kach**tœ̃**gnach	châtaignes
cerejas	sé**ré**jach	cerises
coco	**ko**kô	noix de coco
damascos	dœ̃**mach**kôch	abricots (Brés.)
figos	**fi**gouch	figues
framboesas	frœ̃**b**^{ou}**é**zach	framboises
frutas secas	**frou**tach **sé**kach	fruits secs
goiaba	gô**ya**ba	goyave (Brés.)
groselha	grô**zé**llia	cassis
laranja	la**rœ̃**ja	orange
lima	**lĩ**ma	citron vert
limão	lĩ**mœ̃**^{ou}	citron
limão verde	lĩ**mœ̃**^{ou} **vér**dé	citron vert (Brés.)
maçã	ma**ssœ̃**	pomme
mamão	mœ̃**mœ̃**^{ou}	papaye (Brés.)
manga	**mœ̃**ga	mangue (Brés.)
maracujá	marakou**ja**	fruit de la passion (Brés.)
marmelo	mar**mé**lô	coing
melancia	mélœ̃**ssi**a	pastèque
melão	mé**lœ̃**^{ou}	melon
morangos	mô**rœ̃**gôch	fraises
nozes	**no**zéch	noix
passas (de uvas)	**pa**ssach (dé **ou**vach)	raisins secs
pêra	**pé**ra	poire
pêssego	**pé**sségô	pêche
pêssego calvo	**pé**sségô **kal**vô	brugnon
ruibarbo	roui**bar**bô	rhubarbe
tâmaras	**tœ̃**marach	dates
tangerinas	tœ̃jé**rĩ**nach	mandarine
toranja [grapefruit]	to**rœ̃**ja [**gréyp**frout]	pamplemousse
umbu	**õũ**bou	fruit tropical (Brés.)
uvas	**ou**vach	raisins

Desserts—Pâtisseries *Sobremesas—Pastelarias*

Les gâteaux, crèmes et douceurs, généralement faits de jaunes d'œuf (Portugal) ou de noix de coco râpée (Brésil) font partie de tous les repas. Vous les trouverez probablement un peu trop sucrés; dans ce cas, goûtez aux glaces (*gelado* au Portugal et *sorvete* au Brésil).

Je voudrais un dessert, s.v.p.	**Queria uma sobremesa, se faz favor.**	**ké**ria **õũ**ma sôbrẽ**mé**za sé fach fa**vôr**
Que me recommandez-vous?	**O que me recomenda?**	ô ké mé rékõ**mẽ**da
Quelque chose de léger, s.v.p.	**Uma coisa leve, por favor.**	**um ko^{y}**za **lé**vé pôr fa**vôr**
Juste une petite portion.	**Só um bocado.**	so õũ bô**ka**dô
aletria	a**lé**tria	dessert au vermicelle
arroz doce	a**rroz dos**sé	dessert au riz
goiabada	gôya**ba**da	pâte épaisse à base de goyaves
leite-creme	**lè^{y}**té **krẽ**mé	crème anglaise souvent recouverte de caramel
marmelada	marmé**la**da	pâte épaisse à base de coings
mousse de chocolate	**mô^{ou}**ssé dé chôkô**la**té	mousse au chocolat
ovos moldes de Aveiro	o**vôch mo**léch dé a**vè^{y}**rô	jaunes d'œufs battus cuits dans un sirop
pudim flan	pou**dĩ** flœ̃	crème caramel

baba-de-moça (**ba**ba dé **mos**sa) dessert fait de jaune d'œuf, de lait de coco et de sirop (Brés.)

barriga-de-freira (ba**rri**ga dé **frè^{y}**ra) dessert fait de jaune d'œuf, de pain et de sirop

canjica (kœ̃**ji**ka) dessert fait de maïs râpé et de lait de coco (Brés.)

farófias (fa**ro**fiach) blancs d'œuf battus pochés dans du lait, saupoudrés de cannelle et recouverts de crème anglaise

fios de ovos (**fi**och dé o**vôch**) filaments de jaunes d'œufs cuits dans du sirop

pudim Molotov (pou**dĩ** môlô**toff**) mousse légère de blancs d'œufs dans une sauce au caramel

Et voici une liste de quelques pâtisseries et biscuits que vous pouvez manger avec votre café ou votre thé:

arrufada de Coimbra	arrou**fa**da dé kôĩbra	gâteau en pâte levée parfumé à la cannelle
bolinhos de amêndoa	bô**lĩ**gnôch dé œ**mẽ**doua	biscuits aux amandes
bolinhas de cahela	bô**li**gnach dé kœ**nè**la	biscuits à la cannelle
bolo de arroz	**bo**lô dé **arroz**	gâteau de riz
bolo inglês	**bo**lô ĩ**glèch**	gâteau aux fruits confits
bolo podre	**bo**lô **po**dré	gâteau au miel et à la cannelle
broas castelares	**bro**ach kachté**la**réch	biscuits aux patates douces
broas de mel	**bro**ach dé mèl	biscuits à la farine de maïs et au miel
cavacas	ka**va**kach	biscuits glacés
cocadas	kô**ka**dach	macarons à la noix de coco (Brés.)
massapães	massa**pœ̃ʸch**	macarons aux amandes
mil-folhas	mil **fo**lliach	mille-feuilles
pão-de-ló	pœ̃ᵒᵘ dé lo	sorte de brioche
papos-de-anjo	**pa**pôch dé **œ̃**jô	macarons aux jaunes d'œufs
pastel de coco	pach**tèl** dé **ko**kô	gâteau à la noix de coco
pastel de feijão	pach**tèl** dé féij**œ̃ᵒᵘ**	gâteau aux haricots
pastel de nata/de Belém	pach**tèl** dé **na**ta/dé bé**lẽ**	petite tarte à la crème
queijada	kéy**ja**da	petite tarte au fromage blanc
tarte de amêndoa	**tar**té dé œ**mẽ**doua	tarte aux amandes

bolo de chila do Algarve (**bo**lô dé **chi**la dô al**gar**vé) — gâteau fait avec de la confiture de potiron, de la poudre d'amandes des jaunes d'œufs et du sucre

pastel de Tentúgal (pach**tèl** dé tẽ**tou**gal) — pâte feuilletée très mince remplie de jaunes d'œufs battus cuits dans du sirop

torta de laranja (**tor**ta dé la**rœ̃**ja) — gâteau roulé fait avec des œufs, du sucre et du jus d'orange

Apéritifs *Aperitivos*

Les Portugais aiment boire un apéritif avant le dîner; certains préfèrent le vermouth, d'autres le porto sec ou le madère, ou encore un *Moscatel de Setúbal* servi bien frais. Quant aux Brésiliens, ils prendront plutôt un *batida*, mélange de rhum blanc, sucre, jus de fruits et glaçons, ou bien un *caipirinha* (citron vert, sucre et glaçons).

Pourriez-vous m'apporter un vermouth, s.v.p.	**Queria um vinho da Madeira seco se faz favor.**	ké**ri**a õũ **vĩ**gnô da ma**dè**ʸra **sè**kô sé fach fa**vôr**
Un vermouth, s'il vous plaît.	**Por favor, traga-me um vermute.**	pôr fa**vôr tra**ga mé õũ vér**mou**té

À SUA SAÚDE!
À VOTRE SANTÉ!

Bière *Cerveja*

La bière est une boisson très populaire au Portugal comme au Brésil. Elle est toujours servie très fraîche. Peut-être aurez-vous envie de goûter aux bières locales, comme la *Sagres* au Portugal ou *l'Antártica* au Brésil. Au Portugal, on sert souvent la bière accompagnée de *tremoços* (*trẽ***mo**ssôch—graines de lupin salées) ou *d'amendoins* (*œ̃mẽ***doĩch**—cacahuètes).

Que voulez-vous boire?	**O que deseja beber?**	ô ké dé**zè**ja bé**bèr**
Je voudrais une bière, s.v.p.	**Queria uma cerveja, se faz favor.**	ké**ri**a **õũ**ma sér**vè**ja sé fach fa**vôr**
Prenez/prends une bière!	**Tome uma cerveja connosco!**	**tõ**mé **õũ**ma sér**vè**ja kõ**noch**kô
Une bouteille de bière blonde, s.v.p.	**Uma garrafa de cerveja [branca], por favor.**	**õũ**ma ga**rra**fa dé sér**vè**ja [**brœ̃**ka] pôr fa**vôr**
Une bière légère, s.v.p.	**Uma cerveja preta, por favor.**	**õũ**ma sér**vè**ja **prè**ta pôr fa**vôr**
une bière pression	**uma imperial [um chope]**	**õũ**ma ĩ**pé**rial [õũ **cho**ppɨ]
Pourriez-vous m'apporter un/une… de bière, s.v.p.	**Por favor, traga-me… de cerveja.**	pôr fa**vôr tra**ga mé… dé sér**vè**ja
bouteille	**uma garrafa**	**õũ**ma ga**rra**fa
verre	**um copo**	õũ **ko**pô

Vin *Vinho*

Les conditions climatiques influent sur la variété et la qualité du vin portugais. Un certain nombre de régions vinicoles sont classées et contrôlées par l'Etat, ceci en raison des caractéristiques particulières de leurs vins. Tels sont par exemple la vallée du Douro, au nord (vin de Porto), et les districts de Dão, Bucelas, Carcavelos, Algarve, Madeira, et Colares.

La production du vin dans la Vallée du Douro remonte aux croisades. Cependant, le vin désigné aujourd'hui sous le nom de porto est d'origine plus récente. En 1678, deux Anglais, qui venaient d'acheter la récolte d'une vigne de monastère, se demandaient comment envoyer ce breuvage en Angleterre pour qu'il y parvienne en bonne condition. Il leur vint à l'idée d'ajouter un peu d'eau-de-vie à chaque barrique. Ainsi naquit le fameux porto.

Pour assurer l'intégrité du vin, l'Institut du Vin de Porto en surveille attentivement la production et l'expédition. L'aire de production est limitée strictement, et de nombreux prélèvements sont effectués parmi les vins quittant le pays, afin d'en contrôler la couleur, le bouquet et la qualité.

Les Portugais semblent préférer les vins plus secs et plus légers au moment de l'apéritif ou du dessert. Un alcool plus populaire encore que le porto est le *Moscatel*, blanc et léger, produit dans la région de Setúbal, au sud de Lisbonne. On le consomme souvent avant les repas.

Les *vinhos verdes* (rouges, rosés ou blancs) sont appelés *verdes* parce que les raisins, n'ayant pas tout à fait atteint leur pleine maturité, sont acides et peu sucrés. Leur pourcentage d'alcool est plutôt bas. Ils proviennent de la région de Minho, au nord-ouest du pays.

Les vignes brésiliennes sont cultivées dans le sud du pays. Cette région produit quelques bons vins rouges et blancs. Les Brésiliens, cependant—vraisemblablement en raison de la forte température qui règne dans leur pays—préfèrent la bière ou l'une de leur boissons exotiques et rafraîchissantes.

Le tableau ci-dessous permettra d'identifier quelques bons vins régionaux. Une bonne cuisine régionale s'accompagne bien d'un vin de pays, alors que la grande cuisine demande un vin noble.

Type de vin	Exemples	Accompagne
vin blanc sec et léger	la plupart des *vinhos verdes* blancs; *Porca de Murça* et *Pérola* de la région de Douro; *Bucelas; Óbidos* et *Alcobaça* de la région de l'Estremadura	poisson, fruits de mer, hors d'œuvre, fromages
vin blanc sec	Vins de Madère tels que le *Sercial* et le *Verdelho* demi-sec	desserts, parfois servis en apéritif
vin blanc doux	*Moscatel* de la région de Setúbal; vins des régions de Carcavelos et Favaios. Goûtez aussi aux bouteilles étiquetées Grandjó de la région de Douro	tous les desserts. On boit souvent le *Moscatel de Setúbal* avant les repas
rosé	Vins de la région de Pinhel, le *rosé Mateus* de la région de trás-os-Montes	volaille, plats froids
vin rouge léger	Clarete de Douro, vins de la région de Lafões et tous les *vinhos verdes*	volaille, viande
vin rouge capiteux	Vins des régions de Colares, Dão, Lagoa et bairrada	viande et gibier
vin rouge doux	Vins de Madère tels que *Malmsey* et *Bual* (plus sec). Porto de la région de Douro	desserts. On peut aussi s'en servir pour les sauces pour donner à la viande un goût délicieux
vin mousseux	Bairrada, surtout les *vinhos espumantes naturais* des Caves da Raposeira	desserts ou en apéritif

Puis-je avoir la carte des vins, s.v.p.?	**Pode trazer-me a lista dos vinhos, se faz favor?**	podé trazér mé a lichta dôch vĩgnôch sé fach favôr
Je voudrais un/une... de vin rouge/blanc.	**Queria ... de vinho tinto/branco.**	kéria ... dé vĩgnô tĩtô/brœ̃kô
bouteille	**uma garrafa**	õũma garrafa
carafe	**um jarro**	õũ jarrô
demi-bouteille	**meia-garrafa**	méya garrafa
pichet	**um jarro pequeno**	õũ jarrô pékẽnô
verre	**um copo**	õũ kopô
De quelle région vient ce vin?	**Donde é este vinho?**	dõdé é ɨchté vĩgnô

rouge	**tinto**	tĩtô
blanc	**branco**	brœ̃kô
rosé	**rosé**	rôzé
doux	**doce**	dossé
sec	**seco**	sékô
mousseux	**espumante**	ɨchpoũmœ̃té
léger	**ligeiro [leve]**	lijœyrŏ [lèvɨ]
à la température ambiante	**na temperatura ambiente**	na tẽpératoura œ̃biẽté

Autres boissons alcoolisées *Outras bebidas alcoólicas*

Je voudrais ...	**Queria ...**	kéria
apéritif	**um aperitivo**	õũ apéritivô
cognac	**um conhaque**	õũ kôgnaki
gin	**um gim**	õũ jĩ
liqueur	**um licor**	õũ likor
Madère	**um vinho da Madeira**	õũ vignô da madéyra
porto	**um vinho do Porto**	õũ vignô dô pôrtou
rhum	**um rum**	õũ roũ
vermouth	**um vermute**	õũ vérmouté
vin de Xérès	**um Xeres**	õũ cheuréch
vodka	**uma vodca**	õũma vodka
whisky	**um uísque**	õũ ouïchki
sec	**puro**	pourô
avec des glaçons	**com gelo**	kõ jélô
avec un peu d'eau	**com um pouquinho de água**	kõ õũ pôoukĩgnô dé agoua

Si vous désirez boire un alcool après le dîner, essayez un *aguardente velha* (cognac portugais) tel que le *Borges* ou le *Constantino*. Vous pouvez aussi goûter une eau-de-vie locale, *bagaço* (ba**ga**ssô — faite à partir de marc de raisin) aussi forte que la *cachaça* brésilienne (ka**cha**ssa — alcool de canne à sucre). Mais attention aux conséquences!

aguardente	agouar**dẽ**té	alcools
de figo	dé **fi**gô	de figue
de medronho	dé mé**drõ**gnô	d'arbouse
batida	ba**ti**da	*cachaça*, jus de fruit, sucre, glace (Brés.)
de caju	dé ka**jou**	aux cajous
de coco	dé **ko**kô	à la noix de coco
de maracujá	dé marakou**ja**	aux fruits de la passion
caipirinha	kaipi**rĩ**gna	*cachaça*, citron vert, sucre et glace (Brés.)
Cuba libre	**kou**ba **li**bré	rhum et coca-cola
ginjinha	ji**jĩ**gna	alcool distillé à base de griottes

Boissons sans alcool *Bebidas não alcoólicas*

Je voudrais...	**Quiera...**	**ké**ria
citron pressé	**uma limonada**	ũma limô**na**da
eau minérale	**uma água mineral**	ũma **a**goua mĩné**ral**
gazeuse	**com gás**	kõ gach
plate	**sem gás**	sẽ gach
infusion	**um chá de ervas**	oũ cha dé **ér**vach
jus de fruit	**um sumo [suco] de fruta**	oũ **soũ**mô [**sou**kô] dé **frou**ta
jus de pamplemousse	**um sumo de toranja [suco de grapefruit]**	oũ **soũ**mô dé tô**rœ**ja [**sou**kô dé **gré^{y}p**frout]
jus de pomme	**um sumo [suco] de maçã**	oũ **soũ**mô [**sou**kô] dé mas**sœ**
jus de tomate	**um sumo [suco] de tomate**	oũ **soũ**mô [**sou**kô] dé tõ**ma**té
jus d'orange	**um sumo [suco] de laranja**	oũ **soũ**mô [**sou**kô] dé la**rœ**ja
lait	**leite**	**lé^y**té
lait frappé	**um batido [milkshake]**	oũ ba**ti**dô [**milk**ché^{y}k]
limonade	**uma gasosa**	**oũ**ma ga**zo**za
orangeade	**uma laranjada**	**oũ**ma larœ**ja**da
"Schweppes®"	**uma água tónica**	**oũ**ma **a**goua **tõ**nika

Les Brésiliens aiment beaucoup les boissons rafraîchissantes (*refrescos*). Cherchez les bars qui proposent des *sucos* (jus de fruits) avec un grand choix de fruits à l'étal. Ils servent jusqu'à 20 jus de fruits différents, pressés sous vos yeux. Certains sont très exotiques, d'autres très sucrés. A vous de choisir.

água de coco	agoua dé **ko**kô	jus de coco
caldo de cana	**kal**dô dé **kœ̃**na	jus de canne à sucre
guaraná	gouarœ̃**na**	boisson aux fruits tropicaux
leite de coco	**lè**^{y}té dé **ko**kô	lait de coco
mate	**ma**té	thé du Paraguay glacé
milkshake	**milk**chéyk	milkshake
de café	dé ka**fè**	au café
de limão	dé lĩ**mœ̃**^{ou}	au citron
suco de abacaxi	**sou**kô dé aba**ka**chi	jus d'ananas
suco de mamão	**sou**kô dé mœ̃**mœ̃**^{ou}	jus de papaye
suco de manga	**sou**kô dé **mœ̃**ga	jus de mangue
suco de tamarindo	**sou**kô dé tœ̃ma**rĩ**dô	jus de tamarin

Boissons chaudes *Bebidas quentes*

Consommé à chaque heure du jour—ou de la nuit—le *cafèzinho* brésilien (un café fort, type espresso) se boit noir avec beaucoup de sucre, ce qui en atténue l'amertume.

Au Portugal, à la fin du déjeuner ou du dîner, la plupart des gens commandent un *bica* (**bi**ka), comparable au *cafèzinho* brésilien. Avec quelques gouttes de lait, un *bica* s'appelle un *garoto* (ga**ro**tô), et un *galdo* (ga**lœ̃**^{ou}) est un café au lait servi dans un grand verre. Un café noir léger s'appelle *carioca* (ka**rio**ka), mais vous pouvez aussi demander:

chocolat chaud	**um chocolate (quente)**	õu chôkô**la**té (**kẽ**té)
thé	**um chá**	õu cha
tasse de thé	**uma chávena [xícara] de chá**	**õu**ma **cha**véna [**chi**kara] dé cha
au lait/citron	**com leite/limão**	kõ **lé**^{y}té/lĩ**mœ̃**^{ou}
glacé	**gelado**	jé**la**dô

Réclamations *Reclamações*

Il manque une assiette/un verre.	**Falta um prato/um copo.**	faltô õũ prato/õũ kopou
Je n'ai pas de couteau/fourchette/ cuillère.	**Não tenho faca/ garfo/colher.**	nœou tẽgnô faka/garfô/ kôlliér
Ce n'est pas ce que j'ai commandé.	**Não é o que eu encomendei.**	nœou é ô ké ẽkõmẽdéy
J'ai demandé…	**Pedi…**	pédi
Il doit y avoir une erreur.	**Deve haver um engano.**	dévé avér õũ ẽgœ̃nô
Pourriez-vous changer ceci?	**Não pode trocar?**	nœou podé trôkar
J'ai demandé une petite portion (pour cet enfant).	**Pedi uma dose pequena (para esta criança).**	pédi õũma dozé pékẽna (para ɨchta kriœ̃ssa)
La viande est…	**A carne está…**	a karné ɨchta
trop cuite	**passada demais**	passada dẽmaich
pas assez cuite	**mal passada**	mal passada
trop saignante	**mal passada demais**	mal passada dẽmaich
trop dure	**dura demais**	doura dẽmaich
C'est trop…	**Isto está… demais.**	ichtô ɨchta… dẽmaich
amer/salé/sucré	**amargo/salgado/ doce**	œ̃margô/salgadô/dossé
Je n'aime pas ça.	**Não gosto disto.**	nœou gochtô dichtô
La nourriture est froide.	**A comida está fria.**	a kõmida ɨchta fria
Ça n'est pas frais.	**Isto não está fresco.**	ichtô nœou ɨchta fréchkô
Pourquoi y a-t-il autant d'attente?	**Porque demora tanto?**	pôrké dẽmora tœ̃tô
Avez-vous oublié nos boissons?	**Esqueceu-se das nossas bebidas?**	ɨchkésséou sé dach nossach bébidach
Le vin n'a pas bon goût.	**O vinho não está muito bom.**	ô vĩgnô nœou ɨchta mũytou bõ
Ce n'est pas propre.	**Isto não está limpo.**	ichtô nœou ɨchta lĩpô
Pourriez-vous nous envoyer le maître d'hôtel?	**Pode mandar chamar o chefe de mesa.**	podé mœ̃dar chœ̃mar ô chéfé dé méza

L'addition *A conta*

Généralement, le service est automatiquement compris dans l'addition du restaurant, mais si le service a été impeccable, il est bon de laisser un pourboire supplémentaire qui sera apprécié. On peut utiliser les cartes bancaires dans un nombre croissant de restaurants; des panneaux annoncent les cartes qui sont acceptées.

Je voudrais payer/ l'addition, s.v.p.	**Queria pagar.**	ké**ri**a pa**gar**
Nous voudrions payer séparément.	**Queríamos pagar separadamente.**	ké**ri**œ̃môch pa**gar** sɨparadœ̃**mẽ**té
Je crois qu'il y a une erreur dans l'addition.	**Creio que se enganou na conta.**	**kré**^{y}ô ké sé ẽgœ̃**nô**^{ou} na **kõ**ta
Que représente ce montant?	**A que corresponde esta importância?**	a ké kôrréch**põ**dé **ɨch**ta ĩpôr**tœ̃**ssia
Le service est-il compris?	**O serviço está incluído?**	ô sér**vi**ssô ɨch**ta** ĩklouïdô
Le couvert est-il compris?	**O couvert está incluído?**	ô kou**vér** ɨch**ta** ĩklouïdô
Est-ce que tout est compris?	**Está tudo incluído?**	ɨch**ta** **tou**dô ĩklouïdô
Acceptez-vous les chèques de voyage?	**Aceitam cheques de viagem?**	as**sé**^{y}tœ̃ **ché**kich dé **via**jẽ
Puis-je payer avec cette carte de crédit?	**Posso pagar com este cartão de crédito?**	**po**ssô pa**gar** kõ **ɨch**té kar**tœ̃**^{ou} dé **kré**ditô
Pourriez-vous l'arrondir à …	**Por favor, arredonde para …**	pôr fa**vôr** arré**dõ**dé **pa**ra
Gardez la monnaie.	**Guarde o troco.**	**g**^{ou}**ar**de **ô** **tro**kô
C'était délicieux.	**Estava delicioso.**	ɨch**ta**va délis**sio**zô
C'était très bon, merci.	**Gostámos muito, obrigado(a).**	gôch**tœ̃**môch **mõũ**^{y}tô ôbri**ga**dô(a)

SERVIÇO INCLUÍDO
SERVICE COMPRIS

Repas légers—Pique-nique *Refeições—Piquenique*

Il vous arrivera de vouloir éviter un gros repas dans un restaurant et de désirer quelque chose de léger dans un snack-bar. Vous aurez le choix entre des petits pâtés, des beignets, des sandwichs, des pâtisseries et aussi des petits plats (*petiscos*) ou des salades (voir pages 41-42). Comme la plupart de ces plats sont en vitrine, il vous sera facile de commander.

Donnez-moi deux de ceux-ci et un de ceux-là.	**Queria dois destes e um daqueles.**	k**é**ria doïch **déch**téch i õ͞u da**ké**léch
à gauche/droite	**à esquerda/à direita**	a ɨch**kér**da/a di**ré**^{y}ta
au-dessus/au-dessous	**para cima/para baixo**	**pa**ra **sĩ**ma/**pa**ra **bai**chô
C'est pour emporter.	**É para levar.**	é **pa**ra lé**var**
Je voudrais un morceau de gâteau.	**Queria uma fatia de bolo.**	k**é**ria **õ͞u**ma fa**ti**a dé **bo**lô
crêpe	**um crepe [uma panqueca]**	õ͞u **krè**peu [**õ͞u**ma pã**kè**ka]
au sucre	**com açúcar**	kõ a**ssou**kar
à la confiture	**com doce [geléia]**	kõ **dô**sseu [jé**léi**a]
croque-monsieur	**uma tosta mista [um misto quente]**	**õ͞u**ma **toch**ta **mich**ta [õ͞u **mich**tô **kẽ**teu]
croquette	**um croquete**	õ͞u kro**kè**teu
de cabillaud	**pastel de bacalhau**	pa**stèl** deu bala**lya**^{ou}
de viande	**croquete de carne**	kro**kè**teu deu **kar**neu
(pommes) frites	**batatas fritas**	ba**ta**tach **fri**tach
hamburger	**um hamburger**	õ͞u **œ̃m**bourguér
hot dog	**um cachorro (quente)**	õ͞u ka**chô**rrô (**kẽ**teu)
omelette	**uma omelete**	**õ͞u**ma õmé**lé**té
pain grillé	**uma torrada**	**õ͞u**ma tou**rra**da
petit pâté	**um pastel**	õ͞u pa**chtèl**
de viande	**de carne**	deu **kar**neu
aux crevettes	**de camarão**	deu kama**rœ̃**^{ou}**ch**
poulet	**um frango**	õ͞u **frœ̃**gô
demi poulet rôti	**meio-frango assado**	**mé**^{y}ô **frœ̃**gô a**ssa**dô
salade de pommes de terre	**uma salada de batata**	**õ͞u**ma sa**la**da dé ba**ta**ta

sandwich	**uma [um] sanduíche aberta[o]**	**õũ**ma [õũ] sœ̃**d**^{ou}ĩché a**bér**ta[ô]
au jambon	**de fiambre [presunto]**	dé **fiœ̃**bré [prɨ**zõũ**tô]
au fromage	**de queijo**	dé **ké**^{y}jô
sandwich	**uma [um] sanduíche**	**õũ**ma [õũ] sœ̃**d**^{ou}ĩché
saucisse grillée	**uma salsicha frita**	**õũ**ma sal**si**cha **fri**ta

Voici une liste simple d'aliments et de boissons qui pourra vous servir lorsque vous ferez des courses pour un pique-nique.

Je voudrais…	**Queria…**	ké**ri**a
bananes	**bananas**	bœ̃**nœ̃**nach
barre au chocolat	**um tablete [uma barra] de chocolate**	õũ ta**blé**té [**õũ**ma **bar**ra] dé chôkô**la**té
beurre	**manteiga**	mœ̃**té**^{y}ga
bière	**cerveja**	sér**vé**ja
biscuits	**bolachas**	bô**la**chach
boisson sans alcool	**refrigerante**	réfrijé**rœ̃**té
café	**café**	ka**fé**
charcuterie	**carnes frias [frios]**	**kar**néch **fri**ach [**fri**ôch]
cornichons	**pepinos de conserva**	pé**pĩ**nôch dé kõs**sér**va
frites	**batatas fritas**	ba**ta**tach **fri**tach
fromage	**queijo**	**ké**^{y}jô
glace	**gelado [sorvete]**	jé**la**dô [sôr**vé**té]
lait	**leite**	**lẽ**^{y}té
moutarde	**mostarda**	môch**tar**da
œufs	**ovos**	**o**vôch
oranges	**laranjas**	la**rœ̃**jach
pain	**pão**	pœ̃^{ou}
petit pain	**pãezinhos**	pœ̃^{y}**zĩ**gnôch
poivre	**pimenta**	pĩ**mẽ**ta
pommes	**maçãs**	ma**ssœ̃ch**
raisin	**uvas**	**ou**vach
sachets de thé	**chá em saquinhos**	cha ẽ sa**kĩ**gnôch
saucisses	**chouriço**	chô^{ou}**ri**ssô
sel	**sal**	sal
sucre	**açúcar**	a**ssou**kar
yaourt	**iogurte**	yo**gour**té

bolinho de bacalhau (bô**lĩ**gnô dé baka**ll**^{y}**a**^{ou}) boulette de morue frite dans de la pâte à beignet

pastel de palmito (pach**tèl** dé pal**mi**tô) cœurs de palmiers frits dans de la pâte à beignet (Brés.)

Excursions

En avion *Avião*

Y a-t-il un vol pour Porto?	**Há um voo para o Porto?**	a õu **voô** para ô **port**ô
Y a-t-il un vol direct?	**É um voo directo?**	è õu **voô** dir**è**tô
A quelle heure part le prochain vol pour Lisbonne?	**Quando é o próximo voo para Lisboa?**	**k^{ou}œ̃**dô è ô **proks**ĩmô **voô** para lich**boa**
Y a-t-il une correspondance pour Brasilia?	**Tem correspondência [conexão] para Brasilia?**	tẽ korréchpõ**dẽ**ssya [kõnék**sœ̃^{ou}**] **para brazilia**
Je voudrais un billet pour São Paulo.	**Quero marcar um bilhete para São Paulo?**	**ké**rô mar**kar** õu billi**è**té para sœ̃^{ou} **pa^{ou}**lô
aller simple	**de ida**	dé **i**da
aller-retour	**de ida e volta**	dé **i**da i **vol**ta
classe affaires	**classe executiva**	**klas**sé ɨzékou**ti**va
A quelle heure l'avion décolle-t-il?	**A que horas sai o avião?**	a ké **o**rach sai ô avi**œ̃^{ou}**
A quelle heure dois-je me présenter pour l'enregistrement?	**A que horas devo apresentar-me?**	a ké **o**rach **dè**vô aprézẽ**tar** mé
Y a-t-il un bus pour l'aéroport?	**Há um autocarro [ônibus] para o aeroporto?**	a õu aoutô**kar**rô [õnibouch] **para** ô aérô**por**tô
Quel est le numéro de vol?	**Qual é o número do voo?**	k^{ou}al è ô **nõu**mérô dô **voô**
A quelle heure arrivons-nous?	**A que horas chegamos?**	a ké **o**rach ché**gœ̃**môch
Je voudrais ... ma réservation.	**Queria ... a marcação [reserva] do meu lugar.**	**ké**ria ... a marka**ssœ̃^{ou}** [ré**zè**rva] dô mé^{ou} lou**gar**
annuler	**anular**	œ̃nou**lar**
changer	**mudar**	mou**dar**
confirmer	**confirmar**	kõfir**mar**

CHEGADA
ARRIVÉE

PARTIDA
DÉPART

En train *Comboio [Trem]*

Le réseau ferroviaire portugais, *Caminhos de Ferro Portugueses (C.P.)*, offre pratiquement tous les services ferroviaires. Les trains sont rapides et généralement ponctuels sur les lignes principales. On y trouve des premières et des secondes classes. A l'exception de quelques lignes, les chemins de fer brésiliens, *Estrada de Ferro Central do Brasil (E.F.C.B.)*, ne sont pas recommandés pour le transport des passagers.

Lisboa-Expresso, TER (lich**boa** œʸ**chprèss**, tèr)	Train rapide reliant Lisbonne à Madrid, réservation obligatoire, supplément à payer.
Lusitânia-Expresso (louzi**ta**nya œʸ**chprèss**)	Train rapide reliant Lisbonne à Madrid, réservation à l'avance conseillée.
Sud-Express (soud œʸ**chprèss**)	Train rapide reliant Lisbonne à Paris, réservation à l'avance conseillée.
Internacional (ĩteurnassyou**nal**)	Train direct; pour un voyage à l'étranger, vous devrez réserver votre place à l'avance, car un seul wagon franchit la frontière.
Rápido (**ra**pidou)	Train direct, qui s'arrête uniquement dans les gares principales, réservation à l'avance conseillée.
Automotora (aᵒᵘtomou**tô**ra)	Petit train diesel en service sur les courtes distances.
Correio (kou**rrœ**ʸou)	Train postal longue distance qui s'arrête dans toutes les gares; il prend aussi des passagers.

A la gare *Para a estação*

Lisbonne possède quatre gares principales. Les lignes internationales et les trains pour le nord du Portugal partent de la gare Santa Apolónia. Les trains de banlieue pour les banlieues ouest, Estoril et Cascais partent de Cais do Sodré. Les trains pour Sintra et l'ouest partent de la gare Rossio. La quatrième gare, Sul e Sueste, a des ferrys qui traversent le Tage pour les trains qui vont jusqu'à l'Algarve.

Où est la gare?	**Onde fica a estação dos caminhos de ferro [estação ferroviária]?**	õdé **fi**ka a ɨchta**ssœ**ᵒᵘ dôch kœ**mĩ**gnôch dé **fè**rrô [ɨchta**ssœ**ᵒᵘ férro**via**ria]

Taxi!	**Táxi!**	**tak**si
Conduisez-moi à la gare pour...	**Leve-me a estação dos comboios [trens] para...**	**lè**vé mé a ɨchta**ssœ^{ou}** dôch kõ**bo^{y}**ôch [trẽch] **pa**ra
Combien coûte le billet?	**Quanto é?**	**k^{ou}œ**tô è

ENTRADA	ENTRÉE
SAÍDA	SORTIE
ACESSO AOS CAIS [ÀS PLATAFORMAS]	ACCÈS AUX QUAIS
INFORMAÇÕES	RENSEIGNEMENTS

Où est...? *Onde é...?*

Où est...?	**Onde é...?**	õdé è
bar	**o bar**	ô bar
bureau de change	**o câmbio**	ô **kœ**byo
bureau des réservations	**a marcação [reserva] de lugares**	a marka**ssœ^{ou}** [ré**zèr**va] dé lou**ga**réch
bureau des objets trouvés	**a secção de perdidos e achados**	a sék**sœ^{ou}** dé pér**di**dôch i a**cha**dôch
consigne	**o depósito da bagagem**	ô dé**po**zitô da ba**ga**jẽ
consigne automatique	**o depósito da bagagem automático**	ô dé**po**zitô da ba**ga**jẽ aoutõ**ma**tikô
guichet	**a bilheteira [bilheteria]**	a billié**té^{y}**ra [billiété**ri**a]
kiosque à journaux	**o quiosque [a banca] de jornais**	ô kio**ch**ki [a **bœ**ka] dé jor**naich**
quai 7	**a linha [a plataforma] 7**	a **lĩ**gna [a plata**for**ma] 7
restaurant	**o restaurante**	ô rɨchta^{ou}**rœ**té
salle d'attente	**a sala de espera**	a **sa**la dé ɨch**pè**ra
snack-bar	**o snack-bar [a lanchonete]**	ô snak-bar [a lœchõ**nè**té]
Où sont les toilettes?	**Onde são as casas de banho [os banheiros]?**	**õ**dé sœ^{ou} ach **ka**zach dé **bœ**gnô [ôch bœ**gne^{y}**rôch]

TAXI, voir page 21

Renseignements *Informações*

A quelle heure part le... train pour Faro?	**Quando é o... comboio* para Faro?**	**k^{ou}œ**dô è ô... kõ**bo**^{y}ô para **far**ô
premier/dernier/prochain	**primeiro/último/próximo**	prĩ**mé**^{y}rô/**oul**tĩmô/**prok**-sĩmô
A quelle heure part le train pour Braga?	**A que horas parte o comboio* para Braga?**	a ké **o**rach **par**té o kõ**bo**^{y}ô **pa**ra **bra**ga
Combien coûte un billet pour Porto?	**Qual é o preço do bilhete para o Porto?**	k^{ou}al è ô **prè**ssô dô bi**lliè**té **pa**ra ô **por**tô
Est-ce un train direct?	**É um comboio* directo?**	è õũ kõ**bo**^{y}ô di**rè**tô
Y a-t-il une correspondance pour...?	**Há correspondência [conexão] para...?**	a korrechpõ**dẽ**ssya [konék**sœ̃**^{ou}] **pa**ra
Est-ce-que je dois changer de train?	**Tenho de mudar de comboio*?**	**tẽ**gnô dé mou**dar** dé kõ**bo**^{y}ô
Y a-t-il assez de temps pour changer?	**Dá tempo de mudar?**	da **tẽ**pô dé mou**dar**
Le train est-il à l'heure?	**O comboio* sai à tabela [no horário]?**	ô kõ**bo**^{y}ô sai a ta**bè**la [nô ô**ra**riô]
A quelle heure le train arrive-t-il à Coimbra?	**A que horas chega o comboio* em Coimbra?**	a ké **o**rach **chè**ga ô kõ**bo**^{y}ô ẽ **koï**bra
Y a-t-il un wagon-restaurant/wagon-lit dans le train?	**O comboio* tem restaurante/carruagem-camas [vagão-leitos]?**	ô kõ**bo**^{y}ô tẽ rɨchta^{ou}**rœ**té/karr^{ou}**a**jẽ **kœ̃**mach [va**gœ̃**^{ou} **lè**^{y}tôch]
Le train s'arrête-t-il à Óbidos?	**O comboio* pára em Óbidos?**	ô kõ**bo**^{y}ô **pa**ra ẽ **o**bidôch
De quel quai part le train pour Sintra?	**Qual é a linha [plataforma] do comboio* para Sintra?**	k^{ou}al è a **lĩ**gna [plata**for**ma] dô kõ**bo**^{y}ô **pa**ra **sĩ**tra
Sur quel quai arrive le train de Salvador?	**Qual é o cais [a plataforma] do comboio* que vem de Salvador?**	k^{ou}al è ô kaich [a plata**for**ma] dô kõ**bo**^{y}ô ké vẽ dé salva**dor**
Je voudrais un horaire, s.v.p.	**Queria um horário.**	ké**ri**a õũ ô**ra**riô

* Au Brésil: **trem** (trœ̃^{y})

Tem de mudar em...	Vous devez changer à...
Mude em... e apanhe um comboio [trem] regional.	Changez à... et prenez un omnibus.
O cais [a plataforma] 7 fica...	Le quai numéro 7 est...
ali/lá em cima	là-bas/en haut
à esquerda/à direita	à gauche/à droite
Há um comboio [trem] para... às...	Il y a un train pour... à...
O seu comboio [trem] sai da linha [plataforma] 8.	Votre train partira du quai numéro 8.
Há um atraso de... minutos.	Il a... minutes de retard.
Primeira classe à frente/ao meio/ atrás.	Première classe à l'avant/au milieu/à l'arrière.

Billets *Bilhetes*

Je voudrais un billet pour Porto.	**Queria um bilhete para o Porto.**	kéria oũ billiètè para ô portô
aller simple	**de ida**	dé ida
aller-retour	**de ida e volta**	dé ida i volta
première/deuxième classe	**de primeira classe/ segunda classe**	dé primè^{y}ra klassé/ ségoũda klassé
demi-tarif	**meio-bilhete**	mèyo billiètè

Réservations *Marcação de lugares*

Je voudrais réserver un/une...	**Queria marcar...**	kéria markar
siège (près de la fenêtre)	**um lugar (junto à janela)**	oũ lougar (joũtô a jœ̃nèla)
couchette	**um beliche**	oũ bélichi
supérieure	**superior**	soupéryor
au milieu	**no meio**	nô mèyô
inférieure	**inferior**	ĩféryor
couchette dans le wagon-lit	**um lugar na carruagem-camas [no vagão-leitos]**	oũ lougar na karr^{ou}ajẽ kœ̃mach [nô vagœ̃^{ou} lè^{y}tôch]

NOMBRES, voir page 147

Dans le train *Partida*

Est-ce bien le bon quai pour le train de Faro?	**É este o cais [a plataforma] do comboio* para Faro?**	è **ɨch**té ô kaich [a plata**for**ma] dô kõ**bo**^{y}ô **pa**ra fa**rô**
Est-ce bien le bon train pour Cascais?	**É este o comboio* para Cascais?**	è **ɨch**té ô kõ**bo**^{y}ô **pa**ra kach**kaich**
Pardon, puis-je passer?	**Com licença. Posso passar?**	kõ lis**sẽ**ssa. **po**ssô pa**ssar**
Cette place est-elle occupée?	**Este lugar está occupado?**	**éch**tè **lou**gar **ɨch**ta ôkou**pa**dou

FUMEURS
FUMADORES
[FUMANTES]

NON-FUMEURS
NÃO FUMADORES
[FUMANTES]

Je crois que c'est ma place.	**Acho que esse é o meu lugar.**	**a**chô ké **ɨ**ssé è ô mé^{ou} lou**gar**
Pourriez-vous m'avertir quand nous arriverons à Coimbra?	**Pode avisar-me quando estivermos a chegar em Coimbra?**	**po**dé avi**zar** mé **k^{ou}œ̃**dô ɨchti**vèr**môch a ché**gar** ẽ **koĩ**bra
C'est quelle gare?	**Que estação é esta?**	ké ɨchta**ssœ̃^{ou}** è **ɨch**ta
Combien de temps le train s'arrête-t-il ici?	**Quanto tempo vai demorar o comboio* aqui?**	**k^{ou}œ̃**tô **tẽ**pô vai dẽmô**rar** ô kõ**bo**^{y}ô a**ki**
A quelle heure arrivons-nous à Lisbonne?	**Quando chegamos a Lisboa?**	**k^{ou}œ̃**dô ché**gœ̃**môch a lich**bo**a

Wagon-lit *Para dormir*

Y a-t-il des compartiments libres dans le wagon-lit?	**Há compartimentos livres na carruagem-camas [no vagão-leitos]?**	a kõparti**mẽ**touch **li**vréch na ka**rr^{ou}a**jẽ **kœ̃**mach [nô va**gœ̃^{ou}** **lè^{y}**tôch]
Où est le wagon-lit?	**Onde fica a carruagem-camas [o vagão-leitos]?**	**õ**dé **fi**ka a ka**rr^{ou}a**jẽ **kœ̃**mach [ô va**gœ̃^{ou}** **lè^{y}**tôch]
Où est ma couchette?	**Onde fica o meu beliche?**	**õ**dé **fi**ka ô mé^{ou} bé**li**chi

* Au Brésil: **trem** (trœ̃^{y})

Je voudrais la couchette du bas, s.v.p.	**Queria um beliche inferior.**	kéria õu bélichi ĩféryor
Pouvez-vous préparer nos couchettes, s.v.p.?	**Pode preparar-nos os beliches?**	podé préparar nôch och bélichich
Pourriez-vous me réveiller à 7 heures?	**Pode acordar-me às 7 horas?**	podé akôrdar mé ach 7 orach

Wagon-restaurant *Para comer*

On peut se procurer des sandwichs et boissons au wagon-bar et un repas complet au wagon-restaurant. Si le train est bondé, il peut y avoir deux services.

Où est le wagon-restaurant?	**Onde é a carruagem-restaurante?**	õdé è a karr^{ou}ajẽ rɨchta^{ou}rœté

Bagages—Porteurs *Bagagens—Carregadores*

Porteur!	**Carregador!**	karrégador
Pouvez-vous porter mes bagages?	**Pode ajudar-me a levar a bagagem?**	podé ajoudar meu a leuvar a babajẽ
Où sont les chariots à bagages?	**Onde estão os carrinhos da bagagem?**	õdé ɨchtœ^{ou} ôch karrĩgnôch da bagajẽ
Où est la consigne automatique?	**Onde é o depósito da bagagem automático?**	õdé è ô dépozitô da bagajẽ a^{ou}tõmatikô
Où est la consigne?	**Onde é o depósito da bagagem?**	õdé è ô dépozitô da bagajẽ
Je voudrais déposer mes bagages, s.v.p.	**Queria depositar a minha bagagem, se faz favor?**	kéria dépozitar a mĩgna bagajẽ sé fach favôr
Je voudrais faire enregistrer mes bagages.	**Queria despachar a minha bagagem.**	kéria dɨchpachar a mĩgna bagajẽ

DESPACHO DE BAGAGENS
ENREGISTREMENT DES BAGAGES

BAGAGISTES (PORTEURS), voir aussi page 18

En métro *Metropolitano/Metro [Metrô]*

Le métro de Lisbonne a deux lignes principales qui se rejoignent à la Place Pombal. Quelle que soit la distance parcourue, le tarif est unique. São Paulo et Rio de Janeiro possèdent aussi leur réseau de métro.

Où est la station de métro la plus proche?	**Onde é a estação de metro [metrô] mais próxima?**	õdé è a ɨchta**ssœ**ou dé **mè**trô [mé**tro**] maich **prok**sĩma
Est-ce que cette rame va à...?	**Este metro [metrô] vai para...?**	**ɨch**té **mè**trô [mé**tro**] vai para
Où dois-je changer pour aller à...?	**Onde devo mudar para...?**	õdé **dè**vô mou**dar pa**ra
La prochaine station est-elle bien...?	**A próxima estação é...?**	a **prok**sĩma ɨchta**ssœ**ou è
Quelle ligne dois-je prendre pour...?	**Que linha devo tomar para...?**	ké **lĩ**gna **dè**vô tõ**mar pa**ra

En autocar *Camioneta [Ônibus intermunicipal]*

Les bus inter-urbains et les services d'autocars sont fréquents et recouvrent la plus grande partie du Portugal. Certains cars appartiennent à la compagnie de transport portugaise, *Rodoviária Nacional (R.N.)*, d'autres à des compagnies privées. Au Brésil, le transport par autocar est bon marché mais il faut compter longtemps pour arriver à destination.

A quelle heure part le prochain car pour...?	**A que horas é a próxima camioneta [o próximo ônibus] para...?**	a ké **o**rach è a **prok**sĩma kœmiõ**nè**ta [ô **prok**sĩmô õnibouch] **pa**ra
Ce car s'arrête-t-il à...?	**Esta camioneta [este ônibus] pára em...?**	**ɨch**ta kœmiõ**nè**ta [**ɨch**té õnibouch] **pa**ra ẽ
Combien de temps dure le trajet?	**Quanto tempo demora a viagem?**	**k^ou^ẽ**tô **tẽ**pô dẽ**mo**ra a **via**jẽ

A noter: la plupart des expressions des pages précédentes peuvent être employées ou adaptées pour parler du transport local.

En autobus—En tram *Autocarro [Ônibus]—Eléctrico [Bonde]*

Je voudrais un carnet de tickets.	**Queria uma caderneta [um bloco] de bilhetes.**	kéria **õũ**ma kadér**nè**ta [õũ **blo**kô] dé bi**lliè**téch
Quel tram va au centre-ville?	**Qual é o eléctrico [bonde] que vai para o centro da cidade?**	k^{ou}al è ô **ɨlèk**trikô [**bõ**dé] ké vai **pa**ra o **sẽ**trô da si**da**dé
Où puis-je prendre un bus pour l'opéra?	**Onde posso apanhar um autocarro [ônibus] para o teatro de ópera?**	**õ**dé **po**ssô apœ**gnar** õũ aoutô**ka**rrô [**õ**nibouch] **pa**ra o té**a**trô
Quel bus dois-je prendre pour aller à Rossio?	**Que autocarro [ônibus] devo apanhar para o Rossio.**	ké aoutô**ka**rrô [**õ**nibouch] **dè**vô apœ**gnar pa**ra ô **rô**ssiô
Où est l'arrêt de bus?	**Onde é a paragem do autocarro [parada de ônibus]?**	**õ**dé è a pa**ra**jẽ dô aoutô**ka**rrô [pa**ra**da dé **õ**nibouch]
A quelle heure est le... train pour Copacabana?	**A que horas é o ... autocarro [ônibus] para Copacabana?**	a ké **o**rach è ô ... aoutô**ka**rrô [**õ**nibouch] **pa**ra kôpaka**bœ̃**na
premier/dernier/ prochain	**primeiro/último/ próximo**	pri**mè^{y}**rô/**oul**tĩmô/**prok**sĩmô
Combien coûte un ticket pour ...?	**Qual é o preço do bilhete para ...?**	k^{ou}al è o **prè**ssô dô bi**lliè**té **pa**ra
Est-ce-que je dois changer de bus?	**É preciso mudar de autocarro [ônibus]?**	è pré**ssi**zô mou**dar** aoutô**ka**rrô [**õ**nibouch]
Combien y a-t-il d'arrêts jusqu'à ...?	**Quantas paragens [paradas] há até ...?**	**k^{ou}œ̃**tach pa**ra**jẽch [pa**ra**dach] a **atè**
Pourriez-vous me dire quand je dois descendre?	**Pode avisar-me quando devo descer?**	**po**dé avi**zar** mé **k^{ou}œ̃**dô **dè**vô dɨ**chèr**
Je voudrais descendre à Belém.	**Quero descer na Torre de Belém.**	**kè**rô dɨ**chèr** na **to**rré dé bé**lẽ**

PARAGEM DE AUTOCARROS [PARADA DE ÔNIBUS]	ARRÊT DE BUS
FAÇA SINAL	ARRÊT SUR DEMANDE

En bateau *Barcos*

A quelle heure part le prochain bateau pour…?	**Quando sai o próximo barco para…?**	k^{ou}œdô sai ô **prok**sĩmô **bar**kô **pa**ra
Où s'effectue l'embarquement?	**Onde é o cais de embarque?**	õdé è ô kaich dé ẽ**bar**ké
Combien de temps dure la traversée?	**Quanto tempo leva a travessia?**	k^{ou}œtô **tẽ**pô **lè**va a travé**ssia**
Quel(s) port(s) ce bateau dessert-il?	**Em que porto(s) paramos?**	ẽ ké **por**tô(ch) pa**rœ**môch
Je voudrais faire le tour du port.	**Gostava de fazer um cruzeiro/uma excursão pelo porto.**	gôch**ta**va dé fa**zèr** õũ krou**zè**^{y}rô/**õũ**ma ichkour**sœ̃**^{ou} **pè**lô **por**tô
bateau	**o barco/navio**	ô **bar**kô/na**vi**ô
bateau à vapeur	**o vapor**	ô va**por**
cabine simple/double	**a cabine individual/dupla**	a ka**bĩ**né ĩdivi**d**^{ou}**al**/**dou**pla
ferry	**o ferry-boat**	ô **fè**rry bôt
gilet/canot de sauvetage	**o cinto de salvação/o bote salva-vidas**	ô **sĩ**tô dé salva**ssœ̃**^{ou}/ô **bo**té **sal**va **vi**dach
hydrofoil	**o hidroplano [aerobarco]**	ô idrô**plœ**nô [aérô**bar**kô]
pont	**o convés**	ô kõ**vèch**
port	**o porto**	ô **por**tô
promenade sur la rivière	**o cruzeiro pelo rio**	ô krou**zè**^{y}rô **pè**lô **ri**ô

Autres moyens de transport *Outros meios de transporte*

hélicoptère	**o helicóptero**	ô èli**kop**térô
mobylette (vélomoteur)	**a bicicleta motorizada**	a bissi**klè**ta môtôri**za**da
moto (motocyclette)/ scooter	**a motocicleta/a scooter [lambreta]**	a môtôssi**klé**ta/a **skou**tér [lœ**brè**ta]
téléphérique	**o teleférico**	ô télé**fè**rikô

Ou peut-être préférez-vous:

faire de l'auto-stop	**pedir boleia [carona]**	pé**dir** bô**lè**^{y}a [ka**ro**a]
marcher	**andar a pé**	œ**dar** a pè
Je voudrais louer une bicyclette.	**Queria alugar uma bicicleta.**	ké**ri**a alou**gar** **õũ**ma bissi**klè**ta

En voiture *Automóvel*

Au Portugal, les routes sont numérotées; plus le nombre est petit, meilleur est l'état de la route. Certaines autoroutes et ponts sont payants. Sur les routes sinueuses de montagne, il est obligatoire de klaxonner. Les ceintures de sécurité sont obligatoires. Dans le sud du Brésil, les routes sont bonnes, mais la circulation est très dense et il faut avoir les nerfs solides pour conduire.

Où est la station-service la plus proche?	**Qual é a estação de serviço [o posto de gasolina] mais próxima[o]?**	k[ou]al è o ɨchta**ssœ**[ou] dé sérvissou [o **pôch**tô dé gazô**lĩ**na] maich **prok**sĩma[ô]
Le plein, s.v.p.	**Encha o depósito [tanque], se faz favor.**	**ẽ**cha ô dé**po**zitô [**tœ**ké] sé fach fa**vôr**
Mettez-moi ... litres d'essence, s.v.p.	**Dê-me ... litros de gasolina.**	dè mé ... dé **li**trôch gazô**lĩ**na
super/ordinaire/sans plomb/diesel	**super/normal/sem chumbo/gasóleo [diesel]**	**sou**pér/nor**mal**/sẽ **choũ**bô/gazo**lé**ô [**di**zél]
Pouvez-vous vérifier le/la/les ...	**Verifique ...**	véri**fi**ké
batterie	**a bateria**	a ba**té**ria
huile/eau	**o óleo/a água**	o **o**léô/a **a**goua
liquide de frein	**o líquido dos travões [freios]**	ô **li**kidô dôch tra**võ**[y]**ch** [**frè**[y]ôch]
Pourriez-vous vérifier la pression des pneus?	**Pode verificar a pressão dos pneus?**	**po**dé vérifi**kar** a pré**ssœ**[ou] dôch pné[ou]ch
1,6 à l'avant, 1,8 à l'arrière.	**23 à frente, 26 atrás.**	23 a **frẽ**té 26 a**trach**
Pouvez-vous aussi vérifier la roue de secours?	**Verifique também o pneu sobressalente, se faz favor.**	vérifiké tœ**bẽ** ô pné[ou] sôbréssa**lẽ**té sé fach fa**vôr**
Pouvez-vous réparer cette crevaison?	**Pode consertar este furo?**	**po**dé kõssér**tar** **ɨch**té **fou**rô
Pourriez-vous changer ..., s.v.p.?	**Pode trocar ...?**	**po**dé trô**kar**
ampoule	**a lâmpada**	a **lœ**pada
bougies	**as velas**	ach **vè**lach
courroie du ventilateur	**a correia da ventoinha**	a ko**rrè**[y]a da vẽtoĩgna

LOCATION DE VOITURE, voir page 20

essuie-glaces	**os limpa-vidros**	ôch **lĩ**pa **vi**drôch
pneu	**o pneu**	ô pné^{ou}
Pourriez-vous nettoyer le pare-brise, s.v.p.?	**Pode limpar o pára-brisas?**	**po**dé lĩ**par** ô **pa**ra **bri**zach

Demander son chemin *Para perguntar o caminho*

Pour aller à/au . . ., s.v.p?	**Pode indicar-me o caminho para . . .**	**po**dé ĩdi**kar** mé ô ka**mĩ**gnô **pa**ra
Dans quelle direction se trouve . . .?	**Em que direcção fica . . .?**	ẽ ké dirék**sœ̃**^{ou} **fi**ka
Comment puis-je aller à/au . . .?	**Como se vai para . . .?**	**kõ**mô sé vai **pa**ra
Nous sommes bien sur la bonne route pour aller à . . .?	**É esta a estrada para . . .?**	è **ɨch**ta a ɨch**tra**da **pa**ra
A quelle distance se trouve le prochain village?	**A que distância fica a próxima aldeia?**	a ké dich**tœ̃**ssia **fi**ka a **prok**sĩma al**dè**^{y}a
A quelle distance sommes-nous de . . .?	**A que distância estamos de . . .?**	a ké dich**tœ̃**ssia ɨch**tœ̃**môch dé
Y a-t-il une autoroute?	**Há uma auto-estrada?**	a **õu**ma **aou**tô ɨch**tra**da
Il faut combien de temps en voiture/à pied?	**Quanto tempo leva de carro/a pé?**	**k**^{ou}**œ̃**tô **tẽ**pô **lè**va dé **ka**rrô/a pè
Puis-je aller au centre-ville en voiture?	**Posso ir de carro até o centro da cidade?**	**po**ssô ir dé **ka**rrô a**tè** ô **sẽ**trô da si**da**dé
Est-il permis de circuler dans le centre-ville?	**É permitido o tráfego de carros no centro da cidade?**	è pérmi**ti**dô ô **tra**fégô de **ka**rrôch nô **sẽ**trô da si**da**dé
Pouvez-vous me dire où se trouve . . .?	**Pode dizer-me onde fica . . .?**	**po**dé di**zèr** mé **õ**dé **fi**ka
Comment puis-je trouver cet endroit/ cette adresse?	**Como posso encontrar este lugar/endereço?**	**kõ**mô **po**sso ẽkõ**trar** **ɨch**té lou**gar**/ẽdé**rè**ssô
Où est-ce?	**Onde fica isto?**	**õ**dé **fi**ka **ich**tô
Pouvez-vous m'indiquer sur la carte où je me trouve?	**Pode mostrar-me no mapa onde estou?**	**po**dé môch**trar** mé nô **ma**pa **õ**dé ɨch**tô**^{ou}

Enganou-se na estrada.	Vous êtes sur la mauvaise route.
Vá sempre em frente.	Allez tout droit.
É ali à esquerda/ à direita.	C'est là-bas à gauche/ droite.
ao lado de/depois de **em frente de/atrás**	à côté de/après... en face/derrière...
norte/sul **este/oeste**	au nord/au sud à l'est/à l'ouest
Vá até ao primeiro/segundo cruzamento.	Allez jusqu'au premier/ deuxième carrefour.
Vire à esquerda nos semáforos.	Tournez à gauche aux feux.
Vire à direita na próxima esquina.	Tournez à droite au prochain coin de rue.
Apanhe a estrada....	Prenez la... rue.
É uma rua de sentido único.	C'est une rue à sens unique.
Tem de voltar atrás até...	Il faut retourner à...
Siga a direcção Sul Ponte.	Suivez la direction de Sul Ponte.

Stationnement *Estacionamento*

Où puis-je me garer?	**Onde posso estacionar?**	õdé **po**ssô ɨchtassiõ**nar**
Y a-t-il un parking près d'ici?	**Há um parque [estacionamento] de automóveis aqui perto?**	a õu **par**ké [ɨchtassiõnœ**mẽ**tô] dé a^{ou}tõ**mo**véych **aki pèr**tô
Puis-je me garer ici?	**Posso estacionar aqui?**	**po**ssô ɨchtassiõ**nar aki**
Combien de temps puis-je stationner ici?	**Quanto tempo posso ficar estacionado aqui?**	**k^{ou}œ**tô **tẽ**pô **po**ssô fi**kar** ɨchtassiõ**na**dô **aki**
Quel est le tarif pour une heure?	**Qual é o preço à hora?**	k^{ou}al è o **prè**ssô a **o**ra
Avez-vous de la monnaie pour le parcmètre?	**Tem dinheiro trocado para o parcómetro [parquímetro]?**	tẽ di**nè^{y}**rô trô**ka**dô **pa**ra ô par**kõ**métrô [par**kĩ**métrô]

Pannes—Assistance routière *Avarias—Assistência na estrada*

Où se trouve le garage le plus proche?	**Onde é a garagem mais próxima?**	õdé è a ga**ra**jë maich **prok**sïma
Ma voiture est tombée en panne.	**O meu carro avariou-se. [O meu carro estragou.]**	o mé^{ou} **ka**rrô ava**riô^{ou}** sé [o mé^{ou} **ka**rrô ɨchtra**gô^{ou}**]
Puis-je me servir de votre téléphone?	**Onde posso telefonar?**	õdé **po**ssô téléfõ**nar**
Je suis tombé(e) en panne à...	**Tive uma avaria em...**	**ti**vé **õũ**ma ava**ria** ẽ
Pouvez-vous m'envoyer un mécanicien?	**Pode mandar-me um mecânico?**	**po**dé mœ̃**dar** mé õũ mé**kœ̃**nikô
Je n'arrive pas à démarrer.	**O motor não pega.**	ô mô**tor** nœ̃^{ou} **pè**ga
La batterie est à plat.	**A bateria está descarregada.**	a baté**ri**a ɨch**ta** dɨchkarré**ga**da
Je n'ai plus d'essence.	**Acabou-se-me a gasolina.**	aka**bô^{ou}** sé mé a gazô**lĩ**na
J'ai un pneu à plat.	**Tenho um pneu vazio.**	**tẽ**gno õũ pné^{ou} va**zi**ô
Le moteur chauffe.	**O motor aquece demais.**	ô mô**tor** a**kè**ssé dé**maich**
J'ai un problème avec...	**Há um defeito qualquer...**	a õũ dé**fè^{y}**tô k^{ou}al**kèr**
carburateur	**no carburador**	nô karboura**dor**
freins	**nos travões [freios]**	nôch tra**võ^{y}ch** [**fre^{y}**ôch]
pot d'échappement	**no tubo de escape [no cano de descarga]**	nô **tou**bô dé ɨch**ka**pé [nô **kœ̃**nô dé dɨch**kar**ga]
radiateur	**no radiador**	nô radia**dor**
roue	**numa roda**	**nõũ**ma **ro**da
Pouvez-vous m'envoyer une dépanneuse?	**Pode mandar-me um pronto-socorro?**	**po**dé mœ̃**dar** mé õũ **prõ**tô sô**ko**rrô
Combien de temps faut-il compter?	**Quanto tempo vai demorar?**	**k^{ou}œ̃**tô **tẽ**pô vai dẽmô**rar**

Accident—Police *Acidentes—Polícia*

Appelez la police, s.v.p.	**Por favor, chame a polícia.**	pôr fa**vôr** **chœ̃**mé a **pô**lissia

Il y a eu un accident à environ 2 km de...	**Houve um acidente. A cerca de 2 km de...**	ô^{ou}vé õu assidẽté. a sèrka dé 2 km dé
Où y a-t-il un téléphone?	**Onde há um telefone?**	õdé a õu télèfõné
Appelez d'urgence un médecin/une ambulance.	**Chame um médico/uma ambulância depressa.**	chœ̃mé õu mèdikô/õuma œ̃boulœ̃ssia déprèssa
Il y a des blessés.	**Há feridos.**	a féridôch
Voici mon permis de conduire.	**Aqui está a minha carta de condução [carteira de motorista].**	aki ɨchta a karta dé kõdoussœ̃^{ou} [kartœ̃^{y}ra dé môtôrista]
Quels sont vos nom et adresse?	**Qual é o seu nome e endereço?**	k^{ou}al e sé^{ou} nõmé i ẽdérèssô
Quelle est le nom de votre compagnie d'assurance?	**Qual é a sua companhia de seguros?**	k^{ou}al è a soua kõpœ̃gnia dé ségourôch

Panneaux routiers *Sinais de trânsito*

AFROUXE	ralentissez
BERMAS ALTAS	bas-côtés meubles
CUIDADO	attention
CURVAS	virages
DESCIDA PERIGOSA	pente forte
DESVIO	déviation
ESTACIONAMENTO PERMITIDO/PROIBIDO	stationnement autorisé/interdit
OBRAS	travaux
PASSAGEM DE NÍVEL	passage à niveau
PEDÁGIO (Brés.)	péage
PEDESTRES (Brés.)	piétons
PEÕES	piétons
PORTAGEM	péage
... PROIBIDO	interdiction de...
QUEDA DE PEDRAS	chute de pierres
SAÍDA DE CAMI[NH]ÕES	sortie de camions
SIGA PELA DIREITA	serrez à droite
SEM SAÍDA	impasse
SEMÁFOROS	feux de circulation
SILÊNCIO	silence
TRABALHOS	travaux
TRÂNSITO PROIBIDO	entrée interdite
VEÍCULOS PESADOS	poids lourds

Visites touristiques

Où est l'office du tourisme?	**Onde é o turismo?**	õdé è ô tou**rich**mô
Quelles sont les curiosités principales?	**O que há de mais interessante para se ver?**	ô ké a dé maich ĩtéré**ssœ**té **pa**ra sé vèr
Nous sommes ici pour...?	**Ficamos aqui...**	fi**kœ**môch a**ki**
quelques heures seulement	**só algumas horas**	so al**goũ**mach **o**rach
un jour	**um dia**	oũ **di**a
une semaine	**uma semana**	**oũ**ma sẽ**mœ**na
Pouvez-vous nous conseiller une visite de la ville/une excursion?	**Pode recomendar-me um circuito turístico/uma excursão?**	**po**dé rékõmẽ**dar** mé oũ sir**kou**^{Y}tô tou**rich**tikô/**oũ**ma ɨchkour**sœ**^{ou}
D'où partons-nous?	**De onde partimos?**	dé **õ**dé par**tĩ**môch
Quel est le coût de la visite/excursion?	**Quanto custa a excursão?**	**k**^{ou}**œ**tô **kouch**ta a ɨchkour**sœ**^{ou}
A quelle heure commence la visite?	**A que horas começa a excursão?**	a ké **o**rach kõ**mè**ssa a ɨchkour**sœ**^{ou}
Le déjeuner est-il compris?	**O almoço está incluído?**	ô al**mo**ssô ɨch**ta** ĩklou**ï**dô
A quelle heure serons-nous de retour?	**A que horas regressamos?**	a ké **o**rach régrè**ssœ**môch
Aurons-nous un peu de temps libre à...?	**Temos algum tempo livre em...?**	**tẽ**môch al**goũ** **tẽ**pô **li**vré ẽ
Y a-t-il un guide qui parle français/anglais?	**Há algum guia que fale francês/inglês?**	a al**goũ** **gui**a ké **fa**lé frœ**ssèch**/ĩ**glèch**
Je voudrais louer les services d'un guide privé pour...	**Queria um guia particular por...**	ké**ri**a oũ **gui**a partikou**lar** pôr
une demi-journée	**meio dia**	**mè**yo **di**a
une journée	**um dia**	oũ **di**a

Où est/Où sont...?	**Onde fica/ficam...?**	õdé **fi**ka /**fi**kœ̃
abbaye	**a abadia**	a aba**di**a
bâtiment	**o edifício**	ô ɨdi**fi**ssyô
bibliothèque	**a biblioteca**	a bibliô**tè**ka
catacombes	**as catacumbas**	ach kata**koũ**bach
cathédrale	**a sé/catedral**	a sè/katé**dral**
centre-ville	**o centro da cidade**	ô **sẽ**trô da si**da**dé
chapelle	**a capela**	a ka**pè**la
château	**o castelo**	ô kach**tè**lô
cimetière	**o cemitério**	ô sẽmi**tè**ryô
couvent	**o convento**	ô kõ**vẽ**tô
église	**a igreja**	a **igrè**ja
exposition	**a exposição**	a ɨchpôzi**ssœ̃**^{ou}
fabrique	**a fábrica**	a **fa**brika
foire (ou fête foraine)	**a feira**	a **fè**^{y}ra
fontaine	**a fonte**	a **fõ**té
forteresse	**a fortaleza**	a forta**lè**za
galerie de peinture	**a galeria de arte**	a galé**ri**a dé **ar**té
grotte	**a caverna**	a ka**vè**rna
hôtel de ville	**a câmara municipal**	a **kœ̃**mara moũnissi**pal**
jardins	**os jardins**	ôch jar**dĩch**
jardins botaniques	**o jardim botânico**	ô jar**dĩ** bô**tœ̃**nikô
lac	**o lago**	o **la**gô
marché	**o mercado**	ô mér**ka**dô
marché aux puces	**a feira da ladra [o bricabraque]**	a **fè**^{y}ra da **la**dra [ô brika**bra**ki]
monastère	**o monastério**	ô mõnach**tè**ryo
monument	**o monumento**	ô mõnoũ**mẽ**tô
monument commémoratif	**o monumento comemorativo**	ô mõnoũ**mẽ**tô kõmẽmôra**ti**vô
musée	**o museu**	ô mou**zè**ou
opéra	**o teatro da ópera**	ô té**a**trô da **o**péra
palais	**o palácio**	ô pa**la**ssiô
palais de justice	**o palácio de justiça**	ô pa**la**ssiô dé jouch**ti**ssia
palais royal	**o palácio real**	ô pa**la**ssiô ré**al**
parc	**o parque**	ô **par**ké
parlement	**a assembleia nacional**	a assẽ**blè**^{y}a nassiô**nal**
place	**a praça**	a **pra**ssa
planétarium	**o planetário**	ô plœ̃né**ta**riô
port	**o porto**	ô **por**tô
quai	**o dique**	ô **di**ki
quartier commerçant	**a zona comercial**	a **zõ**na kõmér**ssial**
quartier des affaires	**o centro de negócios**	ô **sẽ**trô dé né**go**ssyôch
quartier des artistes	**o bairro dos artistas**	ô **bai**rrô dôch ar**tich**tach

ruines	**as ruínas**	ach rouïnach
salle de concerts	**a sala de concertos**	a **sa**la dé kõs**sèr**tôch
stade	**o estádio**	ô ɨch**ta**diô
statue	**a estátua**	a ɨch**ta**toua
théâtre	**o teatro**	ô té**a**trô
tombe	**o túmulo**	ô **toũ**moulô
tour	**a torre**	a **to**rré
université	**a universidade**	a oũnivérsi**da**dé
vieille ville	**a cidade velha**	a si**da**dé **vè**llia
zoo	**o jardim zoológico**	ô jar**dĩ** zôô**lo**jikô

A l'entrée *À entrada*

Est-ce que... est ouvert le dimanche?	**... está aberto aos domingos?**	ɨch**ta** a**bèr**tô aôch dõ**mĩ**gôch
Quelles sont les heures d'ouverture?	**Quais são as horas de abertura [funcionamento]?**	k^{ou}aich sœ̃^{ou} ach **o**rach dé abér**tou**ra [foũssiõna**mẽ**tô]
A quelle heure ferme-t-il/elle?	**A que horas fecha?**	a ké **o**rach **fè**^{y}cha
Combien coûte l'entrée?	**Quanto custa a entrada?**	**k^{ou}œ̃**tô **kouch**ta a ẽ**tra**da
Y a-t-il des réductions pour les...?	**Há desconto para...?**	a dɨch**kõ**tô **pa**ra
enfants	**crianças**	kri**œ̃**ssach
étudiants	**estudantes**	ɨchtou**dœ̃**téch
groupes	**grupos**	**grou**pôch
handicapés	**deficientes físicos**	défis**siẽ**téch **fi**zikôch
retraités	**reformados [aposentados]**	réfôr**ma**dôch [apôzẽ**ta**dôch]
Avez-vous un guide en français?	**Tem um guia em francês?**	tœ̃^{y} õu **ghi**a œ̃y frœ̃**sséch**
Puis-je acheter un catalogue?	**Posso comprar um catálogo?**	**po**ssô kõ**prar** oũ ka**ta**lôgô
Est-il permis de prendre des photos?	**É permitido tirar fotografias?**	è pérmi**ti**dô ti**rar** fôtôgra**fi**ach

ENTRADA LIVRE	ENTRÉE GRATUITE
É PROIBIDO TIRAR FOTOGRAFIAS	APPAREILS-PHOTOS INTERDITS

Qui—Quoi—Quand? *Quem—Que—Quando?*

Quel est ce bâtiment?	**Que edifício é aquele?**	ké èdi**fi**ssiô è a**kè**lé
Qui était...?	**Quem foi...?**	kẽ foï
architecte	**o arquitecto**	o arki**tè**tô
artiste	**o artista**	o ar**tich**ta
peintre	**o pintor**	o pĩ**tor**
sculpteur	**o esculptor**	o ɨckoul**tor**
Qui l'a construit?	**Quem o construiu?**	kẽ o kõchtrou**you**
Qui a peint ce tableau?	**Quem pintou aquele quadro?**	kẽ pĩ**tô^{ou}** a**kè**lé **k^{ou}a**drô
A quelle époque vivait-il?	**Em que época viveu?**	ẽ ké **è**pôka vi**vè^{ou}**
A quand remonte la construction?	**Quando foi construído?**	**k^{ou}œ̃**dô foï kõchtrou**ï**dô
Où est la maison où vivait...?	**Onde fica a casa onde viveu...?**	**õ**dé **fi**ka a **ka**za **õ**dé vi**vè^{ou}**
Nous nous intéressons à/aux...	**Estamos interessados em...**	ɨch**ta**mouch ĩteureu**ssa**douch œ^{y}
antiquités	**antiguidades**	œ̃tigoui**da**déch
archéologie	**arquelogia**	ark^{y}ôlô**ji**a
art	**arte**	**ar**té
artisanat	**artesanato**	artézœ̃**na**tô
beaux-arts	**belas-artes**	**bè**lach **ar**téch
botanique	**botânica**	bô**tœ̃**nika
céramique	**cerâmica**	sé**rœ̃**mika
géologie	**geologia**	jéôlô**ji**a
histoire	**história**	ich**to**ria
histoire naturelle	**ciências naturais**	**siẽ**ssiach natou**raich**
médecine	**medicina**	médi**ssĩ**na
meubles/mobilier	**mobiliário**	môbi**lia**riô
musique	**música**	**mou**zika
numismatique	**numismática**	noũmich**ma**tika
ornithologie	**ornitologia**	ôrnitôlô**ji**a
peinture	**pintura**	pĩ**tou**ra
poterie	**olaria**	ô**la**ria
religion	**religião**	réli**jiœ̃^{ou}**
sculpture	**escultura**	ɨchkoul**tou**ra
zoologie	**zoologia**	zôôlô**ji**a
Où est la section de...?	**Onde é a secção de...?**	**õ**dé è a sék**sœ̃^{ou}** dé

C'est...	**É...**	è
affreux	**horroroso**	ôrrô**ro**zô
beau	**lindo**	**lĩ**dô
étrange	**estranho**	ɨch**trœ̃**gnô
formidable	**tremendo**	trẽ**mẽ**dô
impressionnant	**impressionante**	ĩpréssiõ**nœ̃**té
intéressant	**interessante**	ĩtéré**ssœ̃**té
joli	**bonito**	bõ**ni**tô
laid	**feio**	**fè**ʸô
magnifique	**magnífico**	mœ̃**gni**fikô
sinistre	**lúgubre**	**lou**goubré
stupéfiant	**espantoso**	ɨchpœ̃**to**zô
superbe	**estupendo**	ɨchtou**pẽ**dô
terrifiant	**pavoroso**	pavô**ro**zô

Eglises—Services religieux *Igrejas-Serviços religiosos*

Le Portugal, pays éminemment religieux, est riche en cathédrales et églises dignes d'une visite. Fátima - qui est certainement le centre de pèlerinage le plus célèbre de la péninsule ibérique - est à environ 130km de Lisbonne. Le Brésil est aussi à prédominance catholique. La plupart des édifices religieux sont ouverts au public, sauf bien entendu pendant les offices. Si vous désirez prendre des photos, demandez d'abord l'autorisation.

Y a-t-il un/une... près d'ici?	**Há... aqui perto?**	a... a**ki** **pèr**tô
église catholique	**uma igreja católica**	**õu**ma i**grè**ja ka**to**lika
temple protestant	**uma igreja protestante**	**õu**ma i**grè**ja prôtéch**tœ̃**té
mosquée	**uma mesquita**	**õu**ma mɨch**ki**ta
synagogue	**uma sinagoga**	**õu**ma sĩna**go**ga
A quelle heure est le/la...?	**A que horas é...?**	a ké **o**rach è
messe/service	**a missa/o culto**	a **mi**ssa/o **koul**tô
Où puis-je trouver un... qui parle français?	**Onde posso encontrar um... que fale francês/inglês?**	**õ**dé **po**ssô ẽkõ**trar** õu... ké **fa**lé frœ̃**ssèch**/ĩ**glèch**
prêtre/pasteur/rabbin	**padre/pastor/rabino**	**pa**dré/pach**tor**/ra**bĩ**nô
Je voudrais visiter l'église.	**Queria visitar a igreja.**	**ké**ria vizi**tar** a i**grè**ja

A la campagne *No campo*

Y a-t-il une route touristique pour...?	**Há algum itinerário turístico para...?**	a al**gõu** itĩné**ra**riô tou**rich**tikô **pa**ra
A quelle distance sommes-nous de...?	**A que distância fica...?**	a ké dich**tœ̃**ssia **fi**ka
Pouvons-nous y aller à pied?	**Podemos ir a pé?**	pô**dẽ**môch ir a pè
C'est quel type de/ d'...?	**Que tipo de... é aquilo?**	ké **ti**pô dé... è a**ki**lô
animal	**animal**	anĩ**mal**
arbre	**árvore**	**ar**vôré
fleur	**flor**	flôr
oiseau	**pássaro**	**pa**ssarô

Points de repère *Pontos de referência*

bois	**o bosque**	ô **boch**ki
cascade	**a cascata**	a kach**ka**ta
champ	**o campo**	o **kœ̃**pô
chemin	**o caminho**	ô kœ**mĩ**gnô
col	**o desfiladeiro**	ô dɨchfila**dè^{y}**rô
colline	**a colina**	a kô**lĩ**na
étang	**o laguinho**	ô la**guĩ**gnô
falaise	**a falésia [o penhasco]**	a fa**lè**zia [o pẽ**gnach**kô]
ferme	**a quinta [fazenda]**	a **kĩ**ta [fa**zẽ**da]
forêt	**a floresta**	a flô**rèch**ta
jardin	**o jardim**	ô jar**dĩ**
lac	**o lago**	ô **la**gô
maison	**a casa**	a **ka**za
mer	**o mar**	ô mar
montagne	**a montanha**	a mõ**tœ̃**gna
mur	**o muro**	ô **mou**rô
pic	**o pico/cume**	ô **pi**kô/**kõu**mé
pont	**a ponte**	a **põ**té
prairie	**o prado**	ô **pra**dô
rivière	**o rio**	ô **ri**ô
route	**a estrada**	a ɨch**tra**da
sentier	**o caminho pedestre**	ô ka**mĩ**gnô pé**dèch**tré
source	**a nascente**	a na**chẽ**té
vallée	**o vale**	ô **va**lé
vigne	**a vinha**	a **vĩ**gna
village	**a aldeia**	a al**dè^{y}**a

DEMANDER VOTRE CHEMIN, voir page 76

Distractions

Cinéma—Théâtre *Cinema—Teatro*

Au Portugal et au Brésil, les films sont généralement projetés dans leur version originale sous-titrée. Les séances ont lieu à heure fixe. La première commence vers 15h. et la dernière à 21h30. Au Brésil, la projection est permanente et débute vers 14h.

Les théâtres portugais offrent, le dimanche, une matinée ou deux représentations en soirée. Les revues musicales *(revistas)* sont très populaires.

On trouve les programmes dans les journaux et sur les panneaux d'affichage.

Qu'y a-t-il ce soir au cinéma?	**O que dão no cinema hoje à noite?**	o ké dœ^{ou} nô sĩ**nẽ**ma **o**jé a **no**^{y}té
Qu'est-ce qu'on joue au théâtre?	**O que está em cena no Teatro...?**	o ké ɨch**ta** ẽ **sẽ**na nô té**a**trô
C'est quel genre de pièce?	**Que género de peça é?**	ké **gẽ**nérô dé **pè**ssa è
Qui en est l'auteur?	**Quem é o autor?**	kẽ è ô a^{ou}**tor**
Pouvez-vous me conseiller un/une...?	**Pode recomendar-me...?**	**po**dé rékõmẽ**dar** mé
bon film	**um bom filme**	õ͂u bõ **fil**mé
comédie	**uma comédia**	**õ͂u**ma kõ**mè**dia
Où passe-t-on le nouveau film de...?	**Em que cinema está sendo exibido o filme de...?**	ẽ ké sĩ**nẽ**ma ɨch**ta** **sẽ**dô ɨzi**bi**dô ô **fil**mé dé
Qui en sont les acteurs?	**Quem são os actores?**	kẽ sœ^{ou} ôch a**to**réch
Qui joue le rôle principal?	**Quem desempenha o papel principal?**	kẽ dɨzẽ**pẽ**gna ô pa**pèl** prĩssi**pal**
Qui est le metteur en scène?	**Quem é o realizador [o diretor]?**	kẽ è ô réaliza**dor** [ô diréy**tor**]
Dans quel théâtre joue-t-on la nouvelle pièce de...?	**Em que teatro está sendo representada a nova peça de...?**	ẽ ké té**a**trô ɨch**ta** **sẽ**dô réprésẽ**ta**da a **no**va **pè**ssa dé

Y a-t-il un spectacle son et lumière quelque part?	**Há algum espetáculo de luzes e som em qualquer lado?**	a algõu ɨchpétakoulô dé louzéch i sõ ẽ k^{ou}alkèr ladô
A quelle heure le spectacle commence-t-il?	**A que horas começa/acaba?**	a ké orach kõmèssa/akaba
Y a-t-il (encore) des places pour ce soir?	**Há ainda bilhetes [ingressos] para hoje à noite?**	a aĩda billiètéch [ĩgrèssôch para ojé a no^{y}té
Quel est le prix des places?	**Qual é o preço dos lugares?**	k^{ou}al è ô prèsso dôch lougaréch
Je voudrais réserver deux places pour le spectacle de vendredi soir.	**Queria reservar 2 lugares para o espetáculo de sexta-feira à noite.**	kéria rézèrvar 2 lougaréch para ô ichpètakoulô dé sœ^{y}chta fœ^{y}ra a noïté
Je voudrais un billet pour la matinée de mardi?	**Pode dar-me um bilhete [ingresso] para a matinée de terça-feira?**	podé dar mé õu billièté [ĩgrèssô] para a matĩnè dé tèrsa fè^{y}ra
Je voudrais une place au parterre.	**Quero um lugar na plateia.**	kérô õu lougar na platè^{y}a
Pas trop loin.	**Não muito atrás.**	nœ^{ou} mou^{y}tô atrach
Vers le milieu.	**Mais ou menos no meio.**	maich ô^{ou} mẽnôch nô mè^{y}ô
Combien coûtent les places au balcon?	**Qual é o preço dos lugares no balcão?**	k^{ou}al è ô prèssô dôch lougaréch nô balkœ^{ou}
Puis-je avoir un programme, s.v.p.?	**Pode dar-me um programa, por favor?**	podé dar mé õu prougrama pôr favôr
Où est le vestiaire?	**Onde é o vestiário?**	õdé è ô vɨcht^{y}aryo

Lamento, mas a lotação está esgotada.	Je suis désolé(e), c'est complet.
Restam apenas alguns lugares no balcão.	Il ne reste que quelques places au balcon.
Pode mostrar-me o bilhete?	Votre billet, s.v.p.?
Este é o seu lugar.	Voilà votre place.

JOURS DE LA SEMAINE, voir page 151

Opéra—Ballet—Concert *Ópera—Bailado—Concerto*

Pouvez-vous me/ nous recommander un/une...?	**Pode recomendar-me...?**	**po**dé rékõmē**dar** mé
ballet	**um bailado**	õ͞u bai**la**dô
concert	**um concerto**	õ͞u kõ**ssèr**tô
opéra	**uma ópera**	**õ͞u**ma **o**péra
opérette	**uma opereta**	**õ͞u**ma opé**rè**ta
Où est l'opéra/la salle de concerts?	**Onde fica o teatro da ópera/a sala de concertos?**	**õ**dé **fi**ka ô té**a**trô da **o**péra/a **sa**la dé kõ**ssèr**tôch
Qu'y a-t-il ce soir à l'opéra?	**O que está em cena na ópera hoje à noite?**	ô ké ɨch**ta** ē **sē**na na **o**péra **o**jé a **no**^{y}té
Qui chante/danse?	**Quem canta/ dança?**	kē **kœ̃**ta/**dœ̃**ssa
Quel est le nom de l'orchestre?	**Qual é a orquestra?**	k^{ou}al è a ôr**kèch**tra
Que joue-t-on?	**O que vão tocar?**	o ké vœ̃^{ou} tô**kar**
Qui est le chef d'orchestre/le soliste?	**Quem é o chefe [regente] de orquestra/o solista?**	kē è ô **chè**fé [ré**jē**té] dé ôr**kèch**tra/ô sô**lich**ta

Fado—Discothèques *Fado—Discotecas*

Au Portugal, vous trouverez la gamme habituelle de boîtes de nuit et de discothèques sur la côte et dans les grandes villes. Vous pouvez passer la soirée dans un casino ou visiter une *casa de fados*, petit restaurant où vous pourrez manger dans l'intimité très tard le soir à l'acccompagnement envoûtant des mélodies du *fado*, chant du folklore national. Les jeux d'argent sont illégaux au Brésil, mais s'amuser ne l'est pas. Nombreuses sont les boîtes de nuit, surtout à Rio de Janeiro.

Pouvez-vous me/ nous recommander une bonne boîte de nuit?	**Pode recomendar uma boa boîte?**	**po**dé rékõmē**dar** **õ͞u**ma **bo**a **b**^{ou}**a**té
Y a-t-il un spectacle de cabaret?	**Há variedades?**	a varié**da**déch

A quelle heure commence le spectacle?	**A que horas o espetáculo começa?**	a ké **o**rach ô ɨcpé**ta**koulô kõ**mè**ssa
La tenue de soirée est-elle exigée?	**É preciso traje de noite?**	è pré**ssi**zô **tra**jé dé **no**^{y}té
Où pouvons-nous aller danser?	**Onde podemos ir dançar?**	õdé pô**dẽ**môch ir dœ̃**ssar**
Y a-t-il une discothèque en ville?	**Há alguma discoteca na cidade?**	a al**goũ**ma dichkô**tè**ka na sida**dé**
Voulez-vous danser?	**Quer dançar?**	kèr dœ̃**ssar**

Corrida *A tourada*

La version portugaise de la corrida (*corrida à Portuguesa* ou *tourada*) diffère beaucoup de la corrida espagnole. En Espagne, la mode a toujours été de combattre le taureau à pied, alors qu'au Portugal il est de tradition de l'affronter à cheval, et la mise à mort du taureau est en fait interdite.

Les meilleures places (et les plus chères) sont situées à l'ombre (*sombra*) et aux premiers rangs (*barreira*). Viennent ensuite les places *sol e sombra* (soleil et ombre).

Les corridas se déroulent de Pâques à octobre presque tous les dimanches après-midi en de nombreux lieux.

Sports *Desportos [Esportes]*

Portugais et Brésiliens sont de grands amateurs de football. Le Portugal est renommé pour ses terrains de golf splendides.

Y a-t-il un match de football quelque part samedi?	**Há algum jogo de futebol no sábado?**	a al**goũ jo**gô dé fouté**bol** nô **sa**badô
Quelles sont les équipes?	**Quais são as equipas que jogam?**	k^{ou}aich sœ̃^{ou} ach ɨ**ki**pach ké **jo**gœ̃
Pouvez-vous me procurer un ticket?	**Pode arranjar-me um bilhete?**	**po**dé arrœ̃**jar** mé oũ bi**lliè**té
Je voudrais voir un match de boxe.	**Gostava de ver um combate [uma luta] de boxe.**	gôch**ta**va dé vèr oũ kõ**ba**té [**oũ**ma **lou**ta] dé boks
Quel est le prix de l'entrée?	**Quanto custa a entrada?**	k^{ou}œ̃tô **kouch**ta a ẽ**tra**da

JOURS DE LA SEMAINE, voir page 151

alpinisme	**o alpinismo**	ô alpĩ**nich**mô
basket-ball	**o basquetebol**	ô bachkét**bol**
boxe	**o boxe**	ô boks
course automobile	**as corridas de automóvel**	ach ko**rri**dach dé aoutõ**mo**vél
course de chevaux	**as corridas de cavalo**	ach kô**rri**dach dé ka**va**lô
cyclisme	**a ciclismo**	a si**klich**mô
équitation	**a equitação**	a èkita**ssœ̃**ou
football	**o futebol**	ô fouté**bôl**
natation	**a natação**	a nata**ssœ̃**ou
ski	**o esqui**	ô ɨch**ki**
tennis	**o ténis**	ô **tẽ**nich
volley-ball	**o voleibol**	ô vôléi**bol**

Où est le terrain de golf le plus proche?	**Onde é o campo de golfe mais próximo?**	õdé è ô **kœ̃**pô dé **gol**fé maich **prok**sĩmô
Où sont les courts de tennis?	**Onde são os campos [as quadras] de ténis?**	õdé sœ̃ou ôch **kœ̃**pôch [ach k**ou**adrach] dé **tẽ**nich
Quel est le tarif par...?	**Qual é o preço por...?**	koual è ô **prè**sso pôr
jour/partie/heure	**dia/jogo/hora**	**di**a/**jo**gô/**o**ra
Puis-je louer des raquettes?	**Posso alugar raquetes?**	**po**ssô alou**gar** ra**kè**téch
Où est le champ de courses?	**Onde é o hipódromo?**	õdé è ô i**po**drõmô
Y a-t-il un bon endroit pour pêcher/chasser dans les environs?	**Há algum bom lugar para pescar/caçar aqui perto?**	a al**goũ** bõ lou**gar pa**ra pɨch**kar**/ka**ssar** a**ki pèr**tô
Est-ce que j'ai besoin d'un permis?	**É preciso licença?**	è pré**ssi**zô li**ssẽ**ssa
Où puis-je m'en procurer un?	**Onde posso arranjar uma?**	õdé **po**ssô arrœ̃**jar oũ**ma
Y a-t-il une piscine ici?	**Há aqui uma piscina?**	a a**ki oũ**ma pi**ssĩ**na
Est-elle en plein air ou couverte?	**É ao ar livre ou coberta?**	è aô ar **li**vré ôou kô**bèr**ta
Est-elle chauffée?	**É aquecida?**	è aké**ssi**da
Quelle est la température de l'eau?	**Qual é a temperatura da água?**	koual è a tẽpéra**tou**ra da **a**goua

Y a-t-il une plage de sable?	**Há alguma praia para banho?**	a al**gõu**ma **pra**ya **pa**ra **bœ̃**gnô

A la plage *Na praia*

Peut-on se baigner sans danger?	**Pode-se nadar sem perigo?**	**po**dé sé na**dar** sẽ pé**ri**gô
La baignade est-elle surveillée?	**Há um salva-vidas?**	a õu **sal**va **vi**dach
Est-ce sans danger pour les enfants?	**Não há perigo para crianças?**	nœ̃^{ou} a pé**ri**gô **pa**ra kri**œ̃**ssach
La mer est très calme.	**O mar é muito calmo.**	o mar è **mõu**^{y}tô **kal**mô
Il y a de grosses vagues.	**Há ondas grandes.**	a **õ**dach **grœ̃**dech
Y a-t-il des courants dangereux?	**Há correntes perigosas?**	a ko**rrẽ**tech péri**go**zach
A quelle heure est la marée haute/basse?	**A que horas é a maré alta/maré baixa?**	a ké **o**rach è a ma**rè al**ta/ ma**rè bai**cha
Je voudrais louer...	**Quero alugar...**	**kè**rô alou**gar**
barque	**um barco a remos**	õu **bar**kô a **rẽ**môch
cabine de bain	**uma barraca**	**õu**ma ba**rra**ka
canot à moteur	**um barco a motor**	õu **bar**kô a mô**tor**
chaise longue	**uma cadeira de encosto**	**õu**ma ka**dœ**^{y}rœ deu ẽ**kôch**tou
matériel de plongée sous-marine	**um equipamento para mergulho**	õu èkipa**mẽ**tô **pa**ra mér**gou**llio
parasol	**um chapéu de sol [guarda-sol]**	õu cha**pè**^{ou} dé sol [**g**^{ou}**ar**da sol]
planche à voile	**uma prancha à vela [uma prancha de windsurf]**	õuma **prœ̃**cha a **vè**la [**õu**ma **prœ̃**cha dé **ouind**seurf]
planche de surf	**uma prancha de surf**	**õu**ma **prœ̃**cha dé seurf
skis nautiques	**uns esquis aquáticos**	õus ɨch**kich** ak^{ou}**a**tikôch
voilier	**um barco à vela**	õu **bar**kô a **vè**la

PRAIA PRIVADA	PLAGE PRIVÉE
É PROIBIDO TOMAR BANHO	BAIGNADE INTERDITE

Faire connaissance

Présentations *Apresentações*

Puis-je vous présenter...?	**Posso apresentar-lhe...?**	poss**ô** aprézẽ**tar** llié
Jean, voici...	**João, apresento-lhe...**	jôœ^{ou} apré**zẽ**tô llié
Je m'appelle...	**Chamo-me...**	**chœ**mô mé
Enchanté(e)!	**Muito prazer!**	**mõũ^{y}**tô pra**zèr**
Comment vous appelez-vous?	**Como se chama?**	**kõ**mô sé **chœ**ma
Comment allez-vous?	**Como está?**	**kõ**mô ɨch**ta**
Très bien, merci, et vous?	**Bem obrigado(a). E o senhor (a senhora)?**	bẽ ôbri**ga**dô(a). i ô sẽ**gnor** (a sẽ**gno**ra)

Pour rompre la glace *Para quebrar o silêncio*

Depuis combien de temps êtes-vous ici?	**Há quanto tempo está aqui?**	a **k^{ou}œ**tô **tẽ**pô ɨch**ta** a**ki**
Nous sommes ici depuis une semaine.	**Estamos aqui há uma semana.**	ɨch**tœ**môch a**ki** a **õũ**ma sẽ**mœ**na
Est-ce votre premier séjour ici?	**É a sua primeira visita?**	è a soua prĩ**mè^{y}**ra vi**zi**ta
Non, nous sommes déjà venus l'année dernière.	**Não, estivemos aqui no ano passado.**	nœ^{ou} ɨchti**vẽ**môch a**ki** nô **œ**nô pa**ssa**dô
Est-ce que vous vous plaisez ici?	**Gosta de estar cá?**	**goch**ta dé ɨch**tar** ka
Oui, je m'y plais beaucoup.	**Sim, gosto muito.**	sĩ **goch**tô **mõũ^{y}**tô
Le paysage me plaît beaucoup.	**Gosto muito da paisagem.**	**goch**tô **mõũ^{y}**tô da pai**za**jẽ
Que pensez-vous du pays/des gens?	**O que é que acha do país/das pessoas?**	o ké è ké **a**cha do pa**ich**/ dach pé**sso**ach
D'où venez-vous?	**Donde é?**	**dõ**dé è
Je viens de...	**Sou de...**	sô^{ou} dé

PAYS, voir page 146

De quelle nationalité êtes-vous?	**De que nacionalidade é?**	dé ké nassiõnali**da**dé è
Je suis...	**Sou...**	sô^{ou}
Belge	**belgo(a)**	**bèl**gô(a)
Canadien(ne)	**canadiano(a) [canadense]**	kœ̃na**diœ̃**nô(a) [kœ̃na**dèn**sé]
Français(e)	**francês/francesa**	frœ̃**ssè**ch/frœ̃**ssè**cha
Suisse(sse)	**suíco(a)**	**s^{ou}ï**ssô(a)
Où logez-vous?	**Onde está hospedado(a)?**	**õ**dé ɨch**ta** ôchpé**da**dô(a)
Etes-vous seul(e) ici?	**Está sozinho(a)?**	ɨch**ta** so**zĩ**gnô(a)
Je suis avec mon/ma/mes...	**Estou com...**	ichtô kõ
femme	**a minha mulher**	a **mĩ**gna mou**llièr**
mari	**o meu marido**	ô mé^{ou} ma**ri**dô
famille	**a minha família**	a **mĩ**gna fœ̃**mi**lia
enfants	**os meus filhos**	ôch mé^{ou}ch **fi**lliôch
parents	**os meus pais**	ôch mé^{ou}ch paich
petit(e) ami(e)	**o meu namorado/a minha namorada**	ô mé^{ou} nœ̃mô**ra**dô/a **mĩ**gna nœ̃mô**ra**da

père/mère	**o meu pai/a minha mãe**	ô mé^{ou} pai/a **mĩ**gna mœ̃^{y}
fils/fille	**o meu filho/a minha filha**	ô mé^{ou} **fi**lliô/a **mĩ**gna **fi**llia
frère/sœur	**o meu irmão/ a minha irmã**	ô mé^{ou} ir**mœ̃^{ou}**/ a **mĩ**gna ir**mœ̃**
oncle/tante	**o meu tio/ a minha tia**	ô mé^{ou} **ti**ô/a **mĩ**gna **ti**a
neveu/nièce	**o meu sobrinho/a minha sobrinha**	mé^{ou} sô**brĩ**gnô/ a **mĩ**gna sô**brĩ**gna
cousin(e)	**o meu primo/a minha prima**	ô mé^{ou} **prĩ**mô/ a **mĩ**gna **prĩ**ma

Etes-vous marié(e)/célibataire?	**É casado(a)/solteiro(a)?**	è ka**za**dô(a)/sôl**tè^{y}**rô(a)
Avez-vous des enfants?	**Tem filhos?**	tẽ **fi**lliôch
Que faites-vous (dans la vie)?	**Qual a sua profissão?**	k^{ou}al è a **sou**a prôfi**ssœ̃^{ou}**
Je suis étudiant(e).	**Sou estudante.**	sô^{ou} ɨchtou**dœ̃**té
Qu'étudiez-vous?	**O que está a estudar?**	o ké ɨch**ta** a ɨchtou**dar**

Je suis ici en voyage d'affaires.	**Estou aqui em viagens de negócios.**	ɨ**chtô**^{ou} **aki** ẽ **via**jẽ dé né**go**ssiôch
Voyagez-vous beaucoup?	**Viaja muito?**	**via**ja **mõũ**^{y}tô
Jouez-vous aux cartes/échecs?	**Joga às cartas/ xadrez?**	**jo**ga ach **kar**tach/cha**drèz**

Le temps *O tempo*

Quelle belle journée!	**Que lindo dia!**	ké **lĩ**dô **dia**
Quel temps horrible!	**Que tempo horrível!**	ké **tẽ**pô ô**rri**vél
Qu'il fait froid!/Quelle chaleur!	**Que frio/calor está hoje!**	ké **fri**o/ka**lor** ɨch**ta o**jé
Fait-il toujours aussi chaud?	**Está sempre assim tanto calor?**	ɨch**ta sẽ**pré a**ssĩ tœ̃**tô ka**lor**
Pensez-vous qu'il va... demain?	**Acha que vai... amanhã?**	**a**cha ké vai... œ̃m**œ̃gna**
faire beau	**estar [fazer] bom tempo**	ɨch**tar** [fa**zèr**] bõ **tẽ**pô
neiger	**nevar**	né**var**
pleuvoir	**chover**	chô**vèr**
Quelles sont les prévisions météo?	**Quais são as previsões do tempo?**	k^{ou}aich sœ̃^{ou} ach prévi**zõ**^{y}**ch** dô **tẽ**pô

brouillard	**o nevoeiro**	ô név^{ou}**è**^{y}rô
ciel	**o céu**	ô sè^{ou}
éclair	**o relâmpago**	ô ré**lœ̃**pagô
étoile	**a estrela**	a ɨch**trè**la
gelée	**a geada**	a **j**^{y}**a**da
glace	**o gelo**	ô **jè**lô
lune	**a lua**	a **lou**a
neige	**a neve**	a **nè**vé
nuage	**a nuvem**	a **nou**vẽ
orage	**a trovoada [tempestade]**	a trôv^{ou}**a**da [tẽpè**sta**dé]
pluie	**a chuva**	a **chou**va
soleil	**o sol**	ô sol
tonnerre	**o trovão**	ô trô**vœ̃**^{ou}
vent	**o vento**	ô **vẽ**tô

Invitations *Convites*

Voudriez-vous dîner avec nous...?	**Quer jantar connosco...?**	kèr jœ̃tar kõnochkô
Puis-je vous inviter à déjeuner?	**Posso convidá-lo (la) para almoçar?**	possô kõvida lô(la) para almôssar
Pouvez-vous venir prendre un verre chez moi ce soir?	**Pode cá vir hoje à noite tomar uma bebida?**	podé ka vir ojé a noyté tõmar õuma bébida
Il y a une réception, viendrez-vous?	**Há uma festa. Quer vir?**	a õuma fèchta. kèr vir
C'est très aimable.	**É muito amável da sua parte.**	è mõuytô œ̃mavél da soua parté
Je viendrai avec plaisir.	**Óptimo. Irei com muito prazer.**	otĩmô. irèy kõ mõuytô prazèr
A quelle heure faut-il venir?	**A que horas devemos ir?**	a ké orach dévẽmôch ir
Puis-je amener un/une ami(e)?	**Posso trazer um amigo/uma amiga?**	possô trazèr õu œ̃migô/õuma œ̃miga
Je regrette, mais nous devons partir maintenant.	**Lamento, mas temos de nos ir já embora.**	lamẽtô mach tẽmôch dé nôch ir ja ẽbora
La prochaine fois, il faudra que vous veniez nous voir.	**Para a próxima vez, são vocês que vêm ver-nos.**	para a proksĩma vèz sœou vôssèch ké vẽ vèr nôch
Merci pour cette agréable soirée; c'était formidable.	**Obrigado(a) pela festa. Foi óptima.**	ôbrigadô(a) péla fèchta. foï ôttima

Rendez-vous *Encontros*

Est-ce que ça vous dérange si je fume?	**Importa-se que eu fume?**	ĩporta sé ké èou fõumé
Voulez-vous une cigarette?	**Quer um cigarro?**	kèr õu sigarrô
Avez-vous du feu, s.v.p.?	**Tem lume [fogo], por favor?**	tẽ lõumé [fogô] pôr favôr
Pourquoi riez-vous?	**Porque está a rir?**	pôrkè ɨchta a rir
Est-ce que mon portugais est si mauvais que ça?	**O meu português é assim tão ruim?**	o méou pôrtouguèych è assĩ tœ̃ou rouĩ
Puis-je m'asseoir ici?	**Importa-se que eu me sente aqui?**	ĩporta sé ké èou mé sẽté aki
Puis-je vous offrir un verre?	**Posso oferecer-lhe uma bebida?**	possô ôféréssèr llié õuma bébida

JOURS DE LA SEMAINE, voir page 151

Attendez-vous quelqu'un?	**Está a espera de alguém?**	ɨ**chta** a ɨch**pè**ra dé al**guẽ**
Etes-vous libre ce soir?	**Está livre hoje à noite?**	ɨch**ta li**vré **o**jé a **no**^{y}té
Voulez-vous sortir avec moi ce soir?	**Quer sair comigo hoje à noite?**	kèr sa**ir** kõ**mi**gô ojé a **no**^{y}té
Voulez-vous aller danser?	**Quer ir dançar?**	kèr ie dœ̃**ssar**
Je connais une bonne discothèque.	**Conheço uma boa discoteca.**	kõ**gnè**ssô õuma **bo**a dichkô**tè**ka
Si nous allions au cinéma?	**Vamos ao cinema?**	**vœ̃**môch ao sĩ**nẽ**ma
Voulez-vous faire un tour en voiture?	**Quer ir dar um passeio de carro?**	kèr ir dar õu pa**ssè**^{y}o dé **ka**rrô
Où nous retrouvons-nous?	**Onde nos encontramos?**	õdé nôch ẽkõ**trœ̃**môch
Je passerai vous prendre à votre hôtel.	**Vou buscá-lo(la) ao seu hotel.**	vô^{ou} bouch**ka** lô(la) aô sè^{ou} o**tél**
Je viendrai vous chercher à huit heures.	**Vou buscá-lo(la) às 8.**	vô^{ou} bouch**ka** lô(la) ach 8
Puis-je vous raccompagner?	**Posso acompanhá-la a casa?**	**po**ssô akõpœ̃**gna** la a **ka**za
Puis-je vous revoir demain?	**Posso voltar a vê-lo (la) amanhã?**	**po**ssô vôl**tar** a vè lô(la) œmœ̃**gna**
J'espère que nous nous reverrons.	**Espero que nos voltemos a ver.**	ɨch**pè**rô ké nôch vôl**tẽ**môch a vèr

... peut-être aurez-vous envie de répondre:

Avec plaisir, merci.	**Com muito prazer, obrigado(a).**	kõ **mõu**^{y}tô pra**zèr** ôbri**ga**dô(a)
Merci mais je suis pris(e).	**Obrigado(a), mas tenho que fazer.**	ôbri**ga**dô(a) mach **tẽ**gnô ké fa**zèr**
Non, ça ne m'intéresse pas, merci.	**Obrigado(a), mas não estou interessada.**	ôbri**ga**dô(a) mach nœ̃^{ou} ɨch**tô**^{ou} ĩtéré**ssa**da
Laissez-moi tranquille, s.v.p.!	**Deixe-me em paz, se faz favor!**	**dè**^{y}ché mé ẽ pach sé fach fa**vôr**
Merci, j'ai passé une soirée merveilleuse.	**Obrigado(a), passei uma noite maravilhosa.**	ôbri**ga**dô(a) pa**ssè**^{y} **õu**ma **no**^{y}té maravi**llio**za
Je me suis bien amusé(e).	**Diverti-me muito.**	divér**ti** mé **mõu**^{y}tô

JOURS DE LA SEMAINE, voir page 151

Guide des achats

Ce guide devrait vous aider à trouver rapidement et aisément ce que vous désirez. Il comprend:

1. Une liste des principaux magasins et services (p.98).
2. Des expressions générales qui vous permettront de formuler vos désirs avec précision lorsque vous ferez des achats (p.100).
3. Des détails complets sur les magasins et services qui présentent le plus d'intérêt pour vous. Vous trouverez des conseils et des listes alphabétiques d'articles sous les titres suivants.

		page
Appareils électriques	petits appareils, accessoires, matérial Hi-Fi	104
Articles ménagers	objets utiles pour la maison: outils, vaisselle, couverts	105
Bijouterie/ Horlogerie	bijouterie, montres, réparations de montres	106
Bureau de tabac	articles pour fumeurs	108
Camping	objets utiles pour le camping et autres activités de loisir	109
Epicerie	expressions générales, poids, mesures et emballage	110
Habillement	vêtements et accessoires, chaussures	111
Librairie/ Papeterie	livres, magazines, journaux, papeterie	118
Opticien	lunettes, lentilles de contact, jumelles	120
Pharmacie	médicaments, premiers soins, produits de beauté, articles de toilette	121
Photographie	appareils-photos, pellicules, développement, accessoires	125
Divers	souvenirs, disques, cassettes, jouets	127

BLANCHISSERIE, voir page 29/COIFFEUR, voir page 30

Magasins et services *Lojas e serviços*

La plupart des magasins ouvrent de 9h. à 19h. avec une pause de 13h. à 15h. Très peu sont ouverts le samedi après-midi. Les magasins brésiliens ouvrent de 8h. à 21h. et ferment à midi le samedi.

Où est le/la ... le/la plus proche?	**Onde é ... mais próximo(a)?**	õdé è ... maich **prok**sĩmô(a)
agence de voyages	**a agência de viagens**	a ajẽssia dé **via**jẽch
antiquaire	**o antiquário**	ô œtik^{ou}**ario**
banque	**o banco**	ô **bœ**kô
bibliothèque	**a biblioteca**	a bibliô**tè**ka
bijouterie	**a joalharia/ourivesaria**	a joalli**aria**/ô^{ou}rivéz**aria**
blanchisserie	**a lavandaria [lavanderia]**	a lavœd**aria** [lavœdé**ria**]
boucherie	**o talho [açougue]**	ô **ta**lliô [a**ssô**^{ou}gué]
boulangerie	**a padaria**	a pad**aria**
brocanteur	**a loja de velharias**	a **lo**ja dé vélli**ariach**
bureau de poste	**a estação [agência] de correios**	a ɨchta**ssœ**^{ou} [a**jẽ**ssia] dé kô**rrè**^{Y}ôch
bureau de tabac	**a tabacaria**	a tabak**aria**
bureau du télégraphe	**a estação telegráfica**	a ɨchta**ssœ**^{ou} télé**gra**fika
centre commercial	**o centro comercial**	ô **sẽ**trô kõmér**ssial**
charcutier	**a salsicharia [delicatessen]**	a salsich**aria**
coiffeur	**o cabeleireiro**	ô kabéléy**rè**^{Y}rô
coiffeur (pour hommes)	**o barbeiro**	ô bar**bè**^{Y}rô
commissariat de police	**o posto de polícia [a delegacia]**	ô **poch**tô dé pô**li**ssia [a délégas**sia**]
confiserie	**a confeitaria**	a kõfèyt**aria**
cordonnier	**o sapateiro**	ô sapa**tè**^{Y}rô
crèmerie	**a leitaria**	a lœ^{Y}t**aria**
dentiste	**o dentista**	ô dẽ**tich**ta
droguerie	**a farmácia**	a far**ma**ssia
épicerie	**a mercearia [o armazém]**	a mérsé**aria** [ô arma**zẽ**]
fleuriste	**a florista**	a flô**rich**ta
galerie d'art	**a galeria de arte**	a galé**ria** dé **ar**té
grand magasin	**o grande armazém [a loja de departamentos]**	ô **grœ**dé arma**zẽ** [a **lo**ja dé départœ**mẽ**tôch]

hôpital	**o hospital**	ô ôchpital
horloger	**a relojoaria**	a rélôj^{ou}aria
kiosque à journaux	**o quiosque [a banca] de jornais**	ô kiochki [a bœ̃ka] dé jôrnaich
laverie automatique	**a lavandaria automática**	a lavœ̃daria a^{ou}tômatika
librairie	**a livraria**	a livraria
magasin de/d'		
appareils électroménagers	**a loja de aparelhos eléctricos**	a loja dé aparèlliôch ilèktrikôch
chaussures	**a sapataria**	a sapataria
diététique	**a loja de produtos dietéticos/ naturais**	a loja dé prôdoutôch diétètikôch/natouraich
jouets	**a loja de brinquedos**	a loja dé brĩkèdôch
photos	**a loja de artigos fotográficos**	a loja dé artigôch fôtôgrafikôch
souvenirs	**a loja de lembranças**	a loja dé lẽbrœ̃ssach
marchand de légumes	**o fruteiro [a quitanda]**	ô froutè^{y}rô [a kitœ̃da]
marchand de vin	**o comerciante de vinhos**	ô kõmérssiœ̃té dé vĩgnôch
marché	**o mercado**	ô mérkadô
opticien	**o oculista**	ô ôkoulichta
papeterie	**a papelaria**	a papélaria
pâtisserie	**a pastelaria**	a pachtélaria
pharmacie	**a farmácia**	a farmassia
poissonerie	**a peixaria**	a peycharia
primeur	**o lugar de frutas e legumes [a quitanda]**	ô lougar dé froutach i légõuméch [a kitœ̃da]
quincaillerie	**a loja de ferragens**	a loja dé férrajẽch
supermarché	**o supermercado**	ô soupérmérkadô
tailleur	**o alfaiate**	ô alfaiaté
teinturerie	**a lavandaria [lavanderia] a seco**	a lavœ̃daria [lavœ̃déria] a sèkô
traiteur	**a salsicharia [delicatessen]**	a salsicharia
vétérinaire	**o veterinário**	ô vétérĩnariô

ENTRADA	ENTRÉE
SAÍDA	SORTIE
SAÍDA DE EMERGÊNCIA	SORTIE DE SECOURS

Expressions générales *Expressões gerais*

Où y a-t-il un(e) bon(ne)...?	**Onde há um bom/ uma boa...?**	õdé a õu bõ/**õu**ma **boa**
Où puis-je trouver...?	**Onde posso encontrar um/uma...?**	õdé **po**ssô ẽkõ**trar** õu/**õu**ma
Où se trouve le quartier commerçant?	**Onde é a zona comercial principal?**	õdé è a **zõ**na kõmer**ssial** prĩssi**pal**
Est-ce loin d'ici?	**É longe daqui?**	è **lõ**jé da**ki**
Comment puis-je m'y rendre?	**Como posso ir até lá?**	**kõ**mô **po**ssô ir a**tè** la

SALDOS/LIQUIDAÇÃO SOLDES

Service *Serviços*

Pouvez-vous m'aider?	**Pode ajudar-me?**	**po**dé ajou**dar** mé
Je ne fais que regarder.	**Estou só a ver.**	ɨch**tô**^{ou} so a vèr
Avez-vous/vendez-vous...?	**Vende...?**	**vẽ**dé
Je voudrais acheter...	**Quero comprar...**	**kè**rô kõ**prar**
Pouvez-vous me montrer des...?	**Pode mostrar-me...?**	**po**dé môch**trar** mé
Avez-vous des...?	**Tem...?**	tẽ
Où est le rayon des...?	**Onde é a secção...?**	õdé è a sék**sœ̃**^{ou}
Où est l'ascenseur/ l'escalier roulant?	**Onde é o elevador/a escada rolante?**	õdé è ô èléva**dor**/a é ɨch**ka**da rou**lœ̃**teu

Celui-là/celle-là *Aquele*

Pouvez-vous me montrer...?	**Pode mostrar-me...?**	**po**dé môch**trar** mé
ceci/cela	**isto/aquilo**	**ich**tô/a**ki**lô
celui/celle qui est en vitrine/à l'étalage	**o que está na vitrina/na banca [no mostruário]**	ô ké ɨch**ta** na vi**trĩ**na/na **bœ̃**ka [nô môch**tr**^{ou}ariô]

Description de l'article *Descrição do artigo*

Je voudrais un/une …	**Queria um …**	k**éria** õũ
Il faut que ce soit …	**Deve ser …**	**dè**veu sér
bon	**bom**	bõ
bon marché	**barato**	ba**ra**tô
carré	**quadrado**	k^{ou}a**dra**dô
clair	**claro**	**kla**rô
foncé	**escuro**	ɨch**kou**rô
grand	**grande**	**grœ̃**dé
léger	**leve**	**lè**vé
lourd	**pesado**	pɨ**za**dô
oval	**oval**	ô**val**
petit	**pequeno**	pé**kẽ**nô
rectangulaire	**rectangular**	réktœ̃gou**lar**
rond	**redondo**	ré**dõ**dô
solide	**resistente**	rézich**tẽ**té
Je ne veux pas quelque chose de trop cher.	**Não quero nada muito caro.**	nœ̃^{ou} **kè**rô **na**da **mõũ**^{y}tô **ka**rô

Préférences *Preferências*

Pouvez-vous m'en montrer d'autres?	**Pode mostrar-me mais alguns?**	**po**dé môch**trar** mé maich al**gõũ**ch
N'avez-vous rien de…?	**Não tem nada…?**	nœ̃^{ou} tẽ **na**da
moins cher/mieux	**mais barato/melhor**	maich ba**ra**tô/mɨ**llior**
plus grand/plus petit	**maior/mais pequeno [menor]**	ma**yor**/maich pé**kẽ**nô [mẽ**nor**]
Combien?	**Quanto custa?**	**k^{ou}œ̃**tô **kouch**ta
C'est combien?	**Quanto custa isto?**	**k^{ou}œ̃**tô **kouch**ta **ich**tô
Combien coûtent-ils?	**Quanto custam?**	**k^{ou}œ̃**tô **kouch**tœ̃
Je ne comprends pas.	**Não compreendo.**	nœ̃^{ou} kõpri**ẽ**dô
Pouvez-vous l'écrire, s.v.p.	**Pode escrever num papel?**	**po**dé mé ɨchkré**vèr** nõũ pa**pèl**
Je ne veux pas dépenser plus de … cruzeiros.	**Não quero gastar mais do que … cruzeiros.**	nœ̃^{ou} **kè**rô gach**tar** maich dô ké … krou**zè**^{y}rôch

Décision *Decisão*

Ce n'est pas vraiment ce que je veux.	**Não é bem o que eu quero.**	nœ^{ou} è bẽ ô ké è^{ou} **kè**rô
Non, ça ne me plaît pas.	**Não, não gosto.**	nœ^{ou} nœ^{ou} **goch**tô
Je le/la prends.	**Fico com ele.**	**fi**kô kõ **è**lé

Commande *Encomenda*

Pouvez-vous me le commander?	**Pode encomendar-mo?**	**po**dé ẽkõmẽ**dar** mé
Combien de temps faudra-t-il?	**Quanto tempo demora?**	**k^{ou}œ**tô **tẽ**pô dẽ**mo**ra

Livraison *Entrega*

Je l'emporte.	**Levo-o já.**	**lè**vô ô ja
Faites-le livrer à l'hôtel ..., s.v.p.	**Mande entregá-lo no Hotel ...**	**mœ**dé ẽtré**ga** lô nô ô**tèl**
Envoyez-le à cette adresse, s.v.p.	**Mande-o para este endereço, por favor.**	**mœ**dé ô **pa**ra **ich**té ẽdé**rè**ssô pôr fa**vôr**
Est-ce que je risque d'avoir des problèmes à la douane?	**Terei dificuldades na alfândega?**	té**rèy** difikoul**da**déch na al**fœ**dèga

Paiement *Pagamento*

Ça coûte combien?	**Quanto é?**	**k^{ou}œ**tô è
Puis-je payer avec un chèque de voyage?	**Posso pagar com cheques de viagem?**	**po**ssô pa**gar** kõ **chè**kéch dé **via**jẽ
Acceptez-vous les cartes de crédit?	**Aceitam cartões de crédito?**	a**ssè^{y}**tœ kar**tõ^{y}ch** dé **krè**ditô
Dois-je payer la T.V.A.?	**Tenho de pagar o IVA [as taxas de vendas]?**	**tẽ**gnô dé pa**gar** ô IVA [ach **ta**chach dé **vẽ**dach]
Je pense qu'il y a une erreur sur la note.	**Creio que se enganou na conta.**	**krè^{y}**ô ké sé ẽgœ**nô^{ou}** na **kõ**ta

Désirez-vous autre chose? *Mais alguma coisa?*

Non merci, c'est tout.	**Não obrigado(a), é tudo.**	nœ^{ou} ôbri**ga**dô(a) è **tou**dô
Oui, je voudrais...	**Sim, queria...**	sĩ **ké**ria
Pouvez-vous me montrer...?	**Pode mostrar-me...**	podé môch**trar** mé
Puis-je avoir un sac, s.v.p.?	**Pode dar-me um saco [uma sacola], por favor?**	podé dar mé õu **sa**kô [õuma sa**ko**la] pôr fa**vôr**
Pourriez-vous me l'emballer, s.v.p.?	**Pode embrulhar, se faz favor?**	podé ēbrou**lliar** sé fach fa**vôr**
Puis-je avoir le ticket de caisse/un reçu, s.v.p.?	**Posso ter um recibo?**	possô tèr õu rɨ**ssi**bô

Mécontent? *Insatisfeito?*

Pourriez-vous échanger ceci, s.v.p.?	**Pode trocar isto, por favor?**	podé trô**kar** ɨchtô pôr fa**vôr**
Je voudrais vous rendre ceci.	**Quero devolver isto.**	kèrô dévôl**vèr** ɨchtô
Je voudrais être remboursé(e). Voici le ticket de caisse.	**Quero que me reembolsem. Aqui está o recibo.**	kèrô ké mé rɨē**bol**sē. a**ki** ɨch**ta** ô rɨ**ssi**bô

Em que posso servi-lo(la)?	Puis-je vous aider?
O que deseja?	Que désirez-vous?
Que... deseja?	Quel/quelle... désirez-vous?
cor/forma/qualidade	couleur/forme/qualité
Lamento, mas não temos.	Je regrette, nous n'en avons pas.
Esse artigo está esgotado.	Notre stock est épuisé.
Deseja que o encomendemos?	Voulez-vous que nous vous le commandions?
Quer levá-lo já ou deseja que lho enviemos?	Voulez-vous l'emporter ou faut-il vous l'envoyer?
Mais alguma coisa?	Désirez-vous autre chose?
A caixa é ali.	La caisse est là-bas.

COULEURS, voir page 113

Appareils électriques *Aparelhos eléctricos*

Au Portugal, le voltage normal est de 220 volts (50 périodes); dans la plupart des lieux au Brésil, le courant est de 110 volts (60 périodes).

Quel est le voltage?	**Qual é a voltagem?**	k^{ou}al è a vôl**ta**jẽ
Avez-vous une pile pour ceci?	**Tem uma pilha para isto?**	tẽ **õu**ma **pi**llia **pa**ra **ich**tô
C'est cassé. Pouvez-vous le réparer?	**Isto está avariado [estragado]. Pode consertar?**	**ich**tô ɨch**ta** ava**ria**dô [ɨchtra**ga**dô]. **po**dé kõssér**tar**
Pouvez-vous me faire voir comment ça marche?	**Pode mostrar-me como funciona?**	**po**dé môch**trar** mé **kõ**mo fõu**ssiõ**na
Je voudrais (louer) une cassette vidéo.	**Queria (alugar) uma videocassete.**	ké**ri**a (alou**gar**) **õu**ma vidyokas**sè**té
Je voudrais...	**Queria...**	ké**ri**a
adaptateur	**um adaptador**	õu adapta**dor**
amplificateur	**um amplificador**	õum œplifika**dor**
ampoule	**uma lâmpada**	**õu**ma **lœ**pada
casque (écouteurs)	**uns auscultadores [fones de ouvido]**	õuch a^{ou}chkoulta**do**réch [**fõ**néch dé ô^{ou}**vi**dô]
fer à repasser (de voyage)	**um ferro de engomar (de viagem)**	õu **fè**rrô dé ẽgõ**mar** (dé **via**jẽ)
haut-parleurs	**uns altifalante [alto-falantes]**	õch altifa**lœ**té [**al**tô fa**lœ**teuch]
lampe	**um candeeiro [abajur]**	õu kœdé**è**^{y}rô [aba**jour**]
lecteur de CD	**um leitor de CD [aparelho de CD]**	õu léy**tor** dé sé dé [apa**rè**llio dé sé dé]
magnétophone à cassettes	**um gravador (de cassetes)**	õu grava**dor** (dé kas**sè**téch)
magnétoscope	**um gravador de vídeo**	õu grava**dor** dé **vi**dyô
... portatif	**... portátil**	pour**ta**til
prise	**uma ficha [tomada]**	õuma **fi**cha [tõ**ma**da]
radio	**um rádio**	õu **ra**dyô
rallonge	**uma extensão**	**õu**ma ɨchtẽ**ssœ**^{ou}
rasoir	**um aparelho de barbear [um barbeador]**	õu apa**rè**lliô dé barb^{y}**ar** [õu barbya**dor**]
sèche-cheveux	**um secador de cabelo**	õu séka**dor** dé ka**bè**lô
télévision (couleur)	**uma televisão (a cores)**	**õu**ma télévi**zœ**^{ou} (a ko**réch**)
transformateur	**um transformador**	õu trœchfôrma**dor**

Articles ménagers *Artigos domésticos*

allumettes	**fósforos**	**foch**fôrôch
bougies	**velas**	**vè**lach
casserole	**um tacho [uma panela]**	õu **ta**chô [**õu**ma pœ**nè**la]
épingles	**molas [prendedores] de roupa**	**mo**lach [prẽdé**do**réch] dé **rô**^{ou}pa
lessive	**detergente para a roupa [sabão em pó]**	détér**jẽ**té **pa**ra a **rô**^{ou}pa [sa**bœ̃**^{ou} ẽ po]
liquide-vaisselle	**detergente**	détér**jẽ**té
ouvre-boîtes	**um abre-latas [abridor de latas]**	õu **a**bré **la**tach [õu abri**dor** dé **la**tach]
ouvre-bouteilles	**um abre-garrafas**	õu **a**bré gar**ra**fach
papier aluminium	**papel prata**	pa**pèl pra**ta
poêle (à frire)	**uma frigideira**	**õu**ma friji**dè**^{y}ra
sacs plastiques	**sacos de plástico**	sa**kô**ch dé **plach**tikô
seau	**um balde**	õu **bal**dé
thermos	**um termo [uma garrafa térmica]**	õu **tèr**mô [**õu**ma gar**ra**fa **tèr**mika]
torchon	**um pano de prato**	õu **pœ̃**nô dé **pra**tô

… et quelques objets utiles

ciseaux	**uma tesoura**	**õu**ma té**zô**^{ou}ra
clé à molette	**uma chave inglesa**	**õu**ma **cha**vé ĩ**glè**za
clous	**pregos**	**prè**gôch
couteau de poche	**um canivete**	õu kœni**vè**té
marteau	**um martelo**	õu mar**tè**lô
outils	**ferramentas**	férrœ**mẽ**tach
pince universelle	**um alicate**	õu ali**ka**té
tournevis	**uma chave de fenda**	**õu**ma **cha**vé dé **fẽ**da
vis	**parafusos**	para**fou**zôch

Vaisselle *Louça*

assiettes	**pratos**	**pra**tôch
gobelets/verres	**copos para água**	**ko**pôch **pa**ra **a**goua
grandes tasses	**canecas**	kœ**nè**kach
soucoupes	**pires**	**pi**réch
tasses	**chávenas [xícaras]**	**cha**vẽnach [**chi**karach]

Couverts *Talheres*

couteaux	**facas**	**fa**kach
cuillères	**colheres**	kô**lliè**réch
cuillères à café	**colheres de chá**	kô**llièr**éch dé **cha**
fourchettes	**garfos**	**gar**fôch

Bijouterie—Horlogerie *Joalharia/Ourivesaria—Relojoaria*

Pourriez-vous me montrer ceci, s.v.p.?	**Posso ver aquilo ali?**	possô vèr akilô ali
Avez-vous quelque chose en or?	**Tem alguma coisa em ouro?**	tẽ algõuma ko^{y}za ẽ ô^{ou}rô
Ça fait combien de carats?	**Quantos quilates tem isto?**	k^{ou}œ̃tôch kilatéch tẽ ichtô
Est-ce de l'argent véritable?	**É prata de lei?**	è prata dé lè^{y}
Pouvez-vous réparer cette montre?	**Pode consertar este relógio?**	podé kõssértar ichté rilojiô
Je voudrais...	**Queria...**	kéria
argenterie	**objectos de prata**	objètôch dé prata
bague	**um anel**	õu anèl
alliance	**uma aliança**	õuma alyœ̃ssa
chevalière	**um anel de sinete**	õu anèl de sinéteu
de fiançailles	**um anel de noivado**	õu anèl de noïvadou
boucles d'oreilles	**uns brincos**	õuch brĩkôch
boutons de manchettes	**uns botões de punho [umas abotoaduras]**	õuch bôtõ^{y}ch dé põugnô [õumach abôtôadourach]
bracelet de montre	**uma correia [pulseira] de relógio**	õuma kôrrẽ^{y}a [poulsè^{y}ra] dé rélojiô
breloque	**um berloque**	õu bérloki
briquet	**um isqueiro**	õu ichkè^{y}rô
broche	**um broche**	õu broché
chaîne(tte)	**uma corrente**	õuma kôrrẽté
chapelet	**um rosário**	õu rôzaryô
clip	**um broche de mola**	õu broché dé mola
coffret à bijoux	**um cofre de jóias**	õu kofré dé joyach
collier	**um colar**	õu kôlar
coucou	**um relógio-cuco**	õu rélojiô koukô
couverts	**uns talheres**	õuch tallièréch
croix	**um cruz**	õuma krouch
épingle	**um alfinete**	õu alfinèté
épingle à cravate	**um alfinete de gravata**	õu alfinèté dé gravata
étui à cigarettes	**uma cigarreira**	õuma sigarrè^{y}ra
gourmette	**uma pulseira**	õuma poulsœ^{y}rô
montre-bracelet	**um relógio de pulso**	õu rélojiô dé poulsô

COULEURS, voir page 113

montre	**um relógio**	oũ reu**lo**jyou
automatique	**automático**	aoutô**ma**tikou
digitale	**digital**	diji**tal**
à quartz	**quartzo**	a k^{ou}artz
avec trotteuse	**com ponteiro de segundos**	kõ põ**tœ^{y}**rô dé sé**goũ**douch
étanche	**à prova de água**	a **prô**va dé **ag**^{ou}a
pendentif	**um pingente**	oũ pĩ**jẽ**té
pendule	**um relógio**	oũ ré**lo**jiô
pierre précieuse	**uma pedra preciosa**	**oũ**ma **pè**dra pré**ss^{y}o**za
pile	**uma pilha**	oũma **pi**llia
pince à cravate	**uma mola de gravata**	**oũ**ma **mo**la dé gra**va**ta
portemine	**uma lapiseira**	**oũ**ma lapi**zẽ^{y}**ra
poudrier	**uma caixinha de pó de arroz**	**oũ**ma kai**chĩ**gna dé po dé a**rroz**
réveil	**um despertador**	oũ déchpéta**dôr**

ambre	**âmbar**	**œ̃**bar
améthyste	**ametista**	œmé**tich**ta
argent	**prata**	**pra**ta
chrome	**cromo**	**krõ**mô
corail	**coral**	kô**ral**
cristal	**cristal**	krich**tal**
cristal taillé	**cristal**	krich**tal**
cuivre	**cobre**	**ko**bré
diamant	**diamante**	diœ̃**mœ̃**té
émail	**esmalte**	ɨch**mal**té
émeraude	**esmeralda**	ɨchmé**ral**da
étain	**estanho**	ɨch**tœ̃**gnô
inox	**aço inoxidável**	assô ĩnôksi**da**vél
ivoire	**marfim**	mar**fĩ**
jade	**jade**	**ja**dé
onyx	**ónix**	**õ**niks
or	**ouro**	**ô^{ou}**rô
perle	**pérola**	**pè**rôla
plaqué argent	**banhado a prata**	bœ̃**gna**dô a **pra**ta
plaqué or	**banhado a ouro**	bœ̃**gna**dô a **ô^{ou}**rô
platine	**platina**	pla**tĩ**na
rubis	**rubi**	rou**bi**
saphir	**safira**	sa**fi**ra
topaze	**topázio**	tô**pa**zyô
turquoise	**turquesa**	tour**kè**za

Bureau de tabac *Tabacaria*

On peut acheter des cigarettes ailleurs qu'au bureau de tabac, dans les kiosques à journaux, les hôtels et les bars. Les marques étrangères sont fortement taxées.

Un paquet de cigarettes, s.v.p.	**Um maço de cigarros, se faz favor.**	õu massô dé sigarrôch sé fach favôr
Avez-vous des cigarettes françaises?	**Tem cigarros franceses?**	tẽ sigarrôch frœssèchèch
Je voudrais une cartouche.	**Queria um pacote.**	kéria õu pakoté
Donnez-moi..., s.v.p.	**Dê-me..., por favor.**	dé mé... pôr favôr
allumettes	**fósforos**	fochfôrôch
bonbons	**rebuçados [balas]**	réboussadôch [balach]
briquet	**um isqueiro**	õu ichkë^{y}rô
essence/gaz à briquet	**gasolina/gás para isqueiros**	gazôlĩna/gach para ichkè^{y}rôch
carte postale	**um bilhete [cartão] postal**	õu billièté [kartœ^{ou}] pôchtal
chewing gum	**pastilhas elásticas [chicletes]**	pachtilliach ilachtikach [chiklètéch]
chocolat	**chocolate**	chôkôlaté
cigares	**charutos**	charoutôch
cigarettes	**cigarros**	sigarrôch
avec filtre/sans filtre	**com filtro/sem filtro**	cõ filtrou/sẽ filtrou
légères/fortes	**suaves/fortes**	s^{ou}avéch/fortéch
mentholées	**mentolados**	mẽtoladôch
longues	**gigantes [king-size]**	jigãtéch [king-saïz]
étui à cigarettes	**uma cigarreira**	õuma sigarrẽ^{y}ra
fume-cigarette	**uma boquilha [piteira]**	õuma bôkillia [pitè^{y}ra]
mèche	**uma torcida [mecha]**	õuma tôrssida [mècha]
pipe	**um cachimbo**	õu kachĩbô
nettoie-pipe	**um limpa-cachimbo**	õu lĩpa kachĩbô
tabac à chiquer	**tabaco [fumo] de mascar**	tabakô [fõumô] dé machkar
tabac à priser	**rapé**	rapè
tabac pour pipe	**tabaco [fumo] para cachimbo**	tabakô [fõumô] para kachĩbô
timbres	**selos**	sèlôch

Camping et équipement sportif *Equipamento desportivo e de campismo [camping]*

Je voudrais (louer)…	**Queria (alugar)…**	kéria (alou**gar**)
allume-feu	**acendedores para o fogo**	assẽdé**dor**éch **para** ô **fo**gô
allumettes	**fósforos**	**foch**fôroch
attirail de pêche	**apetrechos de pesca**	apé**trè**chôch dé **pich**ka
bombe aérosol contre les insectes	**um spray [repelente de insetos]**	õu spré[y] [répé**lẽ**té dé ĩs**sè**tôch]
boussole	**uma bússola**	**õu**ma **bou**ssôla
cartouche réfrigérante	**um saco de gelo**	õu **sa**kô dé **jè**lô
chaise longue	**uma cadeira de encosto**	**õu**ma ka**dè**[y]ra dé ẽn**koch**tô
charbon	**carvão de lenha**	kar**vœ̃**[ou] dé **lẽ**gna
corde	**uma corda**	**õu**ma **kor**da
gaz butane	**gás butano**	gach bou**tœ̃**nô
glacière	**uma mala frigorífica [um isopor]**	**õu**ma **ma**la frigô**ri**fika [õu izô**por**]
hamac	**uma cama de rede [uma rede]**	**õu**ma **kœ̃**ma dé **rè**dé [**õu**ma **rè**dé]
lampe	**uma lâmpada [lampião]**	**õu**ma **lœ̃**pada [**lã**pyœ̃[ou]]
lampe de poche	**uma lanterna de bolso**	**õu**ma lœ̃**tè**rna dé **bol**sô
lanterne	**uma lanterna**	**õu**ma lœ̃**tè**rna
lit de camp	**uma cama de campismo [camping]**	**õu**ma **kœ̃**ma dé kœ̃**pich**mô [**kœ̃**pĩ]
maillet	**um malho**	õu **ma**lliô
matelas pneumatique	**um colchão de ar**	õu kôl**chœ̃**[ou] dé ar
matériel de plongée sous-marine	**equipamento de mergulho**	ɨkipœ̃**mẽ**tô dé mér**gou**lliô
moustiquaire	**um mosquiteiro**	õu môchki**tè**[y]rô
pétrole	**petróleo**	pé**tro**léô
piquets de tente	**umas estacas de tenda**	**õu**mach ɨch**ta**kach dé **tẽ**da
pompe	**uma bomba-de-ar**	**õu**ma **bõ**ba dé ar
sac à dos	**uma mochila**	**õu**ma mô**chi**la
sac de couchage	**um saco-cama [um saco de dormir]**	õu **sa**kô **kœ̃**ma [õu **sa**kô dé dôr**mir**]
table (pliante)	**uma mesa (de fechar)**	**õu**ma **mè**za (dé fé**char**)
tapis de sol	**um tapete**	õu ta**pè**té
tente	**uma tenda**	**õu**ma **tẽ**da

CAMPING, voir aussi page 32

Epicerie *Mercearia [Armazém]*

Je voudrais du pain, s.v.p.	**Queria pão, se faz favor**	k**é**ria pœ^{ou} sé fach fav**ô**r
Quelle sorte de fromage avez-vous?	**Que género de queijo tem?**	ké **jẽ**nérô dé **kè**^{y}jô tẽ
Un morceau de...	**Um pedaço...**	õu pé**da**ssô
celui-là	**daquele**	da**kè**lé
celui sur l'étagère	**daquele que está na prateleira**	da**kè**lé ké ɨch**ta** na praté**lè**^{y}ra
Je vais prendre un de ceux-là, s.v.p.	**Dê-me um desses, por favor.**	dè mé õu **dè**sséch pôr fav**ô**r
Puis-je me servir?	**Posso servir-me?**	**po**ssô sɨr**vir** mé

100 grammes	**cem gramas**	sœ^{y} **grœ**mach
1/2 kilo/une livre	**um meio-quilo**	õu **mœ**^{y}ô **ki**lô
1 kilo	**um quilo**	õu **ki**lô
1/2 litre	**um meio-litro**	õu **mœ**^{y}ô **li**trô
1 litre	**um litro**	õu **li**trô

Je voudrais...	**Queria...**	k**é**ria
un kilo de pommes	**um quilo de maçãs**	õu **ki**lô dé ma**ssœ**ch
une demi-kilo de tomates	**meio-quilo de tomates**	**mœ**^{y}ô **ki**lô dé tô**ma**téch
100 grammes de beurre	**100 gramas de manteiga**	100 **grœ**mach dé mœ**tè**^{y}ga
un litre de lait	**um litro de leite**	õu **li**trô dé **lè**^{y}té
une demi-douzaine d'œufs	**meia dúzia de ovos**	**mè**^{y}a **dou**zia dé **ovô**ch
4 tranches de jambon	**4 fatias de fiambre**	4 fa**ti**ach dé **fiœ**bré
un paquet de thé	**um pacote de chá**	õu pa**kô**té dé cha
un pot de confiture	**um frasco de doce [geléia]**	õu **frach**kô dé **do**ssé [jé**lè**^{y}a]
une boîte de pêches au sirop	**uma lata de pêssegos**	**õu**ma **la**ta dé **pè**sségôch
un tube de moutarde	**um tubo de mostarda**	õu **tou**bô dé môch**tar**da
une boîte de chocolats	**uma caixa de chocolates**	**õu**ma **kai**cha dé chôkô**la**téch

Habillement *Vestuário*

Si vous désirez acheter quelque chose de précis, mieux vaut préparer votre achat à l'avance en consultant la liste des vêtements page 115. Réfléchissez à la taille, à la couleur, au tissu que vous désirez, puis reportez-vous aux pages suivantes.

Généralités *Generalidades*

Je voudrais ...	**Queria ...**	kéria
Je voudrais ... pour un garçon/une fille de dix ans.	**Queria ... para um menino/uma menina de 10 anos.**	kéria ... para õũ mẽnĩnô/õũma mẽnĩna dé 10 œnôch
Je voudrais quelque chose dans ce genre.	**Queria qualquer coisa neste género.**	kéria k^{ou}alkèr ko^{y}za nèchté gẽnérô
Je voudrais celui/celle en vitrine.	**Gosto do que está na vitrina.**	gochtô dô ké ɨchta na vitrĩna
Combien coûte le mètre?	**A como [Quanto] é o metro?**	a kõmô [k^{ou}œ̃tô] è ô mètrô

millimètre	**milímetro**	milimètrô
centimètre	**centímetro**	cèntimètrô
mètre	**metro**	mètrô

Couleur *Cores*

Je voudrais quelque chose en...?	**Queria alguma coisa em ...**	kéria algõũma ko^{y}za ẽ
Je voudrais un ton plus foncé/clair.	**Queria um tom mais escuro/mais claro.**	kéria õũ tõ maich ɨchkourô/maich klarô
Je voudrais quelque chose qui aille avec ça.	**Quero qualquer coisa que condiga [combine] com isto.**	kèrô k^{ou}alkèr ko^{y}za ké kõdiga [kõbĩné] kõ ichtô

ALIMENTATION, voir aussi page 63

Je n'aime pas cette couleur. **Não gosto da cor.** nœ^{ou} **goch**tô da kor

argenté	**prateado**	prat^{y}**a**dô
beige	**bege**	**bè**jé
blanc	**branco**	**brœ̃**kô
bleu	**azul**	a**zoul**
doré	**dourado**	dô^{ou}**ra**dô
écarlate	**escarlate**	ɨchkar**la**té
fauve	**castanho dourado**	kach**tœ̃**gnô dô^{ou}**ra**dô
gris	**cinzento [cinza]**	sĩ**zẽ**tô [**sĩ**za]
jaune	**amarelo**	œma**rè**lô
marron	**castanho [marrom]**	kach**ta**gnô [mar**rõ**]
mauve	**lilás**	li**lach**
noir	**preto**	**prè**tô
orange	**cor-de-laranja**	kor dé la**rœ̃**ja
rose	**cor-de-rosa**	kor dé **ro**za
rouge	**vermelho**	vér**mè**lliô
turquoise	**azul-turquesa**	a**zoul** tour**kè**za
vert	**verde**	**vèr**dé
violet	**roxo**	**ro**chô
...clair	**... claro**	**kla**rô
...foncé	**... escuro**	ɨch**kou**rô

liso

(**li**zô)

às riscas [listrado]

(ach **rich**kach [lich**tra**dô])

rico bolas [petit-pois]

(ach **bo**lach [peuti-p^{ou}**ach**])

xadrez

(cha**drèch**)

estampado

(ɨchtœ̃**pa**dô)

Tissu *Tecidos*

Avez-vous quelque chose en...? **Tem alguma coisa de...** tẽ al**goũ**ma **ko**^{y}za dé

Est-ce...?	**É...?**	è
fait ici	**feito aqui**	**fè**ʸtô a**ki**
fait main	**feito à mão**	**fè**ʸtô a mœ̃ᵒᵘ
importé	**importado**	īpôr**ta**dô
Je voudrais quelque chose de moins épais.	**Queria qualquer coisa mais fina.**	ké**ri**a kᵒᵘal**kèr ko**ʸza maich **fĩ**na
Avez-vous quelque chose de meilleure qualité?	**Tem uma qualidade melhor?**	tẽ **oũ**ma kᵒᵘali**da**dé m**ɨllior**
En quoi est-ce?	**De que que é feito?**	dé ké è **fè**ʸtô

batiste	**cambraia**	kœ̃**brai**a
chiffon	**chiffon**	chi**fõ**
coton	**algodão**	algô**dœ̃ᵒᵘ**
crêpe	**crepe**	**krè**pé
cuir	**cabedal [couro]**	kabé**dal** [**kô**ᵒᵘrô]
daim	**camurça**	kœ̃**mour**ssa
dentelle	**renda**	**rẽ**da
feutre	**feltro**	**fèl**trô
flanelle	**flanela**	flœ̃**nè**la
gabardine	**gabardine**	gabar**dĩ**né
laine	**lã**	lœ̃
lin	**linho**	**lĩ**gnô
peigné	**lã cardada**	lœ̃ kar**da**da
poils de chameau	**pêlo de camelo**	**pè**lô dé kœ̃**mè**lô
popeline	**popelina**	pôpé**lĩ**na
satin	**cetim**	sé**tĩ**
soie	**seda**	**sé**da
tissu-éponge	**pano turco [tecido felpudo]**	**pœ̃**nô **tour**kô [té**ssi**dô fél**pou**dô]
toile de coton	**brim**	brĩ
velours	**veludo**	vé**lou**dô
velours côtelé	**bombazina [veludo cotelê]**	bõba**zĩ**na [vé**lou**dô kôté**lè**]
velours de coton	**veludo de algodão**	vé**lou**dô dé algô**dœ̃ᵒᵘ**

Est-ce...?	**É...?**	è
pur coton/laine	**algodão puro/pura lã**	algô**dœ̃ᵒᵘ pou**rô/**pou**ra lœ̃

synthétique	**sintético**	sĩtètikoô
grand teint	**de cor fixa**	dé kor ficha
Est-ce infroissable?	**Não amarrota?**	nœ^{ou} œmarrota
Peut-on le laver à la main/en machine?	**Pode-se lavar à mão/à máquina?**	podé sé lavar a mœ^{ou}/ a makīna
Est-ce que ça risque de rétrécir au lavage?	**Não encolhe?**	nœ^{ou} ēkollié

Taille *Medidas*

Les tailles peuvent varier d'un fabricant à l'autre. Il est donc conseillé d'essayer vêtements et chaussures avant de les acheter.

Je prends du 38.	**O meu número é 38.**	ô mé^{ou} noũmérô è 38.
Pouvez-vous prendre mes mesures?	**Pode tirar-me as medidas?**	podé tirar mé ach médidach
Je ne connais pas les tailles portugaises/brésiliennes.	**Não conheço as medidas portuguesas/brasileiras.**	nœ^{ou} kōnèssô ach médidach pôrtouguèssach/brazilè^{y}rach

Un bon essayage? *Fica bem?*

Puis-je l'essayer?	**Posso provar?**	possô prôvar
Où sont les cabines d'essayage?	**Onde é a cabine de provas [o provador]?**	õdé è a kabĩné dé provach [ô provadôr]
Y a-t-il un miroir?	**Há um espelho?**	a õu ɨchpèllio
Ça va très bien.	**Fica muito bem.**	fika moũ^{y}tô bẽ
Ça ne va pas.	**Não fica bem.**	nœ^{ou} fika bẽ
C'est trop …	**Está muito …**	ɨchta moũ^{y}tô
court/long	**curto/comprido**	kourtô/kōpridô
étroit/ample	**apertado/largo**	apértadô/largô
Il faudra combien de temps pour les retouches?	**Quanto tempo leva para alterar?**	k^{ou}œtô tẽpô lèva para altérar

Vêtements et accessoires *Roupas e acessórios*

Je voudrais...	**Queria...**	kéria
bas	**umas meias [meias de nylon]**	**õu**mach **mè**^{y}ach [**mẽ**^{y}ach dé **nai**lõ]
bonnet de bain	**uma touca de banho**	**õu**ma **tô**^{ou}ka dé **bœ**gnô
bretelles	**uns suspensórios**	õuch souchpẽ**sso**ryôch
caleçon	**umas cuecas**	**õu**mach **k**^{ou}**è**kach
casquette	**um boné**	õu bô**nè**
chemisier	**uma blusa**	**õu**ma **blou**za
chapeau	**um chapéu**	õu cha**pè**^{ou}
chaussettes	**umas peúgas [meias curtas]**	**õu**mach pé**ou**gach [**mè**^{y}ach **kour**tach]
chemise	**uma camisa**	**õu**ma kœ**mi**za
chemise de nuit	**uma camisola de dormir [uma camisola]**	**õu**ma kœmi**zo**la dé dôr**mir** [**õu**ma kœmi**zo**la]
collant	**um collant [uma meia-calça]**	õu kô**llœ** [**õu**ma **mè**^{y}a **kal**ssa]
combinaison	**uma saia de baixo**	**õu**ma **sai**a dé **bai**chô
costume	**um fato [terno]**	õu **fa**tô [**tèr**nô]
cravate	**uma gravata**	**õu**ma gra**va**ta
écharpe	**um lenço de pescoço [uma echarpe]**	õu **lẽ**ssô dé péch**ko**ssô [**õu**ma è**char**pé]
gaine	**uma cinta**	**õu**ma **sĩ**ta
gants	**umas luvas**	**õu**mach **lou**vach
gilet	**um colete**	õu kô**lè**té
imperméable	**uma capa de chuva**	**õu**ma **ka**pa dé **chou**va
jeans	**uns jeans**	õuch jinch
jupe	**uma saia**	**õu**ma **sai**a
maillot de bain	**um fato [maiô] de banho**	õu **fa**tô [ma**yo**] dé **bœ**gnô
maillot de bain (hommes)	**um calção de banho**	õu kal**ssœ**^{ou} dé **bœ**gnô
manteau	**um casaco**	õu ka**za**kô
mouchoir	**um lenço**	õu **lẽ**ssô
nœud papillon	**uma gravata-borboleta**	**õu**ma gra**va**ta bôrbô**lè**ta
paire de...	**um par de...**	õu **par** dé
pantalon	**umas calças compridas**	**õu**mach **kal**ssach kõ**pri**dach
parapluie	**um guarda-chuva**	õu g^{ou}**ar**da **chou**va
peignoir (de bain)	**um roupão (de banho)**	õu rô**pœ**^{ou} (dé **bœ**gnô)

pullover	**uma camisola de malha [um suéter]**	õuma kœmizola dé **ma**lha [õu s^{ou}**è**tér]
à col roulé	**de gola alta**	dé **go**la **al**ta
à col rond	**de decote redondo**	dé dé**ko**té ré**dõ**dô
à col en V	**de decote em bico [em v]**	dé dé**ko**té ẽ **bi**kô [ẽ vé]
pyjama	**um pijama**	õu pi**jœ**ma
robe	**um vestido**	õu vɨch**ti**dô
à manches longues	**de manga longa**	dé **mœ**ga **lõ**ga
à manches courtes	**de manga curta**	dé **mœ**ga **kour**ta
sans manches	**sem mangas**	sẽ **mœ**gach
robe de chambre	**um roupão**	õu rô^{ou}**pœ**^{ou}
robe du soir	**um vestido de noite**	õu vɨch**ti**dô dé **no**^{y}té
sac à main	**uma mala de mão [uma bolsa]**	**õu**ma **ma**la dé mœ^{ou} [**õu**ma **bol**sa]
salopette	**um fato-macaco [um macacão]**	õu **fa**tô ma**ka**kô [õu maka**kœ**^{ou}]
short	**uns calções [uns shorts]**	õuch kal**ssõ**^{y}**ch** [õuch chorts]
slip	**umas cuecas**	**õu**mach **k**^{ou}**è**kach
slip (hommes)	**umas calças compridas**	**õu**mach **kal**ssach kõ**pri**dach
soutien-gorge	**um soutien**	õu sô^{ou}**tiẽ**
survêtement	**um fato de treino [um jogging]**	õum **fa**tô dé **trè**^{y}nô [õu **jo**guĩ]
sweatshirt	**uma camisola [um suéter] de algodão**	**õu**ma kœmi**zo**la [õu s^{ou}**è**tér] dé algô**dœ**^{ou}
tailleur	**um fato [terno] de saia e casaco**	õu **fa**tô [**tèr**nô] dé **sa**ia i ka**za**kô
T-shirt	**uma camiseta/T-shirt**	**õu**ma kœmi**zè**ta/T-cheurt
veste	**um casaco curto [uma jaqueta]**	õu ka**za**kô **kour**tô [**õu**ma ja**kè**ta]

boucle	**uma fivela**	**õu**ma fi**vè**la
bouton	**um botão**	õu bô**tœ**^{ou}
ceinture	**um cinto**	õu **sĩ**tô
col	**um colarinho**	õu kôla**rĩ**gnô
fermeture éclair	**um fecho éclair**	õu **fè**chô è**klèr**
poche	**um bolso**	õum **bol**sô
pression	**um botão de mola [de pressão]**	õu bô**tœ**^{ou} dé **mo**la [dé prés**sœ**^{ou}]

Chaussures *Sapatos*

Je voudrais une paire de…	**Queria um par de…**	kéria õu par dé
bottes	**botas**	**bo**tach
chaussures	**sapatos**	sa**pa**tôch
plates	**de salto raso**	dé **sal**tôch **ra**sô
à talon	**de salto alto**	dé **sal**tôch **al**tou
à semelles en cuir	**de sola de cabedal [couro]**	dé **so**la dé kabé**dal** [**kô**rou]
à semelles en élastomère	**de sola de borracha**	dé **so**la dé bô**rra**cha
mocassins	**mocassins**	môka**ssĩch**
pantoufles	**chinelos**	chĩ**nè**lôch
sandales	**sandálias**	sœ̃**da**liach
tennis	**ténis**	**tẽ**nich
Elles sont trop…	**Estes são… demais.**	**ɨch**téch sœ̃^{ou} … dé**maich**
étroites/larges	**apertados/largos**	apér**ta**dôch/**lar**gôch
grandes/petites	**grandes/pequenos**	**grœ̃**déch/pé**kẽ**nôch
Avez-vous une pointure plus grande/ plus petite?	**Tem um número maior/mais pequeno [menor]?**	tẽ õu **nõu**mérô ma**yor**/ maich pé**kẽ**nô [mé**nor**]
Avez-vous les mêmes en noir?	**Tem os mesmos em preto?**	tẽ ôch **méj**môch ẽ **prè**tô
caoutchouc	**em borracha**	ẽ bô**rra**cha
cuir	**em cabedal [couro]**	ẽ kabé**dal** [**kô**^{ou}rô]
daim	**em camurça**	ẽ kœ̃**mour**ssa
en toile	**em tela**	ẽ **tè**la
Est-ce du cuir véritable?	**É cabedal [couro] autêntico?**	è kabé**dal** [**kô**^{ou}rô] aou**tẽ**tikô
Je voudrais du cirage/des lacets.	**Preciso de graxa/ atacadores [cordões] de sapatos.**	pré**ssi**zô dé **gra**cha/ ataka**do**réch [kôr**dõ**^{y}**ch**] dé sa**pa**tôch

Vos chaussures sont usées? Voici comment les faire réparer:

Pouvez-vous réparer ces chaussures?	**Pode consertar estes sapatos?**	**po**dé kôssér**tar** **ɨch**téch sa**pa**tôch
Pouvez-vous recoudre ceci?	**Pode coser [costurar] isto?**	**po**dé kô**zèr** [kôchtou**rar**] **ich**tô
Je voudrais un ressemelage et de nouveaux talons.	**Quero que ponha solas e saltos novos.**	**kè**rô ké **põ**gna **so**lach i **sal**tôch **no**vôch
Quand seront-elles prêtes?	**Quando estarão prontos?**	k^{ou}**œ̃**dou ɨchta**rœ̃**^{ou} **prõ**tôch

COULEURS, voir page 113

Librairie—Papeterie *Livraria—Papelaria*

Au Portugal et au Brésil, librairies et papeteries sont en général séparées; ces dernières vendent cependant souvent des livres de poche. Journaux et magazines sont vendus dans les kiosques.

Où est...le/la plus proche?	**Onde é... mais próximo(a)?**	õdé è... maich **proks**ĩmô
kiosque à journaux	**o quiosque [a banca] de jornais**	ô ki**och**ki [a **bœ̃**ka] dé jôr**naich**
librairie	**a livraria**	a livra**ri**a
papeterie	**a papelaria**	a papeula**ri**a
Où puis-je acheter un journal en français/ anglais?	**Onde posso comprar um jornal em francês/inglês?**	õdé **po**ssô kõ**prar** õũ jôr**nal** ẽ frœ̃**ssèch**/ĩ**glèch**
Où sont les guides de voyage?	**Onde é a secção de guias turísticos?**	õdé è a séks**œ̃ou** dé **ghi**ach tou**rich**tikôch
Où se trouvent les livres en français?	**Onde estão os livros em francês?**	õdé ɨch**tœ̃ou** ôch **li**vrôch ẽ frœ̃**ssèch**
Avez-vous des livres de... en français?	**Tem algum dos livros de.... em francês?**	tẽ al**gõũ** dôch **li**vrôch dé... ẽ frœ̃**ssèch**
Avez-vous des livres d'occasion?	**Tem livros em segunda-mão?**	tẽ **li**vrôch ẽ sé**gõũ**da mœ̃ou
Je voudrais acheter...	**Quero comprar...**	**kè**rô kõ**prar**
agrafes	**agrafos [grampos]**	a**gra**fôch
bloc-notes	**um bloco de papel**	õũ **blo**kô dé pa**pèl**
boîte de peinture	**uma caixa de tintas**	**õũ**ma **kai**cha dé **tĩ**tach
cahier	**um caderno**	õũ ka**dèr**nô
calculatrice de poche	**uma calculadora de bolso**	**õũ**ma kalkoula**do**ra dé **bol**sô
calendrier	**um calendário**	õũ kalẽ**da**riô
carnet d'adresses	**um livrinho [uma agenda] de endereços**	õũ li**vrĩ**gno [**õũ**ma a**jẽ**da] dé ẽdé**rè**ssôch
carte postale	**um bilhete [cartão] postal**	õũ bi**lliè**té [kar**tœ̃ou**] pôch**tal**
carte	**um mapa**	õũ **ma**pa
plan de ville	**uma planta [um mapa] da cidade**	**õũ**ma **plœ̃**ta [õũ **ma**pa] da si**da**dé
carte routière de...	**um mapa das estradas de...**	õũ **ma**pa dach ɨch**tra**dach dé
cartes à jouer	**cartas de jogar**	**kar**tach dé jô**gar**
colle	**cola**	**ko**la
crayon à papier	**um lápis**	õũ **la**pich

crayons de couleur	**lápis de cor**	**la**pich dé kor
dictionnaire	**um dicionário**	õu dissiõ**na**riô
portugais-français	**português-francês**	pôrtou**guèch**-frœ**ssèch**
de poche	**de bolso**	dé **bol**sô
encre	**tinta**	**tĩ**ta
noire/rouge/bleue	**preta/vermelha/azul**	**prè**ta/vér**mè**llia/a**zoul**
enveloppes	**envelopes**	ẽvé**lo**péch
étiquettes (autocollantes)	**etiquetas (autocolantes)**	ɨti**kè**tach (aoutôkô**lœ**téch)
ficelle	**cordel [barbante]**	kôr**dèl** [bar**bœ**té]
gomme	**uma borracha**	**õu**ma bô**rra**cha
guide de voyage	**um guia turístico**	õu **ghi**a tou**rich**tikô
journal	**um jornal**	õu jor**nal**
français	**francês**	frœ**ssèch**
livre	**um livro**	õu **li**vrô
livre de grammaire	**uma gramática**	**õu**ma grœ**ma**tika
magazine	**uma revista**	õuma rɨ**vich**ta
papier	**papel**	pa**pèl**
papier à dessin	**papel de desenho**	pa**pèl** dé dé**zẽ**gnô
papier à lettres	**papel de carta**	pa**pèl** dé **kar**ta
papier carbone	**um papel carbono**	õu pa**pèl** kar**bõ**nô
portemine	**uma lapiseira**	**õu**ma lapi**zè**ʸra
punaises	**pioneses [tachinhas]**	piõ**nè**chéch [ta**chĩ**gnach]
recharge	**uma carga (para caneta)**	**õu**ma **kar**ga (**pa**ra kœ**nè**ta)
règle	**uma régua**	**õu**ma **rè**goua
ruban adhésif	**uma fita adesiva**	**õu**ma **fi**ta adé**zi**va
ruban de machine à écrire	**uma fita para máquina de escrever**	**õu**ma **fi**ta **pa**ra **ma**kĩna dé ɨckré**vèr**
serviettes en papier	**guardanapos de papel**	gouardœ**na**pôch dé pa**pèl**
stylo	**uma caneta**	õuma kœ**nè**ta
stylo à bille	**uma esferográfica**	**õu**ma ɨchférô**gra**fika
stylo à encre	**uma caneta de tinta permanente***	**õu**ma kœ**nè**ta dé **tĩ**ta pérmœ**nẽ**té
stylo-feutre	**uma caneta feltro**	**õu**ma kœ**nè**ta **fèl**trô
taille-crayons	**um apara-lápis [um apontador]**	õu a**pa**ra **la**pich [õu apõta**dor**]
trombones	**clipes**	**kli**péch

* Au Brésil: **uma caneta-tinteiro** (**õu**ma kœ**nè**ta tĩ**tè**ʸrô)

COULEURS, voir page 113

Opticien *Oculista*

J'ai cassé mes lunettes.	**Parti os óculos.**	par**ti** ôch **o**koulôch
Pouvez-vous les réparer?	**Pode consertá-los?**	**po**dé kõssér**ta** lôch
Quand seront-elles prêtes?	**Quando estarão prontos?**	**k^{ou}œ**dô ɨchta**rœ^{ou}** **prõ**tôch
Pouvez-vous changer les verres?	**Pode trocar as lentes?**	**po**dé trô**kar** ach **lẽ**téch
Je voudrais des verres teintés.	**Quero lentes de cor.**	**kè**rô **lẽ**téch dé kor
La monture est cassée.	**A armação está partida.**	a arma**ssœ^{ou}** ɨch**ta** par**ti**da
Je voudrais un étui à lunettes.	**Queria um estojo para os óculos.**	ké**ri**a õu ɨch**to**jô **pa**ra ôch **o**koulôch
Je voudrais faire contrôler ma vue.	**Queria fazer um exame à [na] vista.**	ké**ri**a fa**zèr** õu ɨ**zœ**mé a [na] **vich**ta
Je suis myope/ presbyte.	**Sou miópe/pres- bita.**	sô^{ou} **my**opé/prɨch**bi**ta
Je voudrais des verres de contact.	**Queria lentes de contacto.**	ké**ri**a **lẽ**téch dé kõ**tak**tô
J'ai perdu une lentille.	**Perdi uma lente de contacto.**	pér**di** **õu**ma **lẽ**té dé kõ**tak**tô
Pourriez-vous m'en donner une autre?	**Pode dar-me outra?**	**po**dé dar mé **ô^{ou}**tra
J'ai des lentilles dures/souples.	**Tenho lentes de contacto rígidas/ flexíveis.**	**tẽ**gnô **lẽ**téch dé kõ**tak**tô **ri**jidach/flék**si**véych
Avez-vous du liquide pour verres de contact/lentilles?	**Tem um líquido para lentes de con- tacto?**	tẽ õu **li**kidô **pa**ra **lẽ**téch dé kõ**tak**tô
Je voudrais acheter des lunettes de soleil.	**Queria comprar óculos de sol.**	ké**ri**a kõ**prar** **o**koulôch dé sol
Puis-je me voir dans un miroir?	**Posso ver-me ao espelho?**	**po**ssô vèr mé aô ɨch**pè**lliô
Je voudrais acheter des jumelles.	**Queria comprar binóculos.**	ké**ri**a kõ**prar** bĩ**no**koulôch

Pharmacie *Farmácia*

Les pharmacies portugaises ne vendent que des médicaments. Vous trouverez parfums, cosmétiques et articles de toilette dans une *Perfumaria*.

On peut acheter articles de toilette et produits d'entretien dans une *Drogaria*.

Nous avons divisé ce chapitre en deux parties:
1. Pharmacie - médicaments - premiers soins

2. Articles de toilette - produits de beauté.

Généralités *Generalidades*

Où est la pharmacie (de garde) la plus proche?	**Onde fica a farmácia (de serviço [noturna]) mais próxima?**	õdé fika a farmassia (dé sérvissô [nôtournal]) maich proksĩma
A quelle heure ouvre/ferme la pharmacie?	**A que horas abre/fecha a farmácia?**	a ké orach abré/fècha a farmassia

1—Médicaments *Produtos farmacêuticos*

Je voudrais quelque chose contre ...	**Queria qualquer coisa para ...**	kéria k^{ou}alkèr ko^{y}za para
coups de soleil	**as queimaduras do sol**	ach kéymadourach dô sol
le rhume/la toux	**a constipação [o resfriado]/a tosse**	a kõchtipassœ^{ou} [ô rɨchfriadô]/a tossé
mal de ventre/indigestion	**o mal-estar estomacal**	ô mal ɨchtar ɨchtõmakal
mal du voyage	**o enjoo da viagem/da altitude**	ô ẽjoô da viajẽ/da altitoudé
piqûres d'insectes	**as picadas dos insectos**	ach pikadach dôch ĩssètôch
rhume des foins	**a febre dos fenos**	a fèbré dôch fẽnôch
Pouvez-vous me préparer cette ordonnance, s.v.p.?	**Pode aviar-me esta receita?**	podé aviar mé ɨchta réssè^{y}ta
Puis-je l'obtenir sans ordonnance?	**É preciso receita médica?**	è préssizô réssè^{y}ta mèdika
Dois-je attendre?	**Tenho que esperar?**	tẽgnô ké ɨchpérar

MÉDECIN, voir page 137

Puis-je avoir...?	**Pode dar-me...?**	podé dar mé
aspirine	**uma aspirina**	õuma achpirĩna
bandage	**uma ligadura [atadura]**	õuma ligadoura [atadoura]
bandage élastique	**uma ligadura [atadura] elástica**	õuma ligadoura [atadoura] ɨlachtika
comprimés contre...	**comprimidos....**	kõprĩmidôch
contraceptifs	**contraceptivos**	kõtrassétivôch
coton hydrophile	**algodão hidrófilo**	algôdœ^{ou} idrofilô
crème antiseptique	**uma pomada anti-séptica**	õuma põmada œtissètika
crème/bombe contre les insectes	**um produto insectífugo/spray [repelentes de insetos]**	õu prôdoutô ĩssektifougô/ spré^{y} [répeélẽtéch dé ĩssètôch]
désinfectant	**um desinfectante**	õu dɨzinfétœté
gargarisme	**um gargarejo**	õu gargarèjô
gaze	**gaze**	gazé
gouttes pour le nez	**gotas para o nariz**	gotach para ô nariz
gouttes pour les oreilles	**gotas para os ouvidos**	gotach para ôch ô^{ou}vidôch
gouttes pour les yeux	**gotas para os olhos [colírio]**	gotach para ôch olliôch [koliryo]
laxatif	**um laxativo**	õu lachativô
pansements	**esparadrapo**	ɨchparadrapô
pastilles contre la toux	**pastilhas para a tosse**	pachtilliach para a tossé
préservatifs	**preservativos**	prézérvativôch
serviettes hygiéniques	**pensos higiénicos**	pẽssouch ijyènikouch
somnifère	**um sonífero/pílulas para dormir**	õu sõniférô/piloulach para dôrmir
sparadrap®	**pensos rápidos [bandaids]**	pẽssôch rapidôch [bœdéyds]
suppositoires	**supositórios**	soupôzitoriôch
tampons hygiéniques	**tampões higiénicos**	tœpõ^{y}ch ij^{y}ẽnikôch
teinture d'iode	**tintura de iodo**	tĩtoura dé iodô
thermomètre	**um termómetro**	õu térmõmétrô
tranquillisants	**calmantes/tranquilizantes**	kalmœtéch/ trœkouilizœtéch
trousse de premiers secours	**estojo de primeiros-socorros**	ɨchtojô dé primè^{y}rôch sôkorrôch
vitamines	**vitaminas**	vitœmĩnach

VENENO	POISON
SOMENTE PARA USO EXTERNO	POUR USAGE EXTERNE

MÉDECIN, voir page 137

2—Cosmétiques *Produtos de higiene e cosméticos*

Je voudrais…	**Queria…**	k**é**ria
astringent	**um adstringente**	õũ adstrĩ**gẽ**té
bain moussant	**um creme-espuma para o banho**	õũ **krẽ**mé ɨch**poũ**ma **pa**ra ô **bœ̃**gnô
blaireau	**um pincel de barba**	õũ pĩ**ssèl** dé **bar**ba
blush	**um blush**	õũ bleuch
brosse à dents	**uma escova de dentes**	**õũ**ma ɨch**ko**va dé **dẽ**téch
brosse à ongles	**uma escova de unhas**	**õũ**ma ɨch**ko**va dé **õũ**gnach
coupe-ongles	**um corta-unhas**	õũ **kor**ta **õũ**gnach
crayon à sourcils	**um lápis para os olhos**	õũ **la**pich **pa**ra ôch **o**lliôch
crème à raser	**um creme de barbear**	õũ **krẽ**mé dé barb^y**ar**
crème	**um creme**	õũ **krẽ**mé
nettoyante	**de base**	dé **ba**zé
hydratante	**hidradante**	idra**tœ̃**té
de nuit	**para a noite**	**pa**ra a **noï**té
crème pour les mains/pieds	**um creme para as mãos/os pés**	õũ **krẽ**mé **pa**ra ach **mœ̃**^{ou}ch/ôch **pè**ch
crème solaire	**um creme bronzeador**	õũ **krẽ**mé brõzya**dor**
démaquillant	**discos de algodão**	**dich**kôch dé algô**dœ̃**^{ou}
dentifrice	**uma pasta de dentes**	**õũ**ma **pach**ta dé **dẽ**téch
déodorant	**um desodorizante [desodorante]**	õũ dézôdôri**zœ̃**té [dézôdô**rœ̃**té]
eau de toilette	**uma água-de-colónia**	**õũ**ma **a**goua dé kô**lõ**nia
éponge	**uma esponja**	**õũ**ma ɨch**põ**ja
eye-liner	**um delineador de olhos**	õũ délĩnéa**dor** dé **o**lliôch
fard à joue	**rouge**	rouj
fard à paupières	**uma sombra para os olhos**	**õũ**ma **sõ**bra **pa**ra ôch **o**lliôch
fond de teint	**um creme de limpeza**	õũ **krẽ**mé dé lĩ**pé**^{y}za
houpette	**esponja de pó-de-arroz**	ɨch**põ**ja dé po dé a**rroz**
huile solaire	**um óleo bronzeador**	õũ **o**lyô brõzya**dor**
lames de rasoir	**lâminas de barbear**	**lœ̃**mĩnach dé barb^y**ar**
lime à ongles	**uma lima [lixa] de unhas**	**õũ**ma **lĩ**ma [**li**cha] dé **õũ**gnach

lotion après-rasage	**uma loção after-shave**	õu**ma** lô**ssœ**^{ou} **af**teur shé^{y}v
mouchoirs en papier	**lenços de papel**	**lẽ**ssôch dé pa**pèl**
papier hygiénique	**papel higiénico**	pa**pèl ij**^{y}**ẽ**nikô
parfum	**um perfume**	õu peur**fou**meu
poudre	**pó-de-arroz**	po dé a**rroz**
rasoir	**uma gilete® [um barbeador]**	õu**ma** ji**lè**té [õu barbya**dor**]
rouge à lèvres	**um bâton**	õu ba**tõ**
savon	**um sabonete**	õu sabô**nè**té
sels de bain	**sais de banho**	saich dé **bœ**gnô
serviette	**uma toalha**	õu**ma** **t**^{ou}**a**llia
stick-lèvres	**um bálsamo para os lábios**	õu **bal**sœmô **pa**ra ôch **la**biôch
talc	**pó de talco**	po dé **tal**kô
vernis à ongles	**um verniz [esmalte] de unhas**	õu vér**nich** [ich**mal**té] dé **õu**gnach

Pour vos cheveux *Para o cabelo*

bigoudis	**rolos**	**ro**lôch
brosse à cheveux	**uma escova de cabelo**	õu**ma** ɨch**ko**va dé ka**bè**lô
coloration	**um produto colorante**	õu prô**dou**tô kôlô**rœ**té
épingles à cheveux	**ganchos [grampos]**	**gœ**chôch [**grœ**pôch]
fixatif	**um fixador**	õu ficha**dor**
gel pour cheveux	**um gel para cabelo**	õu gèl **pa**ra ka**bè**lô
laque	**laca [laquê]**	**la**ka [la**ké**]
lotion capillaire	**uma loção capilar**	õu**ma** lô**ssœ**^{ou} kapi**lar**
peigne	**um pente**	õu **pẽ**té
perruque	**uma peruca**	õu**ma** pé**rou**ka
pinces à cheveux	**ganchos [grampos]**	**gœ**chôch [**grœ**pôch]
shampooing	**um shampoo [xampu]**	õu chœ**pou** [chœ**pou**]
pour cheveux secs/gras	**para cabelo seco/oleoso**	para ka**bè**lô **sè**kô/ôl^{y}**o**zô
teinture	**uma tintura**	õu**ma** tĩ**tou**ra

Pour bébé *Para o bebé*

aliments pour bébé	**comida para bebé**	kõ**mi**da **pa**ra bé**bè**
biberon	**um biberon [uma mamadeira]**	õu bibé**rõ** [õu**ma** mœma**dè**^{y}ra]
couches	**fraldas**	**fral**dach
tétine	**uma chupeta**	õu**ma** chou**pé**ta

Photographie *Fotografia*

Je voudrais un appareil-photo...	**Queria uma máquina fotográfica...**	kéria õuma makina fôtôgrafika
automatique	**automática**	a^{ou}tômatika
bon marché	**barata**	barata
simple	**simples**	sĩplech
Pouvez-vous me montrer des..., s.v.p.?	**Pode mostrar-me..., por favor?**	podé môchtrar mé... pôr favôr
caméras	**algumas máquinas de filmar [filmadoras]**	algõumach makĩnach dé filmar [filmadorach]
caméscopes	**algumas câmeras de vídeo**	algõumach kœmérach dé vidyô
Je voudrais me faire faire des photos d'identité.	**Queria tirar fotografias para o passaporte.**	kéria tirar fôtôgrafiach para ô passaporté

Pellicules *Rolos [Filmes]*

Je voudrais une pellicule pour cet appareil-photo.	**Queria um rolo [filme] para esta máquina.**	kéria õu rolô [filmé] para ichta makĩna
noir et blanc	**a preto e branco**	a prètô i brœkô
couleur	**a cores**	a koréch
pour négatifs couleurs	**para negativos a cores**	para nɨgativôch a koréch
pour diapositives	**para diapositivos [slides]**	para diapôzitivôch [slaids]
bobine	**um rolo [um rolo de filme]**	õu rolô [õu rolô dé filmé]
cassette vidéo	**uma videocassete**	õuma vidyôkassèté
chargeur	**um rolo-cassete [cartucho]**	õu rolô kassèté [kartouchô]
disque	**um disco-película [um filme em disco]**	õu dichkô pelikoula [õu filmé ẽ dichkô]
24/36 poses	**24/36 fotografias [poses]**	24/36 fôtôgrafiach [pozéch]
de cette taille	**deste tamanho**	dichté tœmœgnô
de ce numéro ASA/DIN	**desta ASA/DIN**	dichta ASA/DIN
ultrarapide	**ultra-rápido**	oultra rapidô

Développement *Revelеção*

Combien coûte le développement?	**Quanto custa a revelaçao?**	k^{ou}œtô **kouch**ta a révéla**ssõ^{ou}**
Je voudrais… copies de chaque négatif.	**Queria… cópias de cada negativo.**	kéria… **ko**piach dé **ka**da négati**vô**
en mat	**mates [opacas]**	ma**téch** [ô**pa**kach]
en brillant	**brilhantes**	brilli**œ**téch
Pourriez-vous agrandir ceci, s.v.p.?	**Pode ampliar isto, por favor?**	po**dé** œpli**ar ich**tô pôr fa**vôr**
Quand les photos seront-elles prêtes?	**Quando estarão prontas?**	k^{ou}œdô ɨchta**rœ^{ou} prõ**tach

Accessoires et réparations *Acessórios e consertos*

Je voudrais…	**Queria…**	kéria
déclencheur	**um disparador**	õu dichpara**dor**
étui à appareil-photo	**uma capa (de máquina fotográfica)**	**õu**ma **ka**pa (dé **ma**kīna fôtô**gra**fika)
filtre	**um filtro**	õu **fil**trô
flash (électronique)	**um flash (electrónico)**	õu flach (ɨlé**trõ**nikô)
objectif	**uma objectiva [lentes]**	**õu**ma ôbjé**ti**va [**lẽ**téch]
téléobjectif	**uma teleobjectiva**	**õu**ma téléôbjé**ti**va
grand-angle	**uma objectiva grande angular**	**õu**ma ôbjé**ti**va **grã**dé ãgou**lar**
pile	**pilhas**	**pil**liach
Pouvez-vous réparer cet appareil-photo, s.v.p.?	**Pode consertar esta máquina?**	podé kõssér**tar ɨch**ta **ma**kīna
La pellicule est coincée.	**O rolo [filme] está encravado.**	ô **ro**lô [**fil**mé] ɨch**ta** ẽkra**va**dô
Quelque chose ne va pas au niveau du/de la…	**Há qualquer problema com…**	a k^{ou}al**kèr** prô**blẽ**ma kõ
compte-poses	**o contador**	ô kõta**dor**
glissière du flash	**o encaixe do flash**	ô ẽ**kai**ché dô flach
levier d'avancement	**o botão de bobinagem**	ô bô**tœ^{ou}** dé bôbīnajẽ
objectif	**a objectiva [as lentes]**	a ôbjé**ti**va [ach **lẽ**téch]
obturateur	**o obturador**	ô ôbtoura**dor**
télémètre	**o telémetro [foco]**	ô té**lẽ**métrô [**fo**kô]

Divers *Miscelânea*

Souvenirs *Lembranças*

Voici quelques suggestions pour des articles que vous aimerez peut-être rapporter comme souvenirs ou cadeaux.

Je voudrais acheter un cadeau pour...	**Queria comprar um presente para...**	kéria kõ**prar** õu présẽteu para
Quelque chose de typiquement portugais/brésilien.	**Algo tipicamente português/brasileiro.**	**al**gô tipika**mẽ**té portou**gouéch**/brasilé^{y}rou
articles en bois	**os artigos de madeira**	ôch ar**ti**gouch dé ma**dé^{y}**ra
articles en cuir	**os artigos de couro**	ôch ar**ti**gouch dé **kô**rou
articles en liège	**os artigos de cortiça**	ôch ar**ti**gouch dé kour**ti**ssa
bijoux en filigrane	**as filigranas**	ach fili**gra**nach
broderie	**os bordados**	ôch bour**da**doch
carreaux	**os azulejos**	ôch azou**lé**jouch
costumes	**os trajos típicos**	ôch **tra**jouch **ti**pikouch
dentelle	**as rendas**	ach **rẽ**dach
foulards	**os lenços de pescoço**	ach **lẽ**ssôch dé pi**chkô**ssou
mouchoirs	**os lenços**	ach **lẽ**ssôch
porcelaine	**a porcelana**	a poursè**la**na
poterie	**a loiça de barro**	a **loi**ssa dé **ba**rrou
tapis	**os papetes**	ôch pa**pé**téch
tissages	**os artigos de tear manual [tecelagem]**	ôch ar**ti**gouch dé tyar man^{ou}**al** [tésséla**jœ^{y}**]
vannerie	**os artigos de verga**	ôch ar**ti**gouch dé **vér**ga

Disques—Cassettes *Discos—Cassetes*

Je voudrais un/une...	**Queria...**	kéria
cassette	**uma cassete**	**õu**ma kas**sè**té
cassette vidéo	**uma videocassete**	**õu**ma vidyôka**ssè**té
compact disc	**um disco compacto (CD)**	õu **dich**kô kõ**pa**tô (sé dé)

Avez-vous des disques de...?	**Tem discos de...?**	tẽ **dich**kôch dé
Puis-je écouter ce disque?	**Posso ouvir este disco?**	**po**ssô ô^{ou}**vir ɨch**té **dich**kô
chanson folklorique	**canções folclóricas**	kœ**ssõ^{y}ch** fôl**klo**rikach
jazz	**jazz**	jaz
musique classique	**música clássica**	**mou**zika **kla**ssika
musique de chambre	**música de câmara**	**mou**zika dé **kœ**mara
musique folklorique	**música folclórica**	**mou**zika fôl**klo**rika
musique instrumentale	**música instrumental**	**mou**zika ĩchtroũmẽ**tal**
musique pop	**música pop**	**mou**zika pop
musique symphonique	**música de orquestras**	**mou**zika dé ôr**kèch**trach

Jouets *Brinquedos*

Je voudrais un jouet/jeu...	**Queria um brinquedo/jogo...**	ké**ri**a oũ brĩ**kè**dô/ **jo**gô
pour un garçon	**para um menino**	**pa**ra oũm mẽ**nĩ**nô
pour une fillette de cinq ans	**para uma menina de 5 anos**	**pa**ra **oũ**ma mẽ**nĩ**na dé 5 **œ**nôch
ballon (de plage)	**uma bola (de praia)**	**oũ**ma **bo**la (dé **prai**a)
jeu de cartes	**um baralho de cartas**	oũ ba**ra**lliô dé **kar**tach
jeu d'échecs	**um jogo de xadrez**	oũ **jo**gô dé cha**drèch**
jeu de construction	**um jogo de construção**	oũ **jo**gô dé kõchtrou**ssœ^{ou}**
jeu électronique	**um jogo electrónico**	oũ **jo**gô ɨlé**trõ**nikô
ours en peluche	**um urso de pelúcia**	oũ **our**sô dé pé**lou**ssia
patins à roulettes	**uns patins de rodas**	oũnch pa**tĩch** dé **ro**dach
poupée	**uma boneca**	**oũ**ma bõ**nè**ka
seau et pelle	**um balde e uma pá**	oũ **bal**dé i **oũ**ma pa
tuba	**um tubo snorkel**	oũ **tou**bô **snor**kél
voiture miniature	**um carrinho**	oũ ka**rrĩ**gnô

Votre argent: banques—change

Au Portugal, les heures d'ouverture des banques sont normalement de 8h30 à 11h45 et de 13h. à 14h45 du lundi au vendredi. Au Brésil, les heures d'ouverture des banques sont de 10h. à 16h30 du lundi au vendredi .

On trouve des bureaux de change *(câmbio)* dans la plupart des centres touristiques portugais et brésiliens, et ils sont ouverts plus longtemps, surtout pendant l'été, pour les besoins des touristes.

L'unité monétaire au Brésil est le *cruzeiro* (krou**za**dô) abrégé CR$ et divisé en 100 centavos. Les anciens billets sont encore en circulation mais on a imprimé dessus Cruzados Novos avec les nouvelles valeurs.

On peut utiliser les cartes bancaires dans un nombre croissant d'hôtels, de restaurants et de magasins. Des pancartes indiquent celles qui sont acceptées.

Les hôtels, agences de voyages, et de nombreux magasins acceptent les chèques de voyage, bien que le taux de change soit infiniment plus favorable dans une banque. N'oubliez pas votre passeport pour justifier de votre identité. Vous pouvez aussi encaisser des eurochèques au Portugal.

Où est la banque la plus proche?	**Onde é o banco mais próximo?**	õdé è ô **bœ̃**kô maich **prok**simô
Où est le bureau de change le plus proche?	**Onde é a agência de câmbio mais próxima?**	õdé è a ajẽssia dé **kœ̃**biô maich **prok**sima

A la banque *No banco*

Je voudrais changer des …	**Quero trocar …**	kèrô trô**kar** …
Je voudrais encaisser un chèque de voyage.	**Quero levantar um cheque de viagens.**	**kè**rô lévœ**tar** ōũ **chè**ki dé **via**jẽch
Quel est le taux?	**Qual é a cotação?**	k^{ou}al è a kôta**ssœ^{ou}**
Quelle commission prenez-vous?	**Que comissão cobram?**	ké kômi**ssœ^{ou}** **ko**brœ
Puis-je toucher un chèque à ordre?	**Posso levantar um cheque pessoal?**	**po**ssô lévœ**tar** ōũ **chè**ki pé**ssôal**
Pouvez-vous envoyer un télex à ma banque à Paris?	**Pode mandar um telex para o meu banco em Paris?**	**po**dé mœ**dar** ōũ té**lèks** **pa**ra ô mé^{ou} **bœ**kô ẽ pa**rich**
J'ai …	**Tenho …**	**tẽ**gnô
carte de crédit	**um cartão de crédito**	ōũ kar**tœ^{ou}** dé **krè**ditô
eurochèques	**eurocheques**	ɨourô**chè**kich
lettre de crédit	**uma carta de crédito**	**ōũ**ma **kar**ta dé **krè**ditô
J'attends de l'argent de Genève. Est-il arrivé?	**Estou à espera de um dinheiro de Genebra? Já chegou?**	ɨch**tô^{ou}** a ɨch**pè**ra dé ōũ dĩ**nè^{y}**rô dé gĩ**nè**bra. ja ché**gô^{ou}**
Donnez-moi des billets de … et de la monnaie, s.v.p	**Dê-me notas de … e algum troco, se faz favor.**	dè mé **no**tach dé … i al**gōũ** **tro**kô sé fach fa**vôr**
Donnez-moi … en grosses coupures et le reste en petites coupures, s.v.p.	**Dê-me … notas de grande valor e o resto em notas de pequeno valor.**	dè mé … **no**tach dé **grœ**dé va**lor** i ô **rɨch**tô ẽ **no**tach dé pé**kẽ**nô va**lor**

Dépôts—Retraits *Depósitos-Levantamentos/Retiradas*

Je désire …	**Quero …**	**kè**rô
ouvrir un compte	**abrir uma conta**	a**brir** **ōũ**ma **kõ**ta
retirer … escudos/cruzeiros	**levantar/retirar … escudos/cruzeiros**	lévœ**tar**/réti**rar** … ɨch**kou**dôch/krou**zè^{y}**rôch
Où dois-je signer?	**Onde devo assinar?**	õdé **dè**vô assĩ**nar**
Je voudrais verser ceci sur mon compte.	**Quero depositar isto na minha conta.**	**kè**rô dépôzi**tar** **ich**tô na **mĩ**gna **kõ**ta

NOMBRES, voir page 147

Termes d'affaires *Termos comerciais*

Je m'appelle...	**O meu nome é...**	ô mé[ou] **no**mé è
Voici ma carte.	**Aqui está o meu cartão.**	**aki** ɨ**chta** ô mé[ou] kar**tœ[ou]**
J'ai rendez-vous avec...	**Tenho um encontro marcado com...**	**tē**gnô ōu ē**kō**trô mar**ka**dô kō
Pouvez-vous me donner une estimation du coût?	**Pode dar uma estimativa do custo?**	**po**dé dar mé **ōu**ma ɨchtima**ti**va dô **kouch**tô
Quel est le taux d'inflation?	**Qual é o índice de inflação?**	k[ou]al è ô **ī**dissé dé īfla**ssœ[ou]**
Pourriez-vous me procurer...?	**Pode arranjar-me...?**	**po**dé arrœ**jar** mé
un interprète	**um intérprete**	ōu **ī**tèrprété
un ordinateur personnel	**um computador pessoal**	ōu kōpouta**dor** péssô**al**
une secrétaire	**um(a) secretário(a)**	ōu (**ōu**ma) sékré**ta**riô(a)
Où puis-je faire des photocopies?	**Onde posso fazer fotocópias?**	**ō**dé **po**ssô fa**zèr** fôtô**ko**piach

achat	**a compra**	a **kō**pra
action	**a acção**	a a**ssœ[ou]**
bénéfice	**o lucro**	ô **lou**krô
capital	**o capital**	ô kapi**tal**
chèque	**o cheque**	ô **chè**ki
contrat	**o contrato**	ô kō**tra**tô
dépenses	**as despesas**	ach dɨch**pè**zach
facture	**a factura**	a fa**tou**ra
hypothèque	**a hipoteca**	a ipô**tè**ka
intérêt	**o juro**	ô **jou**rou
investissement	**o investimento**	ô īvéchti**mē**tô
montant	**a importância**	a īpôr**tœ**ssia
paiement	**o pagamento**	ô paga**mē**tô
perte	**a perda**	a **pè**rda
pourcentage	**a percentagem**	a perssē**ta**jē
remise	**o desconto**	ô dɨch**kō**tô
solde	**o balanço/saldo**	ô bal**œ**ssô/**sal**dô
valeur	**o valor**	ô va**lor**
vente	**a venda**	a **vē**da

A la poste

Au Portugal, les bureaux de postes sont désignés par les lettres CTT, et généralement ouverts de 9h. à 18h30 du lundi au vendredi; en outre, de nombreux bureaux principaux ouvrent le samedi matin jusqu'à midi. On peut aussi acheter des timbres dans les bureaux de tabac et les boutiques de souvenirs. Dans la rue, les boîtes aux lettres ont une forme cylindrique et sont peintes en rouge.

Au Brésil, les bureaux de poste, signalés par les lettres jaunes ECT (*Empresa Brasileira de Correios e Telégrafos*) sont en général ouverts de 8h. à 18h. du lundi au vendredi et de 8h. à midi le samedi. Les boîtes aux lettres sont peintes en jaune.

Où est le bureau de poste le plus proche?	**Onde fica a estação [agência] de correios mais próxima?**	õdé **fi**ka a ɨchta**ssœ^{ou}** [a**jẽ**ssia] dé kô**rrè**^{y}ôch maich **prok**sima
A quelle heure ouvre/ ferme la poste?	**A que horas abre/ fecha o correio?**	a ké **o**rach abré/**fè**^{y}cha ô kô**rrè**^{y}ô
Un timbre pour cette lettre/carte postale, s.v.p.	**Um selo para esta carta/este bilhete [cartão] postal, por favor.**	õũ **sè**lô **pa**ra **ɨch**ta **kar**ta/ ɨchté bi**lliè**té [kar**tœ^{ou}**] pôch**tal** pôr fa**vôr**
Quel est le tarif pour une lettre pour Paris?	**Qual é a franquia de uma carta para Paris?**	k^{ou}al è a frœ̃**ki**a dé **õũ**ma **kar**ta **pa**ra pa**rich**
Quel est le tarif pour une carte postale pour Brusselles?	**Qual é a franquia de um bilhete [cartão] postal para Bruxelas?**	k^{ou}al è a frœ̃**ki**a dé õũ bi**lliè**té [kar**tœ^{ou}**] pôch**tal** **pa**ra Brou**chè**lach
Où est la boîte aux lettres?	**Onde é a caixa do correio?**	õdé è a **kai**cha dô kô**rrè**^{y}ô
Je voudrais envoyer ce paquet.	**Quero enviar esta encomenda [este pacote].**	**kè**rô ẽ**viar** **ɨch**ta ẽkõ**mẽ**da [**ɨch**té pa**ko**té]

Je voudrais envoyer ceci…	**Quero mandar isto…**	**kè**rô mœ̃**dar ich**tô
en recommandé	**registado [registrado]**	réjich**ta**dô [régich**tra**dô]
par avion	**por avião**	pôr a**viœ̃**^{ou}
par exprès	**por expresso [entrega rápida]**	pôr ɨch**prè**ssô [ẽ**trè**ga **ra**pida]
Où est la poste restante?	**Onde é a posta restante?**	õdé è a **pôch**ta rɨch**tœ̃**té
Y a-t-il du courrier pour moi? Je m'appelle…	**Há correspondência para mim? O meu nome é…?**	a kôrréchpõ**dẽ**ssia **pa**ra mĩ. ô **mé**^{ou} **no**mé è

SELOS	TIMBRES
ENCOMENDAS [PACOTES]	COLIS
VALES DE CORREIO [VALES POSTAIS]	MANDATS

Télégrammes—Télex—Fax *Telegramas—Telex—Télécopie*

Au Portugal et au Brésil il faut s'adresser au bureau de poste pour envoyer un télégramme.

Je voudrais envoyer un télégramme/un télex.	**Queria mandar um telegrama/telex.**	**ké**ria mœ̃**dar** õũ télé**grœ̃**ma/té**lèks**
Puis-je avoir un formulaire, s.v.p.?	**Pode dar-me um formulário, por favor?**	**po**dé dar mé õũ fôrmou**la**riô pôr fa**vôr**
Quel est le tarif par mot?	**Qual é a taxa por palavra?**	k^{ou}al è a **ta**cha pôr pa**la**vra
Combien de temps met un télégramme pour arriver à…?	**Quanto tempo leva um telegrama para chegar a…?**	k^{ou}**œ̃**tô **tẽ**pô **lè**va õũ télé**grœ̃**ma **pa**ra ché**gar** a
Combien coûtera cette télécopie?	**Quanto custará este fax?**	k^{ou}**œ̃**tô kouchta**ra** **ɨch**té faks

Téléphone *Telefones*

Au Portugal, vous pourrez téléphoner d'une cabine publique à pièces dans la rue, ou d'un bar ou d'un restaurant. On peut obtenir la plupart des pays en automatique, cependant les communications internationales peuvent aussi être obtenues par l'opérateur dans n'importe quel bureau de poste ou à votre hôtel. Dans beaucoup des grandes villes, vous trouverez des standardistes qui parlent français, mais si vous devez donner un numéro en portugais, donnez-le chiffre par chiffre, ex: 87912 *oito, sete, nove, um, dois*. Les listes des indicatifs téléphoniques se trouvent dans l'annuaire.

Au Brésil, il faut acheter des jetons, vendus dans presque tous les kiosques à journaux, bars et petits magasins, près des cabines publiques. On peut téléphoner à l'intérieur du pays ou à l'étranger depuis un bureau des téléphones (*estação telefônica*) ou de l'hôtel.

Où est le téléphone?	**Onde é o telefone?**	õdé è ô télé**fõ**né
Je voudrais un jeton de téléphone, s.v.p.	**Queria uma ficha telefónica.**	kéria **õu**ma **fi**cha télé**fo**nika
Où est la cabine téléphonique la plus proche?	**Onde fica a cabine telefónica mais próxima?**	õdé **fi**ka a ka**bĩ**né télé**fõ**nika maich **prok**sima
Puis-je utiliser votre téléphone?	**Posso utilizar o seu telefone?**	possô outili**zar** ô sé^{ou} télé**fõ**né
Avez-vous un annuaire téléphonique pour Faro?	**Tem uma lista telefónica de Faro?**	tẽ **õu**ma **lich**ta télé**fõ**nika dé **fa**rô
Je voudrais téléphoner… en France.	**Queria telefonar para… na França.**	kéria téléfõ**nar para**… na **frœ̃**ssa
Quel est l'indicatif pour…?	**Qual é o indicativo [código] de…?**	k^{ou}al è ô ĩdika**ti**vô [**ko**digô] dé

Opérateur/opératrice *Telefonista*

Je voudrais le 23 45 67 à São Paulo.	**Queria ligar para o 23 45 67 em São Paulo.**	kéria li**gar para** ô 2 3 4 5 6 7 ẽ sœ̃^{ou} **pa**^{ou}lô

NOMBRES, voir page 147

Pourriez-vous m'aider à obtenir ce numéro, s.v.p.?	**Pode ajudar-me a ligar para este número?**	podé ajoudar mé a ligar para ɨchté nõumérô
Je voudrais une communication avec préavis.	**Queria uma comunicação com pré-aviso [uma chamada pessoa à pessoa].**	kéria õuma kômounikassœ[ou] [õuma chœmada péssôa a péssôa]
Je voudrais téléphoner en P.C.V.	**Queria uma comunicação pagável no destino [uma chamada a cobrar].**	kéria õuma kômounikassœ[ou] pagavél no dèstinô [õuma chœmada a kôbrar]

Au téléphone *Ao telefone*

Allô. C'est ... à l'appareil.	**Está [Alô]? Aqui fala ...**	ɨchta [alo]. aki fala
Je voudrais parler à ...	**Queria falar com ...**	kéria falar kõ
Parlez plus fort/plus lentement, s.v.p.	**Pode falar mais alto/mais devagar, por favor?**	podé falar maich altô/ maich dévagar pôr favôr

Pas de chance *Pouca sorte*

Pourriez-vous rappeler un peu plus tard, s.v.p.?	**Pode voltar a chamar um pouco mais tarde, se faz favor?**	podé vôltar a chœmar õu pô[ou]kô maich tardé sé fach favôr

Code d'épellation

A	**Aveiro [América]**	avè[y]rô [amèrika]
B	**Braga [Brasil]**	braga [brazil]
C	**Coimbra [Canadá]**	kôĩbra [kœnada]
D	**Dafundo [Dinamarca]**	dafõudô [dĩnœmarka]
E	**Évora [Espanha]**	èvôra [ichpagna]
F	**Faro [França]**	farô [frœssa]
G	**Guarda [Guatemala]**	g[ou]arda [gouatémala]
H	**Horta [Helena]**	orta [èlẽna]
I	**Itália**	italia
J	**José**	jôzè
K	**Kodak**	kodak
L	**Lisboa [Lima]**	lichboa [lĩma]
M	**Maria**	maria
N	**Nazaré [Natal]**	nazarè [natal]
O	**Ovar [Olinda]**	ôvar [olĩda]
P	**Porto [Paulo]**	portô [pa[ou]lô]
Q	**Queluz [Quente]**	kélouz [kẽté]
R	**Rossio [Rio]**	rôssiô [riô]
S	**Setúbal [Santo]**	sétoubal [sœ̃tô]
T	**Tavira [Três]**	tavira [trèch]
U	**Unidade**	õunidadé
V	**Vidago [Venezuela]**	vidagô [vénéz[ou]èla]
W	**Waldemar**	valdémar
X	**Xavier**	chav[y]èr
Y	**York**	york
Z	**Zulmira**	zoulmira

Mademoiselle, vous m'avez donné un faux numéro.	**Telefonista, deu-me o número errado.**	téléfõ**nich**ta dé^{ou} mé ô **noũ**mérô ɨ**rra**dô
Mademoiselle, nous avons été coupés.	**Telefonista, cortaram-nos a ligação.**	téléfõ**nich**ta kôr**ta**rœ̃ nôch a liga**ssœ̃**^{ou}

La personne n'est pas là *Não está*

Quand sera-t-il/elle de retour?	**Quando é que ele/ela estará de volta?**	**k^{ou}œ̃**dô è ké **è**la/**è**lé ɨchta**ra** dé **vol**ta
Pouvez-vous lui dire que j'ai appelé? Je m'appelle...	**Pode dizer-lhe que eu telefonei? O meu nome é...**	**po**dé di**zèr** lliè ké è^{ou} téléfõ**nè**^{y}. ô mé^{ou} **no**mé è
Pourriez-vous lui demander de me rappeler?	**Pode pedir-lhe para me telefonar?**	**po**dé pé**dir** lliè **pa**ra mé téléfõ**nar**.
Pourriez-vous prendre un message, s.v.p.	**Pode dar-lhe um recado?**	**po**dé dar lliè õu ré**ka**dô

Taxes *Cobrança*

Quel est le coût de cette communication?	**Qual foi o preço da chamada?**	k^{ou}al foï ô **prè**ssô da chœ̃**ma**da
Je voudrais payer la communication.	**Quero pagar a chamada.**	**kè**rô pa**gar** a chœ̃**ma**da

Há uma chamada para o senhor/a senhora.	Il y a un appel pour vous.
Que número deseja?	Quel numéro demandez-vous?
A linha está impedida [ocupada].	C'est occupé.
Ninguém atende.	Il n'y a pas de réponse/personne.
Enganou-se no número.	Vous avez fait un faux numéro.
Só um momento.	Un moment.
Não desligue, por favor.	Ne quittez pas, s.v.p.
Ele/Ela não está no momento.	Il/elle est absent(e) pour le moment.

NOMBRES, voir page 147

Médecin

Assurez-vous que vous êtes couvert par votre assurance-maladie pour tout type de maladie ou d'accident pendant vos vacances. Sinon, demandez à votre agent d'assurances, votre automobile-club ou votre agence de voyage tous les détails concernant une assurance spéciale.

Généralités *Generalidades*

Pouvez-vous m'appeler un médecin?	**Pode chamar-me um médico?**	**po**dé chœ**mar** mé õu **mè**dikô
Y a-t-il un médecin ici?	**Há aqui um médico?**	a **aki** õu **mè**dikô
Où puis-je trouver un médecin qui parle français?	**Onde posso encontrar um médico que fale francês?**	õdé **po**ssô ẽkõ**trar** õu **mè**dikô ké **fa**lé frœ**ssèch**
Où est le cabinet (médical)?	**Onde é o consultório médico?**	õdé è ô kõssoul**to**riô **mè**dikô
Quelles sont les heures de consultation au cabinet?	**Qual é o horário de consultas?**	k[ou]al è ô **ô**rariô dé kõ**ssoul**tach
Le médecin pourrait-il venir me voir?	**O médico pode vir atender-me aqui?**	ô **mè**dikô **po**dé vir atẽ**dèr** mé a**ki**
A quelle heure le médecin peut-il venir?	**A que horas pode vir o médico?**	a ké **o**rach **po**dé vir ô **mè**dikô
Pouvez-vous me recommander un/une...?	**Pode recomendar-me...?**	**po**dé rékõmẽ**dar** mé
généraliste	**um médico de clínica geral**	õu **mè**dikô dé **kli**nika jé**ral**
gynécologue	**um ginecologista**	õu jinékôlô**jich**ta
oculiste	**um oftalmologista**	õu ôftalmôlô**jich**ta
pédiatre	**um pediatra**	õu pé**dia**tra
Puis-je avoir un rendez-vous...?	**Posso ter uma consulta...?**	**po**ssô tèr **õu**ma kõ**ssoul**ta
demain	**amanhã**	ãmœ**gna**
dès que possible	**o mais depressa possível**	ô maich dé**prè**ssa pô**ssi**vél

Parties du corps *Partes do corpo*

amygdales	**as amígdalas**	ach œ**mi**dalach
appendice	**o apêndice**	ô a**pẽ**dissé
articulation	**a articulação**	a artikoula**ssœ**^{ou}
bouche	**a boca**	a **bo**ka
bras	**o braço**	ô **bra**ssô
colonne vertébrale	**a coluna vertebral**	a ko**lõũ**na vérté**bral**
côte	**a costela**	a kôch**tè**la
cou	**o pescoço**	ô pɨch**ko**ssô
cuisse	**a coxa**	a **ko**cha
cœur	**o coração**	ô kôra**ssœ**^{ou}
doigt	**o dedo**	ô **dè**dô
dos	**as costas**	ach **kôch**tach
épaule	**o ombro**	ô **õ**brô
estomac	**o estômago**	ô ɨch**tõ**magô
foie	**o fígado**	ô **fi**gadô
genou	**o joelho**	ô **j**^{ou}**è**lliô
glande	**a glândula**	a **glœ̃**doula
gorge	**a garganta**	a gar**gœ̃**ta
œil (yeux)	**o(s) olho(s)**	ô(ch) **o**lliô(ch)
intestins	**o intestino**	ô ĩtéch**tĩ**nô
jambe	**a perna**	a **pèr**na
langue	**a língua**	a **lĩ**goua
lèvre	**o lábio**	ô **la**biô
ligament	**o ligamento**	ô liga**mẽ**tô
mâchoire	**a maxila**	a ma**ksi**la
main	**a mão**	a mœ̃^{ou}
muscle	**o músculo**	ô **mouch**koulô
nerf	**o nervo**	ô **nèr**vô
nez	**o nariz**	ô na**rich**
oreille	**a orelha**	a ô**rœ**^{y}lya
organes génitaux	**os orgãos genitais**	ôch **or**gœ̃^{ou}ch jèni**taïch**
orteil	**o dedo do pé**	ô **dè**dô dô pè
os	**o osso**	ô **ô**ssô
peau	**a pele**	a **pè**lé
pied	**o pé**	ô pé
poitrine	**o peito**	ô **pè**^{y}tô
pouce	**o dedo**	ô **dé**dou
poumon	**o pulmão**	ô poul**mœ̃**^{ou}
rein	**o rim**	ô rĩ
sein	**o seio**	ô **sè**^{y}ô
système nerveux	**o sistema nervoso**	ô sich**tẽ**ma nér**vo**zô
tendon	**o tendão**	ô tẽ**dœ̃**^{ou}
tête	**a cabeça**	a ka**bè**ssa
veine	**a veia**	a **vè**^{y}a
vessie	**a bexiga**	a beu**chi**ga
visage	**o rosto**	ô **roch**tô

Accidents—Blessures *Acientes—Ferimentos*

Il y a eu un accident.	**Houve um acidente.**	ô^{ou}vé õu assi**dẽ**té
Mon enfant a fait une chute.	**O meu filho/A minha filha deu [teve] uma queda.**	ô mé^{ou} **fi**lliô/a **mĩ**gna **fi**llia dé^{ou} [**tè**vé] **õu**ma **kè**da
Il/Elle s'est fait mal à la tête.	**Ele/Ela feriu a cabeça.**	**è**lé/**è**la fé**riou** a ka**bè**ssa
Il/Elle a perdu connaissance.	**Ele/Ela está sem sentidos.**	**è**lé/**è**la ɨch**ta** sẽ sẽ**ti**dôch
Il/Elle saigne abondamment.	**Ele/Ela está a sangar (muito).**	**è**lé/**è**la ïch**ta** a sœ̃**gar** (**mõu**^{y}tô)
Il/Elle est (sérieusement) blessé.	**Ele/Ela está (gravemente) ferido(a).**	**è**lé/**è**la ɨch**ta** (gravẽ**mẽ**té) fé**ri**dô(a)
Il/Elle a le bras cassé.	**Ele/Ela tem o braço partido [quebrado].**	**è**lé/**è**la tẽ ô **bra**ssô par**ti**dô [ké**bra**dô]
Il/Elle a la cheville enflée.	**Ele/Ela tem o tornezelo inchado.**	**è**lé/**è**la tẽ ô tôrnô**zè**lô ĩ**cha**dô
J'ai été piqué(e).	**Fui picado.**	fou^{y} pi**ka**dô
J'ai quelque chose dans l'œil.	**Tenho qualquer coisa no olho.**	**tẽ**gnô k^{ou}al**kèr koy**za nô **o**lliô
J'ai un/une...	**Tenho...**	**tẽ**gnô
ampoule	**uma bolha**	**õu**ma **bo**llia
blessure	**uma ferida**	**õu**ma fè**ri**da
bleu	**uma contusão**	**õu**ma kõtou**zœ̃**^{ou}
bosse	**um galo/um alto**	õu **ga**lô/õu **al**tô
brûlure	**uma queimadura**	**õu**ma kéyma**dou**ra
coupure	**um corte**	õu **kor**té
écorchure	**uma esfoladela**	**õu**ma ɨchfôla**dè**la
enflure	**um inchaço**	õu ĩ**cha**ssô
éruption	**uma erupção**	**õu**ma ɨroup**ssœ̃**^{ou}
furoncle	**um furúnculo**	õu fou**rõu**koulô
piqûre	**uma picada**	**õu**ma pi**ka**da
piqûre d'insecte	**uma picada de insecto**	**õu**ma pi**ka**da dé ĩ**ssè**tô
Pourriez-vous l'examiner?	**Posso dar uma olhadela?**	**po**dé dar **õu**ma ôllia**dè**la
Je ne peux pas bouger mon/ma/mes...	**Não posso mexer o/a/os/as...**	nœ̃^{ou} **po**ssô mé**chèr** ô/a/ôch/ach...
Ça me fait mal.	**Dói-me.**	do^{y} mé

Onde lhe dói?	Où avez-vous mal?
Que género de dor sente?	Quel genre de douleur éprouvez-vous?
crónica/aguda/lancinante	sourde/aiguë/lancinante
persistente/intermitente	persistante/intermittente
Está...	C'est...
partido [quebrado]/torcido	cassé/foulé
deslocado/rasgado	disloqué/déchiré
É preciso fazer uma radiografia.	J'aimerais vous faire passer une radio.
É preciso pôr gesso.	Il faudra vous plâtrer.
Está infeccionado.	C'est infecté.
Está vacinado contra o tétano?	Avez-vous été vacciné contre le tétanos?
Vou dar-lhe um analgésico.	Je vais vous donner un analgésique/anti-douleur.

Maladies *Doenças*

Je ne me sens pas bien.	**Não me sinto bem.**	nœ^{ou} mé **sĩ**tô bẽ
Je suis malade.	**Estou doente.**	ichtô^{ou} **d^{ou}ẽ**té
J'ai...	**Tenho...**	**tẽ**gnô
des frissons	**calafrios**	kala**fri**ôch
la nausée/envie de vomir	**náuseas**	**na^{ou}**zéach
le vertige	**vertigens**	vér**ti**jẽch
J'ai de la fièvre.	**Tenho febre.**	**tẽ**gnô **fè**bré
J'ai 38 de fièvre.	**Tenho 38 de febre.**	**tẽ**gnô 38 dé **fè**bré
J'ai vomi.	**Vomitei.**	vômi**tè^{y}**
Je suis constipé/j'ai la diarrhée.	**Tenho prisão de ventre/tenho diarreia.**	**tẽ**gnô pri**zœ^{ou}** dé **vẽ**tré/ **tẽ**gnô diar**rè^{y}**a

J'ai mal à ...	**Dói-me o/a/os/ as...**	do^{y} mé ô/a/ôch/ach
J'ai...	**Tenho...**	**tẽ**gnô
asthme	**asma**	**ach**ma
crampes	**cãibras**	**kœ̃**^{y}brach
indigestion	**uma indigestão**	ŏuma ĩdijéch**tœ̃**^{ou}
insolation	**uma insolação**	**ŏu**mœ ĩssoulœ**ssœ̃**^{ou}
mal à l'oreille	**dor de ouvido**	dor dé ô^{ou}**vi**dô
mal au dos	**dor nas costas**	dor nach **koch**tach
mal de gorge	**dor de garganta**	dor dé gar**gœ̃**ta
mal d'estomac	**dor de estômago**	dor dé ɨch**tõ**magô
mal de tête	**dor de cabeça**	dor dé ka**bè**ssa
palpitations	**palpitações**	palpita**ssõ**^{y}**ch**
rhumatismes	**reumatismo**	réeŏuma**tich**mô
rhume	**uma constipação [um resfriado]**	**ŏu**ma kõchtipa**ssœ̃**^{ou} [ŏu réch**fria**dô]
rhume des foins	**a febre dos fenos**	a **fè**bré dôch **fè**nôch
saignement de nez	**uma hemorragia nasal**	ŏuma hẽmôrra**ji**a na**zal**
torticolis	**um torcicolo**	ŏu tôrssi**ko**lô
toux	**tosse**	**to**ssé
J'ai du mal à respirer.	**Tenho dificuldades em respirar.**	**tẽ**gnô difikoul**da**déch ẽ rɨchpi**rar**
J'ai des douleurs dans la poitrine.	**Sinto dores no peito.**	**sĩ**tô **do**réch nô **pè**^{y}tô
J'ai eu une crise cardiaque il y a... ans.	**Tive um ataque cardíaco há... anos.**	**ti**vé ŏu a**ta**ki kar**di**akô a... **œ̃**nôch
Je suis allergique à...	**Sou alérgico(a) a...**	sô^{ou} a**lèr**jikô(a) a
Je suis diabétique.	**Sou diabético(a).**	sô^{ou} dia**bè**tikô(a)

Chez le gynécologue *Sector feminino*

J'ai des règles douloureuses.	**Tenho dores menstruais.**	**tẽ**gnô **do**réch mẽch**tr**^{ou}**aich**
J'ai une infection vaginale.	**Tenho uma infecção vaginal.**	**tẽ**gnô ŏuma ĩfé**ssœ̃**^{ou} vaj**ĩnal**
Je prends la pilule.	**Tomo a pílula.**	tõmô a **pi**loula
Je n'ai pas eu mes règles depuis deux mois.	**Há 2 meses que não tenho menstruação.**	a 2 **mè**zéch ké nœ̃^{ou} **tẽ**gnô mẽchtroua**ssœ̃**^{ou}
Je suis enceinte (de 3 mois).	**Estou grávida (de 3 meses).**	ɨch**tô**^{ou} **gra**vida (dé 3 **mè**zéch)

Há quanto tempo se sente assim?	Depuis combien de temps éprouvez-vous ces troubles?
É a primeira vez que sente isso?	Est-ce la première fois que vous en souffrez?
Vou tirar-lhe a temperatura/a tensão [pressão] arterial.	Je vais prendre votre température/tension.
Arregace a manga, por favor.	Relevez votre manche, s.v.p.
Dispa-se (da cintura para cima), se faz favor.	Déshabillez-vous (jusqu'à la ceinture), s.v.p.
Deite-se ali, se faz favor.	Allongez-vous là, s.v.p.
Abra a boca.	Ouvrez la bouche.
Respire fundo.	Respirez à fond.
Tussa, por favor.	Toussez, s.v.p.
Onde é que lhe dói?	Où avez-vous mal?
Tem...	Vous avez...
uma apendicite	appendicite
uma cistite	cystite
uma gastrite	gastrite
uma gripe	grippe
uma inflamação de...	inflammation de...
uma intoxicação alimentar	intoxication alimentaire
uma icterícia	jaunisse
uma doença venérea	maladie vénérienne
uma peneumonia	pneumonie
sarampo	rougeole
(Não) é contagioso.	C'est (ce n'est pas) contagieux.
É uma alergia.	C'est une allergie.
Vou dar-lhe uma injecção.	Je vais vous faire une piqûre.
Quero uma amostra do seu sangue/das suas fezes/da sua urina.	Je voudrais un prélèvement de sang/de selles/d'urine.
Deve ficar na cama durante... dias.	Vous devez garder le lit pendant... jours.
Quero que consulte um especialista.	Vous devriez consulter un spécialiste.
Quero que vá ao hospital fazer um check-up geral.	J'aimerais que vous alliez à l'hôpital pour un bilan de santé.

Ordonnance—Traitement *Receita—Tratamento*

Voici mon médicament habituel.	**Este é o meu medicamento habitual.**	**ich**té è ô mé[ou] médika**mẽtô** abit[ou]**al**
Pourriez-vous me donner une ordonnance pour ceci?	**Pode dar-me uma receita para isto?**	**po**dé dar mé **õu**ma ré**ssè**[y]ta **pa**ra **ich**tô
Pouvez-vous me prescrire...?	**Pode receitar-me...**	**po**dé rés**séy**tar mé
antidépressif	**um antidepressivo**	õu œtidépré**ssi**vô
somnifère	**um sonífero/pílulas para dormir**	õu sõ**ni**férô/**pi**loulach **pa**ra dôr**mir**
tranquillisant	**um calmante/tranquilizante**	õu kal**mœ**té/trœkili**zœ**té
Je suis allergique à la pénicilline.	**Sou alérgico(a) à penicilina.**	sô[ou] a**lèr**jikô(a) a pẽnissi**lĩ**na
Je ne veux pas quelque chose de trop fort.	**Não quero nada muito forte.**	nœ[ou] **kè**rô **na**da **mõu**[y]tô **for**té
Combien de fois par jour faut-il le prendre?	**Quantas vezes ao dia devo tomá-lo?**	**k[ou]œtach vè**zéch aô **di**a **dè**vô tô**ma** lô
Dois-je les avaler (sans les croquer)?	**Devo engoli-los (inteiro)?**	**dè**vô ẽgô**li** lôch (ĩ**tè**[y]rôch)

Que tratamento está a fazer?	Quel traitement suivez-vous?
Que remédio está a tomar?	Quels médicaments prenez-vous?
Em injecção ou por via oral?	En piqûre ou par voie orale?
Tome... colheres de chá deste remédio...	Prenez... cuillerées à café de ce médicament...
Tome um comprimido com um copo de água...	Prenez un comprimé avec un verre d'eau...
de... em... horas	toutes les... heures
... vezes por dia	... fois par jour
antes/depois das refeições	avant/après les repas
de manhã/à noite	le matin/le soir
se tiver dores	en cas de douleurs
durante... dias	pendant... jours

PHARMACIE, voir page 108

Honoraires *Honorários*

Combien vous dois-je?	**Quanto lhe devo?**	k^ou^œtô lliè **dè**vô
Puis-je avoir un reçu pour mon assurance médicale?	**Pode passar-me um recibo para o meu seguro de doença [de saúde]?**	**po**dé pa**ssar** mé õu ré**ssi**bô para ô mé^ou^ sé**gou**rô dé dô**ê**ssa [dé sa**ou**dé]
Puis-je avoir un certificat médical?	**Pode passar-me um certificado [atestado] médico?**	**po**dé dar mé õu sérti**fika**dô [atéch**ta**dô] **mè**dikô
Pourriez-vous remplir cette feuille de maladie, s.v.p.?	**Pode preencher este formulário do seguro, por favor?**	**po**dé pryẽ**chèr** **ich**té fôrmou**la**riô dô sé**gou**rô pôr fa**vôr**

Hôpital *Hospital*

Pourriez-vous prévenir ma famille, s.v.p.?	**Por favor, avise a minha família.**	pôr fa**vôr** a**vi**zé a **mĩ**gna fœ**mi**lia
Quelles sont les heures de visite?	**Quais são as horas de visita?**	k^ou^aich sœ̃^ou^ ach **o**rach dé vi**zi**ta
Quand pourrai-je me lever?	**Quando posso levantar-me?**	**k^ou^œ̃**dô **po**ssô lévœ̃**tar** mé
Quand le médecin doit-il passer?	**Quando vem o médico?**	**k^ou^œ̃**dô vẽ ô **mè**dikô
J'ai mal/je souffre.	**Estou com dores.**	ɨ**chtô^ou^** kõ **do**réch
Je ne peux pas manger/dormir.	**Não posso comer/ dormir.**	nœ̃^ou^ **po**ssô kõ**mèr**/dôr**mir**
Où est la sonnette?	**Onde está a campanhia?**	**õ**dé ɨ**chta** a kœ̃**paĩ**gna

infirmière	**a enfermeira**	a ẽfér**mè^y^**ra
patient	**o(a) paciente**	ô(a) pa**ssiẽ**té
anesthésique	**a anestesia**	a œnéch**té**zia
transfusion sanguine	**a transfusão de sangue**	a trœ̃chfou**zœ̃^ou^** dé **sœ̃**gué
piqûre	**a injecção**	a ĩjé**ssœ̃^ou^**
opération	**a operação**	a ôpéra**ssœ̃^ou^**
lit	**a cama/o leito**	a **kœ̃**ma/ô **lè^y^**tô
bassin	**a bacia de cama [o urinol]**	a ba**ssi**a dé **kœ̃**ma [ô ouri**nol**]
thermomètre	**o termómetro**	ô tér**mõ**métrô

PHARMACIE, voir page 108

Dentiste *Dentista*

Pouvez-vous me recommander un bon dentiste?	**Pode recomendar-me um bom dentista?**	**po**dé rékõmẽ**dar** mé õu bõ dẽ**tich**ta
Puis-je prendre un rendez-vous (urgent) avec le docteur...?	**Posso marcar uma consulta (urgente) com o Dr....**	possô mar**kar** **õu**ma kõ**ssoul**ta (our**jẽ**té) kõ ô dô**tor**
Ne pourriez-vous pas me prendre plus tôt?	**Não pode ser antes?**	nœ^{ou} **po**dé sèr **œ**téch
Je me suis cassé une dent.	**Parti [Quebrei] o dente.**	par**ti** [ké**brè**^{y}] ô **dẽ**té
J'ai mal aux dents.	**Tenho dor de dentes.**	**tẽ**gnô dor dé **dẽ**téch
J'ai un abcès.	**Tenho um abcesso.**	**tẽ**gnô õu ab**sè**ssô
Cette dent me fait mal.	**Dói-me este dente.**	do^{y} mé **ich**té **dẽ**té
en haut	**em cima**	œy **si**ma
en bas	**em baixo**	ẽ **bai**chô
devant	**à frente**	a **frẽ**té
derrière	**atrás**	a**trach**
Pouvez-vous me faire un traitement provisoire?	**Pode tratá-lo provisoriamente?**	**po**dé tra**ta** lô prôvisôria**mẽ**té
Je ne veux pas que vous me l'arrachiez.	**Não quero arrancá-lo.**	nœ^{ou} **kè**rô arrœ**kar**
Pourriez-vous me faire une anesthésie locale?	**Pode fazer-me [dar-me] uma anestesia?**	**po**dé fa**zèr** mé [dar mé] **õu**ma œnéchté**zi**a
J'ai perdu un plombage.	**Perdi um chumbo [uma obturação].**	pér**di** õu **chõu**bô [**õu**ma ôbtoura**ssœ^{ou}**]
Mes gencives...	**A minha gengiva...**	a **mĩ**gna jẽ**ji**va
me font très mal	**está muito inflamada**	ɨch**ta** **mõu^{y}**tô ĩflœ**ma**da
saignent	**sangra**	**sœ**gra
J'ai cassé mon dentier.	**Parti [Quebrei] a dentadura.**	par**ti** [ké**brè**^{y}] a dẽta**dou**ra
Pouvez réparer mon dentier?	**Pode consertar a minha dentadura?**	**po**dé kõssér**tar** a **mĩ**gna dẽta**dou**ra
Quand sera-t-il prêt?	**Quando estará pronta?**	**k^{ou}œ**dô ɨchta**ra** **prõ**ta

Renseignements divers

D'où venez-vous? *Donde é?*

Afrique	**a África**	a **a**frika
Amérique du Nord	**a América do Norte**	a a**mè**rika dô **nor**té
Amérique du Sud	**a América do Sul**	a a**mè**rika dô soul
Asie	**a Ásia**	a **a**sia
Europe	**a Europa**	a è^{ou}**ro**pa
Afrique du Sud	**a África do Sul**	a **a**frika dô soul
Algérie	**a Argélia**	a ar**jè**lia
Allemagne	**a Alemanha**	a alé**mœ̃**gna
Angleterre	**a Inglaterra**	a ĩgla**tè**rra
Australie	**a Austrália**	a a^{ou}ch**tra**lia
Autriche	**a Áustria**	a **a^{ou}ch**trya
Belgique	**a Bélgica**	a **bèl**jika
Canada	**o Canadá**	ô kœ̃na**da**
Chine	**a China**	a **chĩ**na
Danemark	**a Dinamarca**	a dĩnœ̃**mar**ka
Ecosse	**a Escócia**	a ɨch**ko**ssia
Espagne	**a Espanha**	a ɨch**pœ̃**gna
Etats-Unis	**os Estados Unidos**	ôch ɨch**ta**dôch õu**ni**dôch
Finlande	**a Finlândia**	a fĩn**lœ̃**dia
France	**a França**	a **frœ̃**ssa
Grande-Bretagne	**a Grã-Bretanha**	a grœ̃ bré**tœ̃**gna
Grèce	**a Grécia**	a **grè**ssia
Inde	**a Índia**	a **ĩ**dia
Irlande	**a Irlanda**	a ir**lœ̃**da
Israël	**Israel**	ichra**èl**
Italie	**a Itália**	a i**ta**lia
Japon	**o Japão**	ô ja**pœ̃^{ou}**
Luxembourg	**o Luxemburgo**	ô louchē**bour**gô
Maroc	**Marrocos**	ma**rro**kôch
Norvège	**a Noruega**	a nô**r^{ou}è**ga
Nouvelle-Zélande	**a Nova Zelândia**	a **no**va zé**lœ̃**dia
Pays-Bas	**a Holanda**	a o**lœ̃**da
Portugal	**Portugal**	pôrtou**gal**
Russie	**a Rússia**	a **rou**ssia
Suède	**a Suécia**	a **s^{ou}è**ssia
Suisse	**a Suiça**	a **s^{ou}ĩ**ssa
Tunisie	**a Tunísia**	a tõu**ni**zia
Turquie	**a Turquia**	a tour**ki**a
Ukraine	**a Ucrânia**	a ou**krœ̃**nia

Nombres *Números*

0	**zero**	zè**rô**
1	**um, uma**	oũ **oũ**ma
2	**dois, duas**	doïch douach
3	**três**	trèch
4	**quatro**	**k^{ou}atrô**
5	**cinco**	**sĩ**kô
6	**seis**	sẽ^{y}ch
7	**sete**	**sè**té
8	**oito**	**o^{y}**tô
9	**nove**	**no**vé
10	**dez**	déch
11	**onze**	**õ**zé
12	**doze**	**do**zé
13	**treze**	**trè**zé
14	**catorze**	ka**tor**zé
15	**quinze**	**kĩ**zé
16	**dezasseis [dezesseis]**	déza**ssè^{y}ch** [dézé**ssè^{y}ch**]
17	**dezassete [dezessete]**	déza**ssè**té [dézé**ssè**té]
18	**dezoito**	dé**zo^{y}**tô
19	**dezanove [dezenove]**	dézœ̃**no**vé [dézẽ**no**vé]
20	**vinte**	**vĩ**té
21	**vinte e um**	**vĩ**té i oũ
22	**vinte e dois**	**vĩ**té i doïch
23	**vinte e três**	**vĩ**té i trèch
24	**vinte e quatro**	**vĩ**té i **k^{ou}a**trô
25	**vinte e cinco**	**vĩ**té i **sĩ**kô
26	**vinte e seis**	**vĩ**té i sè^{y}ch
27	**vinte e sete**	**vĩ**té i **sè**té
28	**vinte e oito**	**vĩ**té i **o^{y}**tô
29	**vinte e nove**	**vĩ**té i **no**vé
30	**trinta**	**trĩ**ta
31	**trinta e um**	**trĩ**ta i oũ
32	**trinte e dois**	**trĩ**ta i doïch
33	**trinta e três**	**trĩ**ta i trèch
40	**quarenta**	koua**rẽ**ta
41	**quarenta e um**	koua**rẽ**ta i oũ
42	**quarenta e dois**	koua**rẽ**ta i doïch
43	**quarenta e três**	koua**rẽ**ta i trèch
50	**cinquenta**	sĩ**k^{ou}ẽ**ta
51	**cinquenta e um**	sĩ**k^{ou}ẽ**ta i oũ
52	**cinquenta e dois**	sĩ**k^{ou}ẽ**ta i doïch
53	**cinquenta e três**	sĩ**k^{ou}ẽ**ta i trèch

60	**sessenta**	sé**ssẽ**ta
61	**sessenta e um**	sé**ssẽ**ta i õu
62	**sessenta e dois**	sé**ssẽ**ta i doïch
63	**sessenta e três**	sé**ssẽ**ta i trèch
70	**setenta**	sé**tẽ**ta
71	**setenta e um**	sé**tẽ**ta i õu
72	**setenta e dois**	sé**tẽ**ta i doïch
73	**setenta e três**	sé**tẽ**ta i trèch
80	**oitenta**	oï**tẽ**ta
81	**oitenta e um**	oï**tẽ**ta i õu
82	**oitenta e dois**	oï**tẽ**ta i doïch
83	**oitenta e três**	oï**tẽ**ta i trèch
90	**noventa**	nô**vẽ**ta
91	**noventa e um**	nô**vẽ**ta i õu
92	**noventa e dois**	nô**vẽ**ta i doïch
93	**noventa e três**	nô**vẽ**ta i trèch
100	**cem/cento***	sẽ/**sẽ**tô
101	**cento e um**	**sẽ**tô i õu
102	**cento e dois**	**sẽ**tô i doïch
110	**cento e dez**	**sẽ**tô i déch
120	**cento e vinte**	**sẽ**tô i **vĩ**té
130	**cento e trinta**	**sẽ**tô i **trĩ**ta
140	**cento e quarenta**	**sẽ**tô i koua**rẽ**ta
150	**cento e cinquenta**	**sẽ**tô i sĩ**k^{ou}ẽ**ta
160	**cento e sessenta**	**sẽ**tô i sé**ssẽ**ta
170	**cento e setenta**	**sẽ**tô i sé**tẽ**ta
180	**cento e oitenta**	**sẽ**tô i oï**tẽ**ta
190	**cento e noventa**	**sẽ**tô i nô**vẽ**ta
200	**duzentos**	dou**zẽ**tôch
300	**trezentos**	tré**zẽ**tôch
400	**quatrocentos**	kouatrô**ssẽ**tôch
500	**quinhentos**	kĩ**gnẽ**tôch
600	**seiscentos**	séy**chẽ**tôch
700	**setecentos**	sété**ssẽ**tôch
800	**oitocentos**	oïtô**ssẽ**tôch
900	**novecentos**	nôvé**ssẽ**tôch
1.000	**mil**	mil
1.100	**mil e cem**	mil i sẽ
1.200	**mil e duzentos**	mil i dou**zẽ**tôch
2.000	**dois mil**	doïch mil
5.000	**cinco mil**	**sĩ**kô mil
10.000	**dez mil**	déch mil
50.000	**cinquenta mil**	sĩ**k^{ou}ẽ**ta mil
100.000	**cem mil**	sẽ mil
1.000.000	**um milhão**	õu mi**lliœ**^{ou}
1.000.000.000	**um bilião [bilhão]**	õu bi**liœ**^{ou} [bi**lliœ**^{ou}]

* *cem* s'emploie devant les noms et les adjectifs.

premier	**primeiro**	prī**mè^{y}**rô
deuxième	**segundo**	sé**goũn**dô
troisième	**terceiro**	tér**sè^{y}**rô
quatrième	**quarto**	**k^{ou}ar**tô
cinquième	**qunito**	**kĩ**tou
sixième	**sexto**	**sèch**tô
septième	**sétimo**	**sè**tĩmô
huitième	**oitavo**	oĩ**ta**vô
neuvième	**nono**	**nõ**nô
dixième	**décimo**	**dè**ssĩmô
une fois/deux fois	**uma vez/duas vezes**	**oũ**ma vèch/**douach vè**zéch
trois fois	**três vezes**	trèch **vè**zéch
une moitié	**uma metade**	**oũ**ma mé**ta**dé
un/une demi...	**meio...**	**mè^{y}**ô
la moitié de...	**metade de...**	mé**ta**dé dé
demi	**meio**	**mè^{y}**ô
un quart/un tiers	**um quarto/um terço**	oũ **k^{ou}ar**tô/oũ **tèr**sô
une paire de	**um par de**	oũ par dé
une douzaine	**uma dúzia**	**oũ**ma **dou**zia
un pour cent	**um por cento**	oũ pôr **sẽ**tô
3,4%	**3,4%**	trèch **vir**goula **k^{ou}a**trô pôr **sẽ**tô

Date et heure *Datas e horas*

1981	**mil novecentos e oitenta e um**	mil nôvé**ssẽ**tôch i oĩ**tẽ**ta i oũ
1995	**mil novecentos e noventa e cinco**	mil nôvé**ssẽ**tôch i nô**vẽ**ta i **sĩ**kô
2003	**dois mil e três**	doĩch mil i tréch

Année et âge *Ano e idade*

année	**o ano**	ô **a**nô
année bissextile	**o ano bissexto**	ô **a**nô bi**ssè^{y}ch**tô
décennie	**a década**	a **dè**kada
siècle	**o século**	ô **sè**koulô
cette année	**este ano**	**ich**té **a**nô
l'année dernière	**o ano passado**	ô **a**nô pa**ssa**dô
l'année prochaine	**o próximo ano**	ô **prok**simô **a**nô
chaque année	**cada ano**	**ka**da **a**nô
il y a 2 ans	**há dois anos**	a doĩch **a**nôch
dans un an	**dentro de um ano**	**dè**trô dé oũ **a**nô
dans les années 80	**nos anos oitenta**	nôch **a**nôch oĩ**tẽ**ta

le seizième siècle	**no século dezasseis (XVI)**	ô **sè**koulô déza**ssè**[y]**ch**
au 20ème siècle	**no século vinte (XX)**	nô **sè**koulô **vĩ**té
Quel âge avez-vous?	**Que idade tem?**	ké i**da**dé tẽ
J'ai 30 ans.	**Tenho trinta anos.**	**tẽ**gnô **trĩ**ta a**nô**ch
Il/Elle est né(e) en 1960.	**Ele/Ela nasceu em mil novecentos e sessenta.**	**è**lé/**è**la na**ssè**[ou] ẽ mil nôvé**ssẽ**tôch i sé**ssẽ**ta
Quel âge a-t-il/elle?	**Que idade tem ele/ela?**	ké i**da**dé tẽ **è**lé/**è**la

Saisons *Estações do ano*

printemps/été	**a Primavera/o Verão**	a prĩma**vè**ra/ô ve**rœ**[ou]
automne/hiver	**o Outono/o Inverno**	ô ô[ou]**tõ**nô/ô ĩ**vè**rnô
au printemps	**na Primavera**	na prĩma**vè**ra
pendant l'été	**durante o Verão**	dou**rœ**té ô vé**rœ**[ou]
en automne	**no Outono**	nô ô[ou]**tõ**nô
pendant l'hiver	**durante o Inverno**	dou**rœ**té ô ĩ**vè**rnô
haute saison	**a época [estação] alta**	a **è**pôka [ɨchta**ssœ**[ou]] **al**ta
basse saison	**a época [estação] baixa**	a **è**pôka [ɨchta**ssœ**[ou] **bai**cha]

Mois *Meses*

janvier	**Janeiro***	jœ**nè**[y]rô
février	**Fevereiro**	févé**rè**[y]rô
mars	**Março**	**mar**ssô
avril	**Abril**	a**bril**
mai	**Maio**	**ma**yô
juin	**Junho**	**joũ**gnô
juillet	**Julho**	**jou**lliô
août	**Agosto**	a**ggô**chtô
septembre	**Setembro**	sé**tẽ**brô
octobre	**Outubro**	ô[ou]**tou**brô
novembre	**Novembro**	nô**vẽ**brô
décembre	**Dezembro**	deu**zẽ**brô
en septembre	**em Setembro**	ẽ sé**tẽ**brô
depuis octobre	**desde Outubro**	**dèch**dé ô[ou]**tou**brô
début janvier	**o princípio de Janeiro**	ô prĩ**ssi**piô dé jœ**nè**[y]rô

* Les noms de mois portent une majuscule en portugais.

mi-février	**os meados de Fevereiro**	ôch m^{y}adôch dé févérè^{y}rô
fin mars	**o fim de Março**	ô fĩ dé marssô

Jours et date *Dias e datas*

Quel jour sommes-nous (aujourd'hui)?	**Que dia é hoje?**	ké dia è ojé
dimanche	**domingo**	dômĩgô
lundi	**segunda-feira**	ségoũda fè^{y}ra
mardi	**terça-feira**	tèrsa fè^{y}ra
mercredi	**quarta-feira**	k^{ou}arta fè^{y}ra
jeudi	**quinta-feira**	kĩta fè^{y}ra
vendredi	**sexta-feira**	sèchta fè^{y}ra
samedi	**sábado**	sabadô
Nous sommes le…	**Estamos…**	ichtœ̃môch
1er juillet	**no dia 1 [no 1°] de Julho**	nô dia oũ [nô primè^{y}rô] dé joulliô
10 mars	**no dia 10 de Março**	nô dia déch dé marssô
le matin	**de manhã**	dé mœgna
pendant la journée	**durante o dia**	dourœ̃té ô dia
dans l'après-midi	**à tarde**	a tardé
le soir/la nuit	**à noite**	a no^{y}té
avant-hier	**anteontem**	œ̃t^{y}õtẽ
hier	**ontem**	õtœ^{y}
aujourd'hui	**hoje**	ojé
demain	**amanhã**	œmœgna
après-demain	**depois de amanhã**	dépo^{y}ch dé œmœgna
la veille	**a véspera**	a vichpéra
le lendemain	**o dia seguinte**	ô dia séguĩté
il y a 2 jours	**há dois dias**	a doïch diach
dans 3 jours	**daqui a três dias**	daki a trèch diach
la semaine dernière	**a semana passada**	a sẽmœ̃nœ passada
la semaine prochaine	**a próxima semana**	a proksima sẽmœ̃nœ
pendant deux semaines	**durante duas semanas**	dourœ̃té douach sẽmœ̃nœch
anniversaire	**aniversário/o dia de anos**	œnnivérsariô/ô dia dé anôch
jour de congé	**o dia de folga**	ô dia dé folga
jour de vacances	**o feriado**	ô fériadô
vacances	**as férias**	ach fèriach
semaine	**a semana**	a sẽmœ̃nœ
week-end	**o fim-de-semana**	ô fĩ dé sẽmœ̃nœ
jour ouvrable	**o dia útil**	ô dia outil

Jours fériés *Feriados*

Voici une liste des principaux jours fériés au Portugal (P) et au Brésil (B), jours où banques, bureaux et magasins sont fermés.

1er janvier	**Ano Novo**	Nouvel An	P B
21 avril	**Tiradentes**	Fête de Tiradentes	B
25 avril	**Dia de Portugal**	Fête nationale	P
1er mai	**Dia do Trabalho**	Fête du Travail	P B
10 juin	**Dia de Camões**	Fête de Camoens	P
15 août	**Assunção**	Assomption	P
7 septembre	**Idependência**	Indépendance	B
5 octobre	**Da da República**	Fête de la République	P
12 octobre	**Nossa Senhora de Aparecida**	Notre Dame de Aparecida	B
1er novembre	**Todos-os-Santos**	Toussaint	P
2 novembre	**Finados**	Jour des Morts	B
15 novembre	**Proclamação da República**	Fête de la République	B
1er décembre	**Restauração**	Fête de la Restauration de l'Indépendance	P
8 décembre	**Imaculada Conceição**	Immaculée Conception	P B
25 décembre	**Natal**	Noël	P B
Fêtes mobiles:	**Terça-feira de Carnaval**	Mardi gras	P B
	Sexta-feira Santa	Vendredi saint	P B
	Corpo de Deus	Fête-Dieu	P B

Souhaits et vœux *Saudações e votos*

Joyeux Noël!	**Feliz Natal!**	fé**lich** na**tal**
Bonne année!	**Próspero Ano Novo!**	**proch**pérô **a**nô **no**vô
Joyeux anniversaire!	**Parabéns!/Feliz aniversário!**	para**bẽch**/fé**lich** œnivér**sa**riô
Meilleurs vœux!	**Felicidades!**	félissi**da**déch
Félicitations!	**Parabéns!**	para**bẽch**
Bonne chance!	**Boa sorte!**	**bo**a **sôr**té
Bon voyage!	**Boa viagem!**	**bo**a **via**jè
Bonnes vacances!	**Boas férias!**	**bo**ach **fè**riach

Quelle heure est-il? *Que horas são?*

Pardon. Pouvez-vous m'indiquer l'heure, s.v.p.?	**Desculpe. Pode dizer-me as horas?**	dɨchkoulpé. podé dizèr mé ach orach
Il est...	**É/São...**	è/sœ^{ou}
une heure cinq	**uma e cinco**	ŏuma i sĩkô
deux heures dix	**duas e dez**	douach i déch
trois heures et quart	**três e um quarto**	trèch i ŏu k^{ou}artô
quatre heures vingt	**quatro e vinte**	k^{ou}atrô i vĩté
cinq heures vingt-cinq	**cinco e vinte-cinco**	sĩkô i vĩté sĩkô
six heures et demie	**seis e meia**	sè^{y}ch i mèya
sept heures moins vingt-cinq	**vinte e cinco para as sete**	vĩté i sĩkô para ach sèté
huit heures moins vingt	**vinte para as oito**	vĩté para ach o^{y}tô
neuf heures moins le quart	**um quarto para as nove**	ŏu k^{ou}artô para ach nové
dix heures moins dix	**dez para as dez**	déch para ach déch
onze heures moins cinq	**cinco para az onze**	sĩkô para ach õzé
midi/minuit	**doze horas (meio-dia/meia-noite)**	dozé orach (mèyô dia/mèya no^{y}té)
du matin	**da manhã**	da mœgna
de l'après-midi	**da tarde**	da tardeu
du soir	**da noite**	da no^{y}té
Le train part à...	**o comboio parte às...**	ô kõboyô parté ach
13h04	**treze horas e quatro minutos**	trèzé orach i k^{ou}atrô mĩnoutôch
0h40	**zero horas e quarenta minutos**	zèrô orach i kouarẽta mĩnoutôch
dans cinq minutes	**daqui a cinco minutos**	daki a sĩkô mĩnoutôch
il y a une demi-heure	**há meia hora**	a mèya ora
dans environ deux heures	**cerca de duas horas**	sèrka dé douach orach
plus de 10 minutes	**mais de dez minutos**	maich dé déch mĩnoutôch
moins de 30 secondes	**menos de trinta segundos**	mẽnôch dé trĩta ségŏundôch

Abréviations courantes *Abreviaturas usuais*

(a)	**assinado**	signé
a/c.	**ao cuidado de**	c/o, aux bons soins de
A.C.B.	**Automóvel Clube do Brasil**	Automobile Club du Brésil
A.C.P.	**Automóvel Clube de Portugal**	Automobile Club du Portugal
apart., Ap.	**apartamento**	appartement
Av.	**avenida**	allée
calç.	**calçada**	rue pavée
c/v	**cave**	cave/sous-sol
CE	**Comunidade Europeia**	CE
cent.	**centavo**	centavo
CP	**Caminhos de Ferro Portugueses**	Chemins de Fer Portugais
Cr$	**cruzeiro**	cruzeiro
D.	**Dona**	Madame
ENATUR	**Empresa Nacional de Turismo**	Office de Tourisme Portugais
E.U.A.	**Estados Unidos da América**	Etats-Unis (U.S.A.)
G.N.R.	**Guarda Nacional Republicana**	Garde nationale républicaine
h.	**hora**	heure
I.V.A.	**Imposto sobre o Valor Acrescentado**	T.V.A.
Lx.a	**Lisboa**	Lisbonne
Men.a	**Menina**	Mademoiselle (Portugal)
n.o	**número**	numéro
P.	**Praça**	place
p.ex.	**por exemplo**	par exemple
ps.	**peso**	poids
R.	**rua**	rue
r/c	**rés-do-chão**	rez-de-chaussée
Rem.	**rementente**	expéditeur
R.N.	**Rodoviária Nacional**	Société de Transport Portugaise
R.P.	**Rádio-Patrulha**	Patrouille de police
RTP	**Rádio e Televisão Portuguesa**	Radio et télévision portugaises
s.f.f.	**se faz favor**	s.v.p.
S.to	**Santo**	Saint
Sr.	**Senhor**	M.
Sr.a	**Senhora**	Mme
Sr.ta	**Senhorita**	Melle

Panneaux et inscriptions *Sinais e letreiros*

Aberto	Ouvert
Acesso particular/privado	Route privé(e)
Aluga-se	A louer
Atenção	Attention
Avariado [Estragado]	Hors service
Caixa	Caisse
Completo/Lotado	Complet
Cuidado com o cão	Attention au chien
É favor não bloquear a entrada	Laissez l'entrée libre
É favor não incomodar/ Não perturbe	Ne pas déranger
É favor não mexer	Ne pas toucher
Elevador	Ascenseur
Empurre	Poussez
Entrada	Entrée
Entrada livre	Entrée gratuite
Entre sem bater	Entrez sans frapper
É proibido passar, sob pena de multa	Les contrevenants seront poursuivis
Espere, s.f.f./Aguarde	Veuillez attendre, s.v.p.
Frio	Froid
Homens	Messieurs
Informações	Renseignements
Livre	Libre
Lotação esgotada	Stock épuisé
Para baixo	En bas
Para cima	En haut
Perigo (de morte)	Danger (de mort)
Pintado de fresco/Tinta fresca	Peinture fraîche
Proibido . . .	. . . interdit
Proibida a entrada	Entrée interdite
Proibido deitar lixo para a rua [Proibido jogar lixo na rua]	Interdiction de laisser des déchets
Proibido fumar	Défense de fumer
Ocupado	Occupé
Puxe	Tirez
Quente	Chaud
Reservado	Réservé
Saldos/Liquidação	Soldes
Saída	Sortie
Saída de emergência	Sortie de secours
Senhoras	Dames
Toque a campainha, s.f.f.	Sonnez, s.v.p.
Vende-se	A vendre

Urgences *Emergências*

A l'aide, vite!	**Vá buscar ajuda**	va bouch**kar** a**jou**da
Allez-vous en!	**Vá-se embora**	va sé ẽ**bo**ra
Ambassade	**Embaixada**	ẽbai**cha**da
Appelez la police	**Chame a polícia**	**chœ**mé a pô**li**ssia
Appelez un médecin	**Chame um médico**	**chœ**mé õu **mè**dikô
Arrêtez cet homme/ cette femme!	**Agarre aquele homem/aquela mulher**	a**gar**ré a**kè**lé **õ**mẽ/a**kè**la mou**llièr**
ATTENTION!	**ATENÇÃO**	atẽ**ssœ**^{ou}
AU FEU	**FOGO**	**fo**gô
AU SECOURS!	**SOCORRO**	sô**kor**rô
AU VOLEUR!	**AGARRA O LADRÃO**	a**gar**ra ô la**drœ**^{ou}
Consulat	**Consulado**	kõssou**la**dô
DANGER	**PERIGO**	peu**ri**gô
Gaz	**Gás**	gach
Je me suis perdu(e)	**Perdi-me**	pér**di** mé
Je suis malade	**Estou doente**	ɨch**tô**^{ou} **d**^{ou}**ẽ**té
Laissez-moi tranquille!	**Deixe-me em paz**	**dè**^{y}ché mé ẽ pach
Poison	**Veneno**	vẽ**nẽ**nô
POLICE	**POLÍCIA**	pô**li**ssia

Objets perdus—Vol *Perda—Roubo*

Où est le/la...?	**Onde é...?**	**õ**dé è
bureau des objets trouvés	**a secção dos peri-dos e achados**	a sék**sœ**^{ou} dôch pé**ri**dôch i a**cha**dôch
commissariat de police	**o posto da polícia [a delegacia]**	ô **poch**tô da pô**li**ssia [a délé**ga**ssia]
Je voudrais déclarer un vol.	**Quero dar parte de um roubo.**	**kè**rô dar **par**té dé õu **rô**^{ou}bô
On m'a volé...	**Roubaram-me...**	rô^{ou}**ba**rœ mé
J'ai perdu mon/ ma...	**Perdi...**	pér**di**
passeport	**o meu passaporte**	ô mé^{ou} passa**por**té
portefeuille	**a minha carteira**	a **mĩ**gna kar**tè**^{y}ra
sac à main	**a minha mala de mão [a bolsa]**	a **mĩ**gna **ma**la dé mœ^{ou} [a **bol**sa]

ACCIDENTS DE VOITURE, voir page 78

Mini-Grammaire

Voici un bref aperçu de la grammaire portugaise.

Articles

Les articles s'accordent en genre et en nombre avec le nom.

Article défini (le/la/les):

	masculin	féminin
singulier	**o**	**a**
pluriel	**os**	**as**

Article indéfini (un/une/des):

	masculin	féminin
singulier	**um**	**uma**
pluriel	**uns**	**umas**

Article partitif (du/de la/des):

	masculin	féminin
singulier	**do**	**da**
pluriel	**dos**	**das**

o pincipio do mês le début du mois
o fim da semana la fin de la semaine

Noms

Tous les noms, en portugais, sont ou masculins, ou féminins. La plupart des noms terminés par **o** sont masculins et ceux terminés par **a** sont féminins. Les noms finissant par une voyelle prennent généralement un **s** au pluriel:

a menina la fillette
as meninas les fillettes
o galo le coq
os galos les coqs

Les mots terminés par **r**, **s**, ou **z** forment le pluriel en ajoutant -es:

a mulher/as mulheres la femme/les femmes
o país/os países le pays/les pays
a luz/as luzes la lumière/les lumières

Les noms se terminant par un son nasal (**em**, **im**, **om**, **um**) changent leur syllabe finale en **ens**, **ins**, **ons**, **uns** au pluriel.

Adjectifs

Ils s'accordent en genre et en nombre avec le nom qu'ils qualifient:

o belo livro	le beau livre
a bela estátua	la belle statue
os homens altos	les hommes grands
as mulheres altas	les grandes femmes

Ces exemples vous montrent que l'adjectif peut être placé avant ou après le nom, selon l'usage phonétique ou idiomatique.

Adjectifs démonstratifs

ce (livre)-ci	**este** (masc.)/**esta** (fém.)
ce (livre)-là	**esse, aquele** (masc.) **essa, aquela** (fém.)
ces (livres)-ci	**estes** (masc.)/**estas** (fém.)
ces (livres)-là	**esses, aquelas** (masc.)/ **essas, aquelas** (fém.)

La différence entre les trois formes est que **este** signifie que la personne ou l'objet désigné est à notre portée, dans notre voisinage immédiat alors que **esse** indique un éloignement un peu plus grand. Quant à **aquele**, il exprime ce que l'on ne peut pas. On trouve aussi trois pronoms démonstratifs invariables en portugais: **isto**, **isso** et **aquilo**:

Tome isto.	Prenez ceci.
Deixe isso, por favor.	Laissez cela, s.v.p.
Dê-me aquilo, ali.	Donnez-moi cela (ce qui est là-bas).

Adjectifs possessifs

Ils s'accordent en genre et en nombre avec le nom qu'ils complètent.

	masculin	féminin
mon, ma	**meu**	**minha**
ton, ta	**teu**	**tua**
son, sa	**seu**	**sua**
notre	**nosso**	**nossa**
votre	**vosso**	**vossa**
leur	**seu**	**sua**

Toutes ces formes prennent un **s** lorsqu'elles sont utilisées au pluriel.

Pronoms personnels

	sujet	compl. direct	compl. indirect
je	**eu**	**me**	**mim**
tu	**tu**	**te**	**ti**
il/elle	**ele/ela**	**o/a**	**lhe/lhe**
il (neutre)	**ele**	**o**	**lhe**
nous	**nós**	**nós**	**nós**
vous	**vós**	**vós**	**vós**
ils/elles	**eles/elas**	**os/as**	**lhes/lhes**

Le tutoiement amical que l'on emploie pour s'adresser à des parents, à des amis ou à des enfants se traduit par **tu** tandis que le **você** est utilisé par des personnes se connaissant mal. Lorsque vous vous adressez à quelqu'un pour la première fois, il est nécessaire d'employer la troisième personne du singulier ou du pluriel.

Como está (estão)?	Comment allez-vous?
Meu amigo, o seu livro deixou-me óptima impressão.	Mon ami, votre livre m'a fait une grande impression.

Verbes

Il y a quatre verbes auxiliaires en portugais:

ter/haver	avoir
ser/estar	être

Ter indique la possession ou la condition:

Tenho uma casa.	J'ai une maison.
Tenho febre.	J'ai de la fièvre.

Haver dans le sens de «il y a» ne s'emploie qu'à la troisième personne du singulier:

Há muitas pessoas aqui.	Il y a beaucoup de monde ici.

Ser indique un état permanent:

Sou francês.	Je suis français.

Estar indique le mouvement ou un état non permanent:

Estou a passear.	Je me promène.
Está doente.	Il est malade.

	ter (avoir)	**ser** (être)	**estar** (être)
eu	**tenho**	**sou**	**estou**
tu	**tens**	**és**	**estás**
ele/ela	**tem**	**é**	**está**
nós	**temos**	**somos**	**estamos**
vós	**tendes**	**sois**	**estais**
eles/elas	**têm**	**são**	**estão**

Les portugais n'emploient généralement pas les pronoms personnels car la forme du verbe et le sens de la phrase désignent la personne.

Tens sede?	As-tu soif?
Do que está a falar?	De quoi parle-t-il/elle?

Les trois conjugaisons des verbes réguliers se distinguent par la terminaison de leur infinitif.

	falar (parler)	**viver** (vivre)	**partir** (partir)
eu	**falo**	**vivo**	**parto**
tu	**falas**	**vives**	**partes**
ele/ela	**fala**	**vive**	**parte**
nós	**falamos**	**vivemos**	**partimos**
vós	**falais**	**viveis**	**partis**
eles/elas	**falam**	**vivem**	**partem**

Comme dans toutes les langues, les verbes irréguliers doivent être appris par cœur. En voici quatre dont vous pourriez avoir besoin.

	poder (pouvoir)	**dizer** (dire)	**ir** (aller)	**pedir** (demander)
eu	**posso**	**digo**	**vou**	**peço**
tu	**podes**	**dizes**	**vais**	**pedes**
ele/ela	**pode**	**diz**	**vai**	**pede**
nós	**podemos**	**dizemos**	**vamos**	**pedimos**
vós	**podeis**	**dizeis**	**ides**	**pedis**
eles/elas	**podem**	**dizem**	**vão**	**pedem**

On forme **le négatif** en plaçant **não** avant le verbe:

Falo português. Je parle portugais.
Não falo portugês. Je ne parle pas portugais.

En portugais, **les questions** sont souvent formulées en variant d'intonation. Le pronom personnel est souvent omis, aussi bien dans les phrases affirmatives que dans les questions.

Está bem. C'est bien.
Esté bem? Est-ce bien?

Falo inglês. Je parle anglais.
Fala inglês? Parlez-vous anglais?

Lexique
et index alphabétique

Français–Portugais

f féminin *m* masculin *pl* pluriel

A
à a, em 15
abbaye abadia *f* 81
abcès abcesso 145
abréviation abreviatura *f* 155
abricot alperce [damasco] *m* 52
accepter aceitar 62, 102
accessoires acessórios 115, 126
accident acidente 78, 139
achat compra *f* 97, 131
acheter comprar 82, 100, 118
action *(titre)* acção *f* 131
adaptateur adaptador *m* 104
addition conta *f* 62
adhésif adesiva 119
adresse endereço *m* 21, 31, 76, 79, 102
adresse habituelle morada *f* [endereço *m*] 31
aéroport aeroporto *m* 21, 65
affaires negócios *m/pl* 17
affreux horroroso(a) 84
Afrique África *f* 146
Afrique du Sud África do Sul *f* 146
âge idade *f* 149, 150
agence de voyages agência de viagens *f* 98
agneau borrego [cordeiro] *m* 46
agrafe agrafo [grampo] *m* 118
agrandir *(photo)* ampliar 126
agréable agradável 31
aide ajuda *f* 156
aider servir-se 13, 21, 100
aigu agudo(a) 140
aiguille agulha *f* 27
aïl alho *m* 50
aimable amável 95
aimer gostar 61
alcool bebidas alcoólicas *f/pl* 37
alcool, sans não alcoólico(a) 59
alcoolisé alcoólico(a) 58
aliments (pour bébé) comida para bebé *f* 124
Allemagne Alemanha *f* 146
aller ir 12, 72, 76, 96, 161
aller *(vêtement)* ficar bem 114; condizer [combinar] 111
aller simple (bilhete) de ida *m* 65, 69
aller-retour (bilhete) de ida e volta *m* 65, 69
allergique alérgico(a) 141, 143
allez-vous en vá-se embora! 156
alliance *(bague)* aliança *f* 106
allô olá 11; *(tél.)* está [alô]? 135
allonger, s' deitar-se 142
allumette fósforo *m* 105, 108
alpinisme alpinismo *m* 89
amande amêndoa *f* 52
ambassade embaixada *f* 156
ambre âmbar *m* 107
ambulance ambulância *f* 79
amer amargo(a) 61
Amérique du Nord América do Norte *f* 146
Amérique du Sud América do Sul *f* 146
améthyste ametista *f* 107
ami namorado *m* 93; amigo *m* 95
amie namorada *f* 93; amiga *f* 95
amplificateur amplificador *m* 104
ampoule lâmpada *f* 29, 75, 104
ampoule *(méd.)* bolha *f* 139
amuser, s' divertir-se 96
amygdale amígdala *f* 138
an ano *m* 149

analgésique analgésico *m* 140
ananas ananás [abacaxi] *m* 52
anesthésie anestesia *f* 144
anesthésique anestesia *f* 145
aneth endro *m* 50
anglais *(langue)* inglês 80
Angleterre Inglaterra *f* 146
anguille eiró *m*, enguia *f* 44
animal animal *m* 85
anis erva-doce *f* 50
année ano *m* 149
année bissextile ano bissexto *m* 149
anniversaire aniversário *m* 151, 152; dia de anos *m* 151
annuaire téléphonique lista telefónica *f* 134
annuler anular 65
anorak anorak [anoraque] *m* 115
antidépressif antidepressivo *m* 143
antiquaire antiquário *m* 98
antiquités antiguidades *f/pl* 83
août Agosto *m* 150
apéritif aperitivo *m* 55, 58
appareil aparelho *m* 104
appareil électrique aparelho eléctrico *m* 104
appareil-photo máquina fotográfica *f* 125, 126
appareils ménagers artigo doméstico *m* 120
appartement apartamento *m* 22
appeler chamar 78, 156; *(tél.)* telefonar 136
appeler, s' se chamar 92, 137
appendice apêndice *m* 138
appendicite apendicite *f* 142
apporter trazer 14
après depois (de) 16, 77
après-midi tarde, à, da *f* 151, 153
arbre árvore *f* 85
archéologie arqueologia *f* 83
architecte arquitecto(a)m/f 83
argent *(dévise)* dinheiro *m* 77, 130; *(métal)* prata *f* 106, 107
argent, plaqué banhado(a) a prata 107
argenté *(couleur)* prateado(a) 112
argenterie objectos de prata *m/pl* 106
arrêt paragem [parada] *f* 73
arrêt de bus paragem do autocarro [parada de ônibus] *f* 73
arrêter, s' parar 21, 68, 72
arrière atrás 69, 75
arrivée chegada *f* 17, 65
arriver chegar 65, 68, 70, 130
arrondir arredondar 62
art arte *f* 83
artichaut alcachofra *f* 49
article artigo *m* 101
articulation articulação *f* 138
artisanat artesanato *m* 83
artiste artista *m/f* 81, 83
ascenseur elevador *m* 27, 100
Asie Ásia *f* 146
asperge espargo [aspargo] *m* 49
aspirine aspirina *f* 122
assaisonnement temperos *m/pl* 37
asseoir, s' sentar 95
assez bastante 15
assiette prato *m* 36, 61, 105
assistance routière assistência na estrada *f* 78
assurance seguro *m* 20, 144
assurance médicale seguro de doença [de saúde] *m* 144
assurance tous risques seguro contra todos os riscos *m* 20
asthme asma *f* 141
attendre esperar 21; estar à espera 130
attention! atenção! 156
attirail de pêche apetrechos de pesca *m/pl* 109
au revoir adeus 11
au voleur! agarra o ladrão! 156
au-dessous (de) abaixo (de) 15
au-dessus (de) acima (de) 16; para cima 63
auberge pousada *f* 33
auberge de jeunesse pousada da juventude *f* 22, 32
aubergine berinjela, abobrinha *f* 49
aucun nenhum(a) 15
aujourd'hui hoje 29, 151
aussi também 15
Australie Austrália *f* 146
automatique automático(a) 20, 125
automne Outono *m* 150
autoriser permitir 79
autoroute auto-estrada *f* 76
autostop, faire de l' pedir boleia [carona] 74

autre outro(a) 74
Autriche Áustria *f* 146
avaler engolir 143
avant antes (de) 15; frente *f* 75
avec com 16
avec filtre com filtro 108
avion avião *m* 65
avion, par por avião 133
avoir ter 13, 14, 17, 77, 95, 160
avril Abril *m* 150

B
bagage bagagem *f* 18, 21, 26, 31, 71
bague anel *m* 106
baigner nadar 91
bain banho *m* [banheira *f*] 23, 25, 27
bain moussant creme-espuma *m* 123
balcon varanda *f* 23; *(théâtre)* balcão *m* 87
ballet bailado *m* 88
ballon bola *f* 128
ballon de plage bola de praia *f* 128
banane banana *f* 52, 64
bandage élastique ligadura [atadura] elástica *f* 122
banque banco *m* 98, 129, 130
barbe barba *f* 31
barque barraca (de praia) *f* 91
barre de chocolat tablete *m* [barra *f*] de chocolate 64
bas *(collants)* meia [meia de nylon] *f* 115
bas, (en) (em) baixo 16, 145
basilic manjericão *m* 50
basket-ball basquetebol *m* 89
basse saison época [estação] baixa *f* 150
bassin *(pour le lit)* bacia de cama *f* [urinol *m*] 144
bateau barco *m* 74
bateau à rames barco a remos *m* 91
bâtiment edifício *m* 81, 83
batiste cambraia *f* 113
batterie bateria *f* 75, 78
beau lindo(a) 14, 84; bom (boa) 94
beaucoup muito 15
beaux-arts belas-artes *f/pl* 83
bébé bebé *m* 24, 124
beige bege 112
belge belgo(a) 18
Belge belgo *m* 93
Belgique Bélgica *f* 146
bénéfice lucro *m* 131
betterave beterraba *f* 49
beurre manteiga *f* 37, 40, 64
biberon biberon *m* [mamadeira *f*] 124
bibliothèque biblioteca *f* 81, 98
bicyclette bicicleta *f* 74
bien bem 11, 12, 25, 140
bien cuit *(viande)* bem passado(a) 47
bientôt em breve 16
bière cerveja *f* 55, 64
bifteck bife *m* 46
bigoudi rolo *m* 124
bijouterie joalharia, ourivesaria *f* 98, 106
bilan *(balance)* balanço, saldo *m* 131
bilan de santé check-up *m* 142
billet bilhete [ingresso] *m* 65, 69, 72, 87, 89; *(de banque)* nota *f* 130
biscuit bolacha *f* 64
blaireau pincel de barba *m* 123
blanc branco(a) 57, 112
blanchisserie *(service de)* serviço de lavandaria *m* 23
blanchisserie lavandaria [lavanderia] *f* 29, 98
blessé ferido(a) 79, 139
blessure ferida *f* 139
bleu azul 112
bleu *(ecchymose)* contusão *f* 139
bloc-notes bloco de papel *m* 118
bloquer empenar 28
bobine rolo (de fotografias) *m* 126
bœuf carne de vaca *f* 46
boire beber 35, 36, 37
bois bosque *m* 85
boisson bebida *f* 58
boisson non alcoolisèe refrigerante *m* 64
boîte caixa *f* 110
boîte *(conserve)* lata *f* 110
boîte aux lettres caixa do correio *f* 132
boîte de nuit boîte *f* 88
boîte de peinture caixa de tintas *f* 118
bombe aérosol contre les insectes

spray [repelente de insetos] *m* 109
bon bom (boa) 14, 86, 101
bon marché barato(a) 15, 101, 125
bonbon rebuçado *m* [bala *f*] 63, 110
bonjour boa tarde, bom dia 11
bonne nuit boa noite 11
bonnet de bain touca de banho *f* 115
bonsoir boa noite 11
bosse galo, alto *m* 139
botanique botânica *f* 83
botte bota *f* 117
bouche boca *f* 138, 142
bouché entupido(a) 28
boucherie talho [açougue] *m* 98
boucle fivela *f* 116
boucle d'oreille brinco *m* 106
bouger mexer 139
bougie vela *f* 75
bouilli cozido(a) 47
bouillotte saco *m* [bolsa *f*] de água quente 27
boulangerie padaria *f* 98
boulette de viande almôndega *f* 46
boussole bússola *f* 109
bouteille garrafa *f* 17, 58
bouton botão *m* 29, 116
bouton de manchette botão de punho *m* 106
boxe boxe *m* 89
bracelet pulseira *f* 106
bracelet de montre correia de relógio *f* 106
braisé estufado(a) 47
bras braço *m* 138, 139
brasilien brasileiro 114
breloque berloque *m* 106
bretelles suspensórios *m/pl* 115
briquet *(cigarette)* isqueiro *m* 106, 108
broche *(bijou)* broche *m* 106
broderie bordados *m*/pl 127
brosse à cheveux escova de cabelo *f* 124
brosse à dents escova de dentes *f* 123
brosse à ongles escova de unhas *f* 123
brouillard nevoeiro *m* 94
brûlure queimadura *f* 139
brushing brushing *m* [escova *f*] 30
bruyant barulhento(a) 25
bureau secção *f* 67, 156; estação *f* [agência *f*] 99, 132
bureau de change agência de câmbio *f* 18, 67, 129; câmbio *m* 67
bureau de poste estação [agência] de correios *f* 98, 132
bureau des réservations marcação de lugares *f* 19, 67
bureau de tabac tabacaria *f* 98, 108
bureau du télégraphe estação telegráfica *f* 99
bus autocarro [ônibus] *m* 18, 19, 65, 72

C

cabine cabine *f* 74
cabine d'essayage cabine de provas *f* [provador *m*] 114
cabine simple cabine individual *f* 74
cabine téléphonique cabine telefónica *f* 134
cabinet médical consultório (médico) *m* 137
cacahuète amendoim *m* 52
cadeau presente *m* 17
café *(bar)* café *m* 33
café café *m* 40, 60, 64
café noir café sem leite *m* 40
cahier caderno *m* 118
caille codorniz [codorna] *f* 48
caisse caixa *f* 103, 155
calculatrice (de poche) calculadora (de bolso) *f* 118
caleçon cuecas *f/pl* 115
calendrier calendário *m* 118
calme tranquilo(a) 23; sossegado(a) 25; calmo(a) 91
caméra máquina de filmar [filmadora] *f* 125
caméscope câmera de vídeo *f* 125
camion camião [caminhão] *m* 79
campagne campo *m* 85
camper acampar 32
camping campismo [camping] *m* 32
camping, équipement de equipamento de campismo [camping] *m* 109
camping, terrain de parque de

campismo [camping] *m* 32
Canada Canadá *m* 146
Canadien(ne) canadiano(a) [canadense] *m/f* 93
canard pato *m* 48
canif canivete *m* 105
cannelle canela *f* 50
canot à moteur barco a motor *m* 91
canot de sauvetage bote salvavidas *m* 74
caoutchouc borracha *f* 117
capital capital *m* 131
câpre alcaparra *f* 50
car camioneta *f* [ônibus *m*] 72
carafe jarro *m* 58
carat quilate *m* 106
caravane caravana *f* [trailer *m*] 32
carburateur carburador *m* 78
carnet caderneta *f* [bloco *m*] (de bilhetes) 72
carnet d'adresses livrinho *m* [agenda *f*] de endereços 118
carotte cenoura *f* 49
carré quadrado(a) 101
carreaux, à xadrez 112
carrefour cruzamento *m* 77
carte *(restaurant) ementa f* [cardápio *m*] 36, 37, 39
carte *(plan)* mapa *m* 76
carte carta *f* 94; cartão *m* 131
carte à jouer carta de jogar *f* 118, 129
carte de crédit cartão de crédito *m* 20, 31, 62, 102, 130
carte des vins lista dos vinhos *f* 58
carte postale bilhete [cartão] postal *m* 108, 118, 132
carte routière mapa das estradas *m* 118
cartes, jeu de baralho de cartas *m* 128
cartouche (de cigarette) pacote (de cigarros) *m* 17, 108
cartouche réfrigérante saco de gelo *m* 109
cascade cascata *f* 85
casquette boné *m* 115
cassé partido(a) [quebrado(a)] 120, 139, 140, 145
casser partir [quebrar] 29, 120, 139, 145
casserole tacho *m* [panela *f*] 105
cassette cassete *f* 104, 127
cassette vidéo videocassete *f* 104, 125
cassis groselha *f* 52
catacombes catacumbas *f/pl* 81
catalogue catálogo *m* 82
cathédrale sé, catedral *f* 81
catholique católico(a) 84
ceci isto 12, 100, 158
ce-ci este 158
ceinture cinto *m* 116; cintura *f* 142
cela aquilo 12, 100; isso 158
ce-là esse, aquele 158
céleri aipo *m* 49
célibataire solteiro(a) *m/f* 93
cendrier cinzeiro *m* 36
cent cem, cento 148
centimètre centímetro *m* 114
centre centro *m* 19, 21, 76, 81
centre commercial centro comercial *f* 98
centre ville centro da cidade *m* 21, 75, 76
céramique cerâmica *f* 83
céréales cereais *m/pl* 40
cerise cereja *f* 52
certificat (médical) certificado [atestado] *m* 144
chaîne corrente *f* 106
chaise cadeira *f* 109
chaise longue cadeira de encosto *f* 91, 109
chaleur calor *m* 94
chambre quarto *m* 19, 23, 24, 25, 27, 28
chambre à un lit quarto individual *m* 19, 23
chambre et le petit déjeuner dormida e pequeno almoço [pernoite e café da manhã] *f* 24
chambre libre quarto vago *m* 23
chambre pour deux personnes quarto duplo *m* 19, 23
champ campo *m* 85
champ de course hipódromo *m* 90
champignon cogumelo *m* 49
chance sorte *f* 135, 152
change câmbio *m* 18
changer mudar 65, 68, 73, 75; trocar 18, 61, 120, 130
chanson canção *f* 128
chanter cantar 88

chapeau chapéu *m* 115
chapelet rosário *m* 106
chapelle capela *f* 81
chaque cada 149
charbon carvão de lenha *m* 109
charcuterie carnes frias *f/pl* [frios *m/pl*] 64
chargeur rolo-cassete [cartucho] *m* 125
chariot carrinho *m* 18, 71
chariot à bagages carrinho da bagagem *m* 18, 67, 71
chasser caçar 90
châtaigne castanha *f* 52
château castelo *m* 81
chaud quente 15, 25, 38
chauffé aquecido(a) 90
chauffer aquecer demais 78
chausettes peúgas [meias] *f* 115
chaussure sapato *m* 117
chef d'orchestre chefe [regente] (da orquestra) *m* 88
chemin caminho *m* 76, 85
chemin de fer caminho de ferro *m* [estrada de ferro *f*] 154
chemise camisa *f* 115
chemise de nuit camisa de dormir [camisola] *f* 115
chemisier blusa *f* 115
chèque cheque *m* 130, 131
chèque à ordre cheque pessoal *m* 130
chèque de voyage cheque de viagem *m* 18, 62, 102, 130
cher caro(a) 15, 19, 24, 101
chercher procurar 14
chevalière anel de sinete *m* 106
cheveu cabelo *m* 30, 124
cheville tornozelo *m* 139
chevreuil *(cuisine)* veado *m* 48
chewing-gum pastilha elástica *f* [chiclete *m*] 108
chien cão *m* 155
chiffon chiffon *m* 113
Chine China *f* 146
chocolat chocolate *m* 64, 108, 110
chocolat chaud chocolate quente *m* 40, 60
chou repolho *m*, couve *f* 49
chou-fleur couve-flor *f* 49
chrome cromo *m* 107
chute queda *f* 139
ciboulette cebolinho *m* 50
ciel céu *m* 94
cigare charuto *m* 108
cigarette cigarro *m* 17, 95, 108
cimetière cemitério *m* 81
cinéma cinema *m* 86, 96
cinq cinco 147
cinquante cinquenta 147
cinquième quinto(a) 149
cintre cabide *m* 27
cirage graxa *f* 117
ciseaux tesoura *f* 105
citron limão *m* 37, 40, 54, 60
citrouille abóbora *f* 49
clair claro(a) 101, 112
classe affaires *(avion)* classe executiva *f* 65
classique clássico(a) 128
clé chave *f* 27
climatisation ar condicionado *m* 23, 28
clou de girofle cravinho [cravo-da-índia] *m* 50
cœur coração *m* 138
coffre-fort cofre *m* 26
coffret à bijoux cofre de jóias *m* 106
cognac conhaque *m* 58
coiffeur cabeleireiro(a) *m/f* 30, 98
coiffeur *(pour hommes)* barbeiro *m* 30, 98
coin canto *m* 36; *(rue)* esquina *f* 21, 77
coincer encravar 126
col *(montagne)* desfiladeiro *m* 85
col colarinho *m* 116
col en V, à de decote em bico [em v] 116
col rond, à de decote redondo 116
col roulé, à de gola alta 116
colis encomenda *f* [pacote *m*] 133
collant collant *m* [meia-calça *f*] 115
colle cola *f* 118
collier colar *m* 106
colline colina *f* 85
colonne vertébrale coluna vertebral *f* 138
coloration produto colorante *m* 124
combien quanto 12, 18, 24
combien de temps quanto tempo 12, 24, 26
comédie comédia *f* 86
commande encomenda *f* 39, 102

commander encomendar 61, 102, 103
commencer começar 80, 87, 89
comment como 12
commissariat de police posto da polícia *m* [delegacia *f*] 98, 156
commission comissão *f* 130
communication *(tel.)* comunicação, chamada *f* 135, 136
communication avec préavis comunicação com pré-aviso [chamada pessoa à pessoa] *f* 135
compagnie d'assurance companhia de seguros *f* 79
compartiment compartimento *m* 70
complet lotação esgotada *f* 87
comprendre compreender, perceber 13
comprimé comprimido *m* 122
compris *(inclus)* incluído(a) 20, 24, 31, 32, 40, 63, 80
compte conta *f* 130
compte-poses contador *m* 126
concert concerto *m* 88
concerts, salle de sala de concertos *f* 81, 88
concierge porteiro *m* 26
concombre pepino *m* 49
conduire *(véhicule)* conduzir [dirigir] 21
confirmation confirmação *f* 23
confirmer confirmar 65
confiserie confeitaria *f* 98
confiture doce de fruta *m* [geléia *f*] 40, 63
connaissance, sans sem sentidos 139
connaître conhecer 96, 114
conseiller *(recommander)* recomendar 36, 37, 80, 85
consigne depósito da bagagem *m* 18, 67, 71
consigne automatique depósito da bagagem automático *m* 18, 67, 71
constipé prisão de ventre *f* 140
construire construir 83
consulat consulado *m* 156
contagieux contagioso(a) 142
contenir conter 37
contraceptif contraceptivo *m* 122
contrat contrato *m* 131
contre contra 140
contrôle controle *m* 17
contrôler fazer um exame 120
copie cópia *f* 126
corail coral *m* 107
corde corda *f* 109
cordonnier sapateiro *m* 98
cornichon pepino em conserva *m* 64
corps corpo *m* 138
correspondance *(transports)* correspondência [conexão] *f* 65, 68
corrida tourada *f* 89
cosmétiques cosméticos *m/pl* 123
costume fato [terno] *m* 115
côte costela *f* 46, 138
côté lado *m* 31
côté de, à ao lado de 16, 77
côtelette costeleta *f* 46
coton algodão *m* 113
coton hydrophile algodão hidrófilo *m* 122
coton, toile de brim *m* 113
cou pescoço *m* 138
couche fralda *f* 124
couchette beliche *m* 69, 70, 71
coudre pregar 29
couleur cor *f* 103, 112, 125
couleur *(cheveux)* rinsage *f* 30
coup de soleil queimadura do sol *f* 121
coupe-ongles corta-unhas *m* 123
couper *(cheveux)* corte *m* 30
coupure *(billet)* nota *f* 130
coupure *(blessure)* corte *m* 139
courant corrente *f* 91
courgette abobrinha *f* 49
courrier *(poste)* correio *m* 28; *(lettre)* correspondência *f* 133
courroie de ventilateur correia da ventoinha *f* 75
cours *(change)* câmbio *m* 130
course corrida *f* 89
course automobile corrida de automóvel *f* 89
course cycliste ciclismo *m* 89
course de chevaux corridas de cavalo *f/pl* 89
court curto(a) 30, 116
court de tennis campo *m* [quadra *f*]

de ténis 90
cousin(e) primo(a) *m/f* 93
coût custo *m* 131; preço *m* 136
couteau faca *f* 36, 61, 105
coûter custar 12, 133
couvent convento *m* 81
couvert *(restaurant)* couvert *m* 62
couvert coberto(a) 90
couverts talheres *m/pl* 105
couverture cobertor *m* 27
crabe caranguejo [siri] *m* 44
crampe cãibra *f* 141
cravate gravata *f* 115
crayon lápis *m* 118
crayon à sourcils lápis para os olhos *m* 123
crayon de couleur lápis de cor *m* 118
crédit crédito *m* 130
crème creme *m* 123
crème à raser creme de barbear *m* 123
crème antiseptique pomada antiséptica *f* 108
crème de nuit creme para a noite *m* 123
crème hydratante creme hidradante *m* 123
crème pour les mains creme para as mãos *m* 123
crème pour les pieds creme para os pés *m* 123
crème solaire creme bronzeador *m* 123
crêpe *(tissu)* crepe *m* 113
crêpe crepe *m* [panqueca *f*] 63
crevaison furo *m* 75
crevette camarão *m* 44
crise cardiaque ataque cardíaco *m* 141
cristal taillé cristal *m* 107
croire *(penser)* crer 31, 62
croisière cruzeiro *m* 74
croix cruz *f* 106
cruzeiro cruzeiro 19, 101, 129, 130
cuillère colher *f* 36, 61, 105
cuillère à thé/café colher de chá *f* 105, 143
cuir cabedal [couro] *m* 113, 117
cuisine *(art culinaire)* cozinha *f* 35
cuisse coxa *f* 138
cuit au four *(rôti)* no forno 45, 47
cuivre cobre *m* 107
cumin cominho *m* 50
cystite cistite *f* 142

D

d'où dondé 92, 146
daim camurça *f* 113, 117
Dames senhoras *f/pl* 155
Danemark Dinamarca *f* 146
danger perigo *m* 155, 156
dangereux perigoso(a) 91
dans em 16
danser dançar 88, 96
date data *f* 25, 150
datte tâmara *f* 52
de de 16
de, de la , du (des) algum(a) 15
début princípio *m* 150
décaféiné sem cafeína 40
décembre Dezembro *m* 150
décennie década *f* 149
déchiré rasgado(a) 140
déchirer rasgar 140
décision decisão *f* 25, 102
déclarer dar parte de 156
déclarer *(douane)* declarar 17
déclencheur disparador *m* 126
décoloration descoloração *f* 30
dedans dentro (de) 16
défense de proibido 155
degré grau *m* 140
dehors (lá) fora 16, 36
déjeuner almoço *m* 34, 80, 95
délicieux delicioso(a) 62
demain amanhã 29, 96, 151
demander pedir 25, 61, 136, 161
démaquillant disco de algodão *m* 123
démarrer *(voiture)* pegar 78
demi meio(a) 149
demi-heure meia-hora *f* 153
demi-pension meia-pensão *f* 24
demi-tarif meio-bilhete *m* 69
dent dente *m* 145
dentelle renda *m* 113
dentier dentadura *f* 145
dentifrice pasta de dentes *f* 123
dentiste dentista *m/f* 98, 145
déodorant desodorizante [desodorante] *m* 123

dépanneuse pronto-socorro *m* 78
départ partida *f* 65
dépenser gastar 101
dépenses despesas *f/pl* 131
déposer deixar 26; depositar 71
dépôt *(banque)* depósito *m* 130
depuis desde 16
déranger incomodar, perturbe 155
dernier último(a) 15, 68, 73; passado(a) 149, 151
derrière atrás (de) 16, 77
descendre *(d'un véhicule)* descer 73
déshabiller, se despir(-se) 142
désinfectant desinfectante *m* 122
désolé(e)! perdão 11
désolé, être lamentar 87,
dessert sobremesa *f* 54
dessous, en abaixo (de) 15
dessus em cima 31
deux dois, duas 147
deux fois duas vezes 149
deuxième segundo(a) 149
deuxième classe segunda classe *f* 69
développement *(photo)* revelação *f* 125
déviation desvio *m* 79
devoir dever 37, 61, 142; *(être redevable)* 144
diabétique diabético(a) 37, 141
diamant diamante *m* 107
diapositive diapositivo [slide] *m* 125
diarrhée diarreia *f* 140
dictionnaire dicionário *m* 119
diesel gasóleo [diesel] *m* 75
difficile difícil 15
difficulté dificuldade *f* 28
digitale *(montre)* digital 107
dimanche domingo *m* 151
dinde peru *m* 48
dîner jantar *m* 34, 95
dire dizer 12, 13, 76, 136, 161; avisar 73
direct directo(a) 65
directeur gerente *m/f* 26
direction *(orientation)* direcção *f* 76
discothèque discoteca *f* 88, 89, 96
disque disco *m* 127, 128
disque compact (CD) disco compacto [disco laser] *m* 127
dissolvant dissolvente de verniz [removedor de esmalte] *m* 123
distance, à quelle a que distância 12, 76, 85
divers miscelânea *f* 127
dix dez 147
dix-huit dezoito 147
dix-neuf dezanove [dezenove] 147
dix-sept dezassete [dezessete] 147
dixième décimo(a) 149
docteur doutor(a) *m/f* 145
doigt dedo *m* 138
dollar dólar *m* 18, 102, 130
donner dar 14, 120, 130
doré dourado(a) 112
dormir dormir 144
dos costas *f/pl* 138
douane alfândega *f* 17, 102
doubler ultrapassar 79
douche duche [chuveiro] *m* 23, 32
douleur dor *f* 140, 141
douzaine dúzia *f* 149
douze doze 147
droguerie farmácia *f* 98
droite direita *f* 21, 69, 77
droits de douane direitos *m/pl* [taxas *f/pl*] 17
dur *(viande)* duro(a) 61; *(œuf)* cozido(a) 40; *(lentilles)* rígido(a) 120
durer *(prendre du temps)* levar a 21

E

eau água *f* 23, 28, 32, 75, 90
eau chaude água quente *f* 23, 28
eau courante água corrente *f* 23
eau de toilette água-de-colónia *f* 123
eau dentifrice gargarejo *m* 122
eau minérale água mineral *f* 59
eau potable água potável *f* 32
écarlate escarlate 112
échanger trocar 103
écharpe lenço de pescoço *m* [echarpe *f*] 115
échecs xadrez *m* 94
éclair relâmpago *m* 94
écorchure esfoladela *f* 139
Ecosse Escócia *f* 146
écouter ouvir 128

écouteurs auscultadores [fones de ouvido] *m/pl* 104
écrire escrever 13, 101
édulcorant adoçante *m* 37
égaliser *(barbe)* aparar 31
égaré *(perdu)* perdido(a) 14
église igreja *f* 81, 84
élastique elástico(a) 122
électricité electricidade *f* 32
électrique eléctrico(a) 104
électronique electrónico(a) 128
elle ela 159
émail esmalte *m* 107
emballer embrulhar 103
embarcadère cais de embarque *m* 74
émeraude esmeralda *f* 107
emplâtre pour cors penso [esparadrapo] para os calos *m* 122
emporter levar, tomar 102
en face em frente (de) 77
en haut em cima 16
en plein air ao ar livre 90
encaisser *(chèque)* levantar 130
enceinte grávida 141
encre tinta *f* 119
endive chicória *f* 49
endroit lugar *m* 76
enfant criança *f* 24, 61, 82; filho *m* 93, 139; filha *f* 139
enflé inchado(a) 139
enflure inchaço *m* 139
enregister apresentar-se 65
enregister, faire despachar 71
ensuite então 16
entre entre 16
entrée entrada *f* 67, 82, 99, 155
enveloppe envelope *m* 119
environ cerca de 79, 153
envoyer mandar 78, 102, 133; enviar 103, 132
envoyer un télex mandar um telex 130
épaule ombro *m* 138
épeler soletrar 12
épice tempero *m* 50
épicerie mercearia *f* [armazém *m*] 98, 110
épinard espinafre *m* 49
épingle mola *f* [prendedor *m*] da roupa 105; alfinete *m* 106
épingle à cheveux gancho [grampo] *m* 124
épingle à cravate alfinete de gravata *m* 106
épingle de sûreté alfinete-de-ama [alfinete de segurança] *m* 123
éponge esponja *f* 123
épuisé *(marchandises)* esgotado(a) 103
équipe equipa *f* 89
équipement equipamento *m* 109
équitation equitação *f* 89
erreur engano *m* 61
erreur, faire une enganar-se 31
éruption *(méd.)* erupção *f* 139
escalier roulant escada rolante *f* 100

Espagne Espanha *f* 146
espérer esperar 96
essayer *(vêtements)* provar 114
essence gasolina *f* 75, 78
essence à briquet gasolina para isqueiro *f* 108
essence sans plomb gasolina *f* sem chumbo 75
essuie-glace limpa-vidros *m* 76
est este *m* 77
estimation estimativa *f* 131
estomac estômago *m* 138
estomac, mal à l' dor de estômago *f* 141
estragon estragão *m* 51
et e 11, 16
étage andar *m* 27
étagère prateleira *f* 110
étain estanho *m* 107
étalage banca *f* [mostruário *m*] 100
étanche à prova de água 107
étang laguinho *m* 85
Etats-Unis Estados Unidos *m/pl* 146
été Verão *m* 150
étiquette etiqueta *f* 119
étoile estrela *f* 94
étrange estranho(a) 84
être ser, estar 12, 14, 160
être en panne avariar-se [estragar] 78
étroit apertado(a) 117
étroit *(habits)* apertado(a) 114
étudiant(e) estudante *m/f* 82, 93

LEXIQUE Dicionário

étudier estudar 93
étui estojo *m* 120; capa *f* 126
étui à appareil-photo capa de máquina fotográfica *f* 126
étui à cigarettes cigarreira *f* 106
étui à lunettes estojo para os óculos *m* 120
eurochèque eurocheque *m* 130
Europe Europa *f* 146
examiner examinar 139
excursion excursão *f* 80
excuser desculpar 11
excusez-moi com licença 11
exigé preciso 89
exposition exposição *f* 81
expression expressão *f* 11, 13, 100
eye-liner delineador de olhos *m* 123

F

fabrique fábrica *f* 81
facile fácil 15
facture factura *f* 131
faim, avoir ter fome 14, 35
faire fazer 131
faire arracher arrancar 145
faire enregistrer despachar 71
faire mal ferir-se 139
faisan faisão *m* 48
fait main feito(a) à mão 113
fait maison caseiro(a) 40
falaise falésia *f* [penhasco *m*] 85
famille família *f* 93, 144
fantaisie padrão *m* 112
farci recheado(a) 42
fard à joues blush, rouge *m* 123
fard à paupières sombra para os olhos *f* 123
farine farinha *f* 37
fatigué cansado(a) 14
faux errado(a) 15, 136
favoris suiças *f/pl* 31
fax fax *m* 133
félicitation parabéns *m/pl* 152
femme de chambre criada de quarto [arrumadeira] *f* 26
femme *(épouse)* mulher *f* 93
fenêtre janela *f* 28, 36, 69
fer à repasser ferro de engomar *m* 104
ferme quinta [fazenda] *f* 85
fermé fechado(a) 15
fermer fechar 12, 82, 121, 132
fermeture éclair fecho éclair *m* 116
ferry ferry-boat *m* 74
feu *(circulation)* semáforo *m* 77
feu lume [fogo] *m* 95; fogo *m* 156
feuille de maladie formulário do seguro *m* 144
feutre feltro *m* 113
février Fevereiro *m* 150
fiançailles anel de noivado *m* 106
ficelle cordel [barbante] *m* 119
fiche (d'inscription) ficha *f* 25, 26
fièvre febre *f* 140
figue figo *m* 52
fil linha *f* 27
fille filha *f* 93
fille(tte) menina *f* 111, 128
film filme *m* 86
fils filho *m* 93
filtre filtro *m* 126
fin fim *m* 151
fin de semaine fim-de-semana *m* 20
Finlande Finlândia *f* 146
fixatif fixador *m* 30, 124
flanelle flanela *f* 113
flash flash *m* 126
fleur flor *f* 85
fleuriste florista *f* 98
foie fígado *m* 138
foire feira *f* 81
fois vez *f* 95, 142, 143
fois, une uma vez 149
foncé escuro(a) 25, 111, 112, 113
fond de teint creme base *m* 123
fond, à fundo 142
fontaine fonte *m* 81
football futebol *m* 89
forêt floresta *f* 85
forme forma *f* 103
formidable tremendo(a) 84; óptimo(a) 95
formulaire formulário *m* 133
fort alto(a) 135; forte 143
forteresse fortaleza *f* 81
foulé torcido(a) 140
fourchette garfo *m* 36, 61, 105
frais fresco(a) 61; *(fruit)* morango *m* 52
fraise morango *m* 52

framboise framboesa *f* 52
Français(e) Francês(-esa) *m/f* 92
français francês(-esa) 18, 108
français *(langue)* francês *m* 12, 80, 82, 84, 118, 119
France França *f* 146
frange franja *f* 30
frappé batido [milkshake] *m* 59, 60
frapper bater 155
frein travão [freio] *m* 78
frère irmão *m* 93
frissons calafrios m/pl 140
frit frito(a) 45, 47
frites *(pommes)* batatas fritas *f/pl* 50, 63
froid frio(a) 15, 25, 61, 94, 155
fromage queijo *m* 51, 64
fruit fruta *f* 52, 63
fruits de mer mariscos [frutos do mar] *m/pl* 44
fumé fumado(a) [defumado(a)] 45
fume-cigarette boquilha [piteira] *f* 108
fumer fumar 95
fumeurs fumador [fumante] *m* 70
furoncle furúnculo *m* 139

G

gaine cinta *f* 115
gaine-culotte cinta-calça *f* 115
galerie (d'art/de peinture) galeria (de arte) *f* 81, 98
gamba gamba *f* [camarão grande *m*] 44
gant luva *f* 115
garage garagem *f* 26, 78
garçon menino *m* 111, 128
garde d'enfants babysitter *f* 27
garder guardar 62
gare estação (dos caminhos de ferro) [estação (ferroviária)] *f* 19, 21, 70
garer estacionar 26, 77
gastrite gastrite *f* 142
gâteau bolo *m* 54, 63
gauche esquerda *f* 21, 69, 77
gaz gás *m* 156
gaz à briquet gás para isqueiro *m* 108
gaz butane gás butano *m* 32, 109
gaze *(pansement)* gaze *f* 122
gazeux com gás 59
gel gel de/para cabelo *m* 30, 124
gelée geada *f* 94
gencive genviva *f* 145
général geral 27, 100
généraliste *(médecin)* médico(a) de clínica geral *m/f* 137
genou joelho *m* 138
genre género *m* 86, 111, 140
gens pessoas *f/pl* 92
géologie geologia *f* 83
gibier caça *f* 48
gilet colete *m* 115
gilet de sauvetage cinto de salvação *m* 74
gin gim *m* 58
gingembre gengibre *m* 51
glace *(dessert)* gelado [sorvete] *m* 52
glace *(gel)* gelo *m* 94
glacière geleira frigorifica *f* [isopor *m*] 109
glaçon cubo de gelo *m* 27
glande glândula *f* 138
golf golfe *m* 90
golf, terrain de campo de golfe *m* 90
gomme borracha *f* 119
gorge garganta *f* 138, 141
gorge, mal à la dor de garganta *f* 141
gourde cantil *m* 109
gourmette corrente de pulso *f* 106
goutte gota *f* 122
gouttes pour le nez gotas para o nariz *f/pl* 122
gouttes pour les oreilles gotas para os ouvidos *f/pl* 122
gouttes pour les yeux gotas para os olhos *f/pl* 122
graisse gordura *f* 37
grammaire gramática *f* 157
grammaire, livre de gramática *f* 119
gramme grama *f* 110
grand grande 15, 20, 101
grand lit (cama) de casal *f* 23
grand magasin grande armazém *m* [loja de departamentos *f*] 98
grande tasse caneca *f* 105
Grande-Bretagne Grã-Bretanha *f*

146
gras oleoso(a) 30, 124
gratuit livre 82
Grèce Grécia *f* 146
grillé grelhado(a) 45, 47
griller *(ampoule)* fundir [queimar] 29
grippe gripe *f* 142
gris cinzento(a) 112
gros grande 130
groseille à maquereau groselha *f* 52
grotte caverna *f* 81
groupe grupo *m* 82
guichet bilheteira [bilheteria] *f* 67; guiché *m* 133
guide guia *m*/f 80
guide (de voyage) guia turístico *m* 82, 118, 119
guide des hôtels lista de hotéis *f* 19
gynécologue ginecologista *m/f* 137

H
habillement vestuário *m* 111
habituellement habitual 143
hamac cama de rede [rede] *f* 109
handicapé deficiente físico(a) *m*/f 82
haricot feijão *m* 49
haricot vert feijão verde, vagen *m* 49
haut, en para cima 16; em cima 145
haut-parleur altifalante [alto-falante] *m* 104
haute saison época [estação] alta *f* 150
hélicoptère helicóptero *m* 74
herbes temperos variados *m/pl* 51
heure hora *f* 80, 143, 153
heure, à l' à tabela [no horário] 68
heures de visite horas de visita *f/pl* 144
hier ontem 151
histoire história *f* 83
histoire naturelle ciências naturais *f/pl* 83
hiver Inverno *m* 150
homard lavagante *f* 44
homme homem *m* 98
honoraires honorários *m/pl* 144
hôpital hospital *m* 99, 142, 144
horaire horário *m* 68
horlogerie relojoaria *f* 99, 106
hors d'oeuvre acepipes [salgadinhos] *m/pl* 41
hors service avariado(a) [estragado(a)] 155
hôtel hotel *m* 19, 21, 22, 26, 96, 102
hôtel de ville câmara municipal *f* 82
houppette esponja de pó de arroz *f* 123
huile óleo *m* 75, 123; azeite *m* 37
huile solaire óleo bronzeador *m* 123
huit oito 147
huitième oitavo(a) 149
huitre ostra *f* 44
hydrofoil hidroplano [aerobarco] *m* 74
hypothèque hipoteca *f* 131

I
il ele 159
il y a há 14, 149, 151
imperméable capa de chuva *f* 115
important importante 14
importé importado(a) 113
impressionnant impressionante 84
Inde Índia *f* 146
indicatif (téléphonique) indicativo [código] *m* 134
indigestion mal-estar estomacal *m* 121; indigestão *f* 141
indiquer mostrar 13, 14, 76; dizer 153; indicar a direcção 14
infecté infeccionado(a) 140
infection infecção *f* 141
infection vaginale infecção vaginal *f* 141
inférieur inferior 69, 71
infirmière enfermeira *f* 144
inflammation inflamação *f* 142
inflation inflação *f* 131
infroissable não amarrota 113
infusion chá de ervas *m* 59
inox aço inoxidável *m* 107
inscription letreiro *m* 155
insectes, crème contre les produto insectífugo [repelente de insetos] *m* 122

insolation insolação *f* 141
instant momento *m* 13
institut de beauté instituto de beleza *m* 30
intéressant interessante 84
intéresser, s' estar interessado(a) 96
intérêt *(banque)* juro *m* 131
interprète intérprete *m/f* 131
interrupteur interruptor *m* 29
intestin intestino *m* 138
intoxication intoxicação *f* 142
intoxication alimentaire intoxicação alimentar *f* 142
investissement investimento *m* 131
invitation convite *m* 94
inviter convidar 94
iode, teinture d' tintura de iodo *f* 122
Irelande Irlanda *f* 146
Israël Israel 146
Italie Itália *f* 146
ivoire marfim *m* 107

J

jade jade *m* 107
jamais nunca 16
jambe perna *f* 138
jambon presunto, fiambre *m* 63
janvier Janeiro *m* 150
Japon Japão *m* 146
jardin jardim *m* 85
jardin botanique jardim botânico *m* 81
jaune amarelo(a) 112
jaunisse icterícia *f* 142
jazz jazz *m* 128
je eu 159
jeans jeans *m/pl* 115
jeu jogo *m* 128
jeu d'échecs jogo de xadrez *m* 128
jeu de construction jogo de construções *m* 128
jeudi quinta-feira *f* 151
jeune jovem 15
joli bonito(a) 84
jouer *(cartes, échecs)* jogar 94; *(acteur)* desempenhar 86
jouet brinquedo *m* 128
jour dia *m* 20, 24, 32, 80, 151
jour de congé dia de folga *m* 151
jour férié feriado *m* 151, 152
jour ouvrable dia útil *m* 151
journal jornal *m* 118, 119
joyeux feliz 152
juillet Julho *m* 150
juin Junho *m* 150
jumelles binóculos *m/pl* 120
jupe saia *f* 115
jus sumo [suco] *m* 40, 60
jus d'orange sumo [suco] de laranja *m* 40, 59
jus de fruit sumo [suco] de fruta *m* 39, 59
jus de pamplemousse sumo de toranja [suco de grapefruit] *m* 40, 59
jus de tomate sumo [suco] de tomate *m* 59
jusqu'à até 16
juste certo(a) 15

K

kilo(gramme) quilo(grama) *m* 110
kilométrage quilometragem *f* 20
kilomètre quilómetro *m* 20, 79
kiosque à journaux quiosque *m* [banca *f*] de jornais 19, 67, 99, 118

L

lac lago *m* 81, 85
lacet atacador [cordão] de sapato *m* 117
laid feio(a) 14, 84
laine lã *f* 114
laisser deixar 20
lait leite *m* 40, 60, 64
laiterie leitaria *f* 98
laitue alface *f* 49
lame de rasoir lâmina de barbear *f* 123
lampe candeeiro [abajur] *m* 29, 104; lâmpada [lampião] *f* 109
lampe de chevet candeeiro *m* [lâmpada de cabeceira *f*] 27
lampe de poche lanterna de bolso *f* 109

langue língua *f* 138
lanterne lanterna *f* 109
laque *(cheveux)* laca *f* [laquê *m*] 124
lard toucinho *m* 40
large largo(a) 114, 117
lavable pode-se lavar 114
lavabo lavatório *m* [pia *f*] 28
laver lavar 29, 114
laver à la machine lavar à máquina *f* 114
laver à la main lavar à mão 114
laxatif laxativo *m* 122
le, la ele, ela 157
lecteur de CD leitor de CD [aparelho de CD] *m* 104
léger leve 15, 101; *(cigarette)* suave 108
légume legume *m* 49
lentement devagar 21, 135
lentille *(légume)* lentilha *f* 49
lessive detergente para a roupa [sabão em pó] *m* 105
lettre carta *f* 132
lettre de crédit carta de crédito *f* 130
leur seu, sua 159
lever, se levantar-se 144
levier d'avancement botão de bobinagem *m* 126
lèvre lábio *m* 138
librairie livraria *f* 99, 118
libre livre 15, 70, 80, 96, 155
lieu lugar *m* 25
lieu de naissance lugar de nascimento *m* 25
lièvre lebre *f* 48
ligne linha *f* 72
lime lima [lixa] *f* 123
lime à ongles lima [lixa] de unhas *f* 123
limonade gasosa *f* 59
lin linho *m* 113
linge roupas *f/pl* 29
linge toalha *f* 27
liqueur licor *m* 58
liquide líquido *m* 75, 120
liquide des freins líquido dos travões [freios] *m* 75
liquide-vaiselle detergente para a louça *m* 105
lire ler 38
lit cama *f* 24, 142; leito *m* 144
lit d'enfant berço *m* 24
lit de camp cama de campismo [camping] *f* 109
lits jumeaux duas camas *f/pl* 23
litre litro *m* 75, 120
livraison entrega *f* 102
livre livro *m* 13, 119
livrer entregar 102
location aluguer [aluguel] *m* 20
location de voiture aluguer [aluguel] de automóveis *m* 20
loger estar hospedado(a) 93
loin longe 15, 100
long longo(a) 116
lotion loção *f* 123
lotion après-rasage loção after-shave *f* 124
lotion capillaire loção capilar *f* 124
louer alugar 19, 20, 74, 91, 104, 155
lourd pesado(a) 15, 101
lumière luz *f* 28
lundi segunda-feira *f* 151
lune lua *f* 94
lunettes óculos *m/pl* 120
lunettes de soleil óculos de sol *m/pl* 120
luxé deslocado(a) 140

M

ma meu, minha 159
machine à écrire máquina de escrever *f* 27
mâchoire maxila *f* 138
Madame Senhora *f* 11
Mademoiselle Menina [Senhorita] *f* 11
magasin loja *f* 98, 99, 112
magasin de chaussures sapataria *f* 99
magasin de jouets loja de brinquedos *f* 99
magasin de photos loja de artigos fotográficos *f* 99
magasin de souvenirs loja de lembranças *f* 99
magasin diététique loja de produtos dietéticos/naturais *f* 98
magasin hors-taxe free shop *f* 19
magazine revista *f* 119

magnétophone gravador *m* 104
magnétoscope gravador de vídeo *m* 104
magnifique magnífico(a) 84
mai Maio *m* 150
maillet malho *m* 109
maillot de bain fato [maiô] de banho *m* 115
main mão *f* 138
maintenant agora 16
mais mas 16
maïs milho *m* 49
maison casa *f* 83, 85
maître d'hôtel chefe de mesa *m* 61
mal au dos dor nas costas *f* 141
mal aux dents dor de dentes *f* 145
mal aux oreilles dor de ouvidos *f* 141
mal de tête dor de cabeça *f* 141
mal du voyage enjoo (da viagem) *m* 121
mal, avoir doer 140, 141
mal, faire ferir, doer 139, 140, 142
malade doente 140
maladie doença *f* 140
maladie vénérienne doença venérea *f* 142
manche manga *f* 116, 142
mandarine tangerina *f* 52
mandat *(postal)* vale de correio [vale-postal] *m* 133
manger comer 36, 37, 144
manquer faltar 18, 30, 61
manteau casaco comprido *m* 115
manucure manicura *f* 30
maquereau cavala *f* 44
marchand de vin comerciante de vinhos *m* 99
marché mercado *m* 81, 99
marché aux puces feira da ladra *f* [bricabraque *m*] 81
marcher andar a pé 74
marcher *(fonctionner)* funcionar 28
mardi terça-feira *f* 151
marée maré *f* 90
marée basse maré baixa *f* 91
marée haute maré alta *f* 91
mari marido *m* 93
marié(e) casado(a) 93
mariné marinado(a) 45
marjolaine manjerona *f* 51
marmelade doce *m* [geléia *f*] de laranja 40
marron castanha *f* 52
marron *(couleur)* castanho(a) [marrom] 112
mars Março *m* 150
marteau martelo *m* 105
masque de beauté máscara de beleza *f* 30
mat mate [opaco(a)] 126
match jogo *m* 89
matelas colchão *m* 109
matelas pneumatique colchão de ar *m* 109
matériel de plongée sous-marine equipamento de mergulho *m* 91, 109
matière tecido *m* 113
matin manhã, da *f* 143, 151, 153
matinée *(spectacle)* matinée *f* 87
mauvais mau 15; ruim 95
mécanicien mecânico *m* 78
mèche torcida *f* 108
mécontent insatisfeito(a) 103
médecin médico(a) *m/f* 79, 137, 144
médical certificado [atestado] médico *m* 144
médicament medicamento, remédio *m* 143
médecine medicina *f* 83
melon melão *m* 52
même mesmo(a) 117
menthe hortelã *f* 51
mentholé mentolado(a) 108
menu ementa *f* [cardápio *m*] 37, 39
menu à prix fixe refeição a preço fixo *f* 36
mer mar *m* 23, 85, 91
merci obrigado(a) 11
mercredi quarta-feira *f* 151
mère mãe *f* 93
merlan pescada *f* 44
merveilleux maravilhoso(a) 96
message recado *m* 28, 136
messe missa *f* 84
messieurs homens *m/pl* 155
mesurer tirar as medidas 113
mètre metro *m* 111
métro metro(politano) [metrô] *m* 72
metteur en scène realizador(a) [director(a)] *m/f* 86
mettre pôr 24

meuble mobiliário *m* 83
midi meio-dia *m* 31, 153
miel mel *m* 40
mieux melhor 15, 25, 101
mijoté guisado 47
milieu meio *m* 69
mille mil 148
milliard bilião [bilhão] *m* 148
million milhão *m* 148
mince fino(a) 113
minuit meia-noite *f* 153
minute minuto *m* 21, 69, 153
miroir espelho *m* 114, 120
mise en plis mise [escova] *f* 30
mobilier medicina *f* 83
mobylette bicicleta motorizada *f* 74
mocassin mocassim *m* 117
moins menos 15
moins, au pelo menos 24
mois mês *m* 17, 150
moitié metade *f* 149
mollet ovo quente *m* 40
moment momento *m* 136
monastère monastério *m* 81
monnaie troco *m* 62, 130; dinheiro trocado *m* 77
Monsieur Senhor *m* 11
montagne montanha *f* 85
montant importância *f* 62, 131
montre relógio *m* 106, 107
montre-bracelet relógio de pulso *m* 107
montrer mostrar 13, 101, 103, 125
monture *(lunettes)* armação *f* 120
monument monumento *m* 81
monument commémoratif monumento comemorativo *m* 81
morceau pedaço *m* 110
mosquée mesquita *f* 84
mot palavra *f* 13, 16, 133
motel motel *m* 22
moteur motor *m* 78
moto(cyclette) motocicleta *f* 74
mouchoir lenço de bolso *m* 115
mouchoir en papier lenço de papel *m* 124
moule mexilhão *m* 44
mousseux *(vin)* espumante 57
moustache bigode *m* 31
moustiquaire mosquiteiro *m* 109
moutarde mostarda *f* 51, 64
moyen *(taille)* de tamanho médio 20
moyens meio *m* 74
mur muro *m* 85
muscle músculo *m* 138
musée museu *m* 81
musique música *f* 83, 128
musique de chambre música de câmara *f* 128
musique folklorique música folclórica *f* 128
musique pop música pop *f* 128
myope míope 120
myrtille arando *m* 52

N

naissance nascimento *m* 25
natation natação *f* 90
nationalité nacionalidade *f* 25
nausée náusea *f* 140
navet nabo *m* 49
navire navio *m* 74
né nasceu 150
ne ... pas não 16, 161
ne quittez pas não desligue! 136
négatif negativo *m* 125, 126
neige neve *f* 94
neiger nevar 94
nerf nervo *m* 138
nettoie-pipes limpa-cachimbos *m* 108
nettoyer limpar 29, 76
neuf novo(a) 15, 147
neuvième nono(a) 149
neveu sobrinho *m* 93
nez nariz *m* 138
nièce sobrinha *f* 93
Noël Natal *m* 152
nœud papillon gravata-borboleta *f* 115
noir preto(a) 112
noir et blanc *(photo)* preto e branco 125
noisette avelã *f* 52
noix noz *f* 52
noix de coco coco *m* 52
noix muscade noz-moscada *f* 51
nom nome *m* 25, 79
nom (de famille) apelido [sobrenome] *m* 25
non não 11

non-fumeurs não-fumador [-fumante] 36, 70
nord norte *m* 77
normal normal 30
Norvège Noruega *f* 146
note conta *f* 31, 102, 130
notifier avisar 144
notre nosso(a) 159
nouille massa *f* 51
nourriture comdia *f* 61
nous nós 159
Nouvel An Ano Novo *m* 152
Nouvelle-Zélande Nova Zelândia *f* 146
novembre Novembro *m* 150
nuage nuvem *f* 94
nuancier mostruário de cores *m* 30
nuit noite *f* 10, 24, 151
numéro número *m* 26, 65, 135, 136, 147
numéro de chambre número do quarto *m* 26
numéro de téléphone número de telefone *m* 135, 136
nuque nuca *f* 31

O

objectif *(photo)* objectiva [lente] *f* 126
objectif grand-angle objectiva grande angular *f* 126
objets trouvés, bureau des secção dos perdidos e achados *f* 67, 156
obturateur obturador *m* 126
occupé *(place)* ocupado(a) 15, 70, 155
occupé *(tél.)* impedido(a) [ocupado(a)] 136
octobre Outubro *m* 150
oculiste oftamologista *m/f* 137
œil olho *m* 138, 139
œuf ovo *m* 38, 64
œuf à la coque ovo cozido *m* 40, 42
œuf au plat ovo estrelado *m* 40, 42
œufs au bacon ovos estrelados com toucinho *m/pl* 40, 42
œufs brouillés ovos mexidos *m/pl* 40, 42
office du tourisme turismo *m* 80
oie ganso *m* 48
oignon cebola *f* 49
oiseau pássaro *m* 85
olive azeitona *f* 42
oncle tio *m* 93
ongle unha *f* 123
onyx ónix *m* 107
onze onze 147
opéra ópera *f* 88
opéra *(salle)* teatro da ópera *m* 81, 88
opérateur telefonista *m/f* 134
opération operação *f* 144
opérette opereta *f* 88
opticien oculista *m/f* 99, 120
or ouro *m* 106, 107
or, plaqué banhado(a) a ouro 107
orage trovoada [tempestade] *f* 94
orange laranja *f* 52, 64; *(couleur)* cor-de-laranja 112
orangeade laranjada *f* 59
orchestre orquestra *f* 88
ordonnance receita (médica) *f* 121, 143
oreille orelha *f* 138
oreiller almofada *f* [travesseiro *m*] 27
organes génitaux órgãos genitais *m/pl* 138
origan orégão [orégano] *m* 51
ornithologie ornitologia *f* 83
orteil dedo do pé *m* 138
os osso *m* 138
ou ou 16
où onde 12
oublier esquecer-se 61
ouest oeste *m* 77
oui sim 11
ours en peluche urso de pelúcia *m* 128
outils ferramentas *f/pl* 105
ouvert aberto(a) 14, 82, 155
ouvre-boîtes abre-latas [abridor de latas] *m* 105
ouvre-bouteilles abre-garrafas [abridor de garrafas] *m* 105
ouvrir abrir 12, 17, 121, 130, 132, 142
ovale oval 101

P

paiement pagamento *m* 102, 131
pain pão *m* 37, 40, 64
pain grillé torrada *f* 40
paire par *m* 115, 117, 149
palais palácio *m* 81
palais de justice palácio de justiça *m* 81
palourde amêijoa *f* 45
palpitations palpitações *f/pl* 141
pamplemousse toranja *f* [grapefruit *m*] 52
panier de pique-nique cesto de piquenique *m* 109
panne *(voiture)* avaria *f* [estrago *m*] 78
panneau sinal *m* 79, 155
panneau routier sinal de trânsito *m* 79
pansement ligadura [atadura] *f* 122
pantalon calças compridas *f/pl* 115
pantoufle chinelo *m* 117
papeterie papelaria *f* 99, 118
papier papel *m* 119
papier à dessin papel de desenho *m* 119
papier à lettres papel de carta *m* 27, 119
papier carbone papel carbono *m* 119
papier hygiénique papel higiénico *m* 124
papier machine papel para máquina de escrever *m* 119
paquet *(cigarettes)* maço *m* 108
paquet *(colis)* encomenda *f* [pacote *m*] 132
par exprès por expresso 133
par heure à hora 77, 90
par jour por dia 20, 32, 90
par personne por pessoa 32
par semaine por semana 20, 24
parapluie guarda-chuva *f* 115
parasol chapéu de sol [guarda-sol] *m* 91
parc parque *m* 81
parcomètre parcómetro [parquímetro] *m* 77
pardon! desculpe 11, 153
pardon? como disse? 11
pare-brise pára-brisas *m* 76
parents pais *m/pl* 93
parfum perfume *m* 124
parlement assembleia nacional *f* 81
parler falar 12, 135, 169
parterre plateia *f* 87
partie parte *f* 138; *(golf)* jogo *m* 89
partir partir 31, 68, 160
pas encore ainda 16
passage à niveau passagem de nível *f* 79
passeport passaporte *m* 18, 25, 26, 156
passer passar 70
pastèque melancia *f* 52
pasteur pastor *m* 84
pastilles contre la toux pastilhas para a tosse *f/pl* 122
pâtes massa *f* 50
patient(e) paciente *m/f* 144
patin à roulettes patim de rodas *m* 128
pâtisserie pastelaria *f* 99
payer pagar 18, 31, 62, 100, 102
pays país *m* 92
Pays-Bas Holanda *f* 146
paysage paisagem *f* 92
péage portagem *f* [pedágio *m*] 79
peau pele *f* 138
pêche *(fruit)* pêssego *m* 52
pêche *(loisir)* pescar 90
pédiatre pediatra *m/f* 137
peigne pente *m* 124
peigné lã cardada *f* 113
peignoir (de bain) roupão de banho *m* 115
peindre pintar 83
peintre pintor(a) 83
peinture pintura *f* 83
pelle pá *f* 128
pellicule rolo [filme] *m* 86, 125
pendant durante 16, 150, 151
pendentif *(bijou)* pingente *m* 107
pendule relógio *m* 107
pénicilline penicilina *f* 143
penser crer 102
pension (de famille) pensão *f* 20, 22
pension complète pensão completa *f* 24
pension, demi- meia-pensão *f* 24
perdre perder 120, 156
perdrix perdiz *f* 48
père pai *m* 93
perle pérola *f* 107

permanente permanente *f* 30
permis licença *f* 90
permis de conduire carta de condução [carteira de motorista] *f* 20, 79
perruque peruca *f* 124
persil salsa *f* 51
personne pessoa *f* 32
personnel pessoal *m* 26
perte perda *f* 131
petit pequeno(a) 15, 20, 25, 117
petit déjeuner pequeno almoço [café da manhã] *m* 24, 34, 40
petit pain pãozinho *m* 40, 64
petits pois ervilha *f* 49
pétrole petróleo *m* 109
peu poucos(as) 15
peu, un um pouco 15
peut-être talvez 16
pharmacie farmácia *f* 99, 121
photo fotografia *f* 82, 125, 126
photo d'identité fotografia de passaporte *f* 125
photocopie fotocópia *f* 131
photographie fotografia *f* 125
photos fotografias [poses] *f/pl* 125
phrase frase *f* 13
pic pico, cume *m* 85
pièce *(théâtre)* peça *f* 86
pied pé *m* 138
pied, à a pé 76
pied, aller à ir a pé 85
pierre précieuse pedra precisa *f* 107
piéton peão [pedestre] *m* 79
pigeon pombo *m* 48
pile pilha *f* 104, 108, 126
pilule pílula *f*, comprimido *m* 141, 143
pince à cheveux gancho [grampo] *m* 124
pince à cravate mola de gravata *f* 107
pince à épiler pinça para depilar *f* 124
pintade pintada *f* 48
pipe cachimbo *m* 108
pique-nique piquenique *m* 64
piquer picar 139
piquet de tente estaca de tenda *f* 109
piqûre injecção *f* 142, 143, 144
piqûre (d'insecte) picada de insecto *f* 121, 139
pire pior 15
piscine piscina *f* 32, 90
place lugar *m* 32, 70, 87
place *(ville)* praça *f* 81
place, à la em vez de 37
plage praia *f* 91
plan de ville planta *f* [mapa *m*] da cidade 19, 105
planche à voile prancha à vela *f* 91
planche de surf prancha de surf *f* 91
planétarium planetário *m* 81
plaqué argent banhado(a) a prata 107
plaqué or banhado(a) a ouro 107
plastique plástico *m* 105
plat *(eau)* sem gás 59
plat *(chaussure)* raso(a) 117
platine platina *f* 107
plâtre gesso *m* 140
plein cheio 15
pleuvoir chover 94
plomb chumbo *m* 75
plomb, sans sem chumbo 75
plombage chumbo *m* [obturação *f*] 145
plongée sous-marine mergulho *m* 91
pluie chuva *f* 94
plus mais 12, 15
plus tard mais tarde 135
pneu pneu *m* 75, 76
pneu plat furo, pneu vazio *m* 75, 78
pneumonie pneumonia *f* 142
poche bolso *m* 116
poché escaldado(a) 45; *(œufs)* escalfado(a) [pochê] 42
poêle à frire frigideira *f* 105
poil de chameau pêlo de camelo *m* 113
point, à *(viande)* meio-passado(a) 47
pointure número *m* 117
poire pêra *f* 52
poireau alho porro *m* 49
pois, à rico bolas 112
poison veneno *m* 156
poisson peixe *m* 43
poissonnerie peixaria *f* 98
poitrine peito *m* 138, 141
poivre pimenta *f* 37, 40, 51, 64
police polícia *f* 78, 156

pomme maçã *f* 52, 64
pomme de terre batata *f* 51
pommes frites batatas fritas *f/pl* 50, 63
pompe bomba-de-ar *f* 109
pont convés *m* 74
pont ponte *f* 85
popeline popelina *f* 113
porc *(viande)* porco *m* 46
porcelaine porcelana *f* 127
port *(construction)* porto *m* 74, 81
port *(bateau)* porto *m* 74
portatif portátil 104
porte-mine lapiseira *f* 105, 119
portefeuille carteira *f* 156
porter levar 20
porteur carregador *m* 18, 71
portier bagageiro *m* 26
portion bocado *m* 37, 53; dose *f* 61
porto vinho do Porto *m* 58
portugais português(-esa) 114
portugais *(langue)* português 12, 95, 119
Portugal Portugal m 146
pose *(photo)* fotografias [poses] *f/pl* 125
possible possível 137
poste restante posta restante *f* 133
poster pôr no correio 28
pot frasco *m* 110
pot d'échappement tubo de escape [cano de descarga] *m* 78
poterie olaria *f* 83; loiça de barro *f* 127
pouce dedo *m* 138
poudre pó-de-arroz *m* 124
poudrier caixinha de pó de arroz *f* 107
poulet frango *m*, galinha *f* 48, 63
poulpe polvo *m* 44
poumon pulmão *m* 138
poupée boneca *f* 128
pour por, para 16
pour cent por cento 149
pourcentage percentagem *f* 131
pourquoi porquê 12
pousser empurrar 155
pouvoir poder 12, 13, 14, 161
pré prado *m* 85
prélèvement *(méd.)* amostra *f* 142
premier primeiro(a) 68, 73, 77, 149
première classe primeira classe *f* 69
premiers secours, trousse de estojo de primeiros-socorros *m* 122
prendre tomar 72, 143
prénom nome próprio [nome] *m* 25
préparer preparar 71
près perto (de) 16
près d'ici aqui perto 32, 77
presbyte presbita 120
prescrire receitar 143
présentation apresentação *f* 92
présenter apresentar 92
pressé, être estar com pressa 20
pression pressão *f* 75; botão de mola [pressão] *m* 116
prêt pronto(a) 29, 117, 126, 145
prêtre padre *m* 84
prévision previsão *f* 94
prévisions météo previsão do tempo *f* 94
primeur lugar de frutas e legumes *m* [quitanda *f*] 99
principal principal 40, 67, 80, 100
printemps Primavera *f* 150
pris, être ter o que fazer 96
prise ficha [tomada] *f* 29, 104; *(fiche femelle)* tomada *f* 27
privé privado(a) 91; particular 80
prix fixe, à a preço fixo 36
prochain próximo(a) 65, 68, 73, 76, 149, 151
proche, le plus mais próximo(a) 75, 78, 98
procurer arranjar 89, 131
profession profissão *f* 25
programme programa *m* 87
promenade sur la rivière cruzeiro *m* pelo rio 74
prononcer pronunciar 13
prononciation pronúncia *f* 6
propre limpo(a) 61
protestant protestante 84
provisoire provisoriamente 145
prune ameixa *f* 52
pruneau ameixa seca *f* 52
pull(over) camisola de malha *f* [suéter *m*] 116
punaise pionés *m* [tachinha *f*] 119
pur puro(a) 113
pyjama pijama *m* 116

Q

quai cais *m* [plataforma *f*] 69, 70; linha [plataforma *f*] 67, 68
qualité qualidade *f* 103, 113
quand quando 12
quarante quarenta 147
quart quarto *m* 81
quart d'heure quarto de hora *m* 153
quartier bairro *m* 81
quartier commerçant zona comercial *f* 100
quartier des affaires centro de negócios *m* 81
quartz quartzo *m* 107
quatorze catorze 147
quatre quatro 147
quatre-vingt-dix noventa 148
quatre-vingts oitenta 148
quatrième quarto(a) 149
que *(comparaison)* (do) que 15
quel qual 12
quelqu'un alguém 12, 96
quelque algum(a) 15
quelque chose alguma coisa 30, 36; qualquer coisa 111, 112, 121, 139
quelque part em qualquer lado 87
quelques alguns, algumas 15
question pergunta *f* 12, 27
qui quem 12
quincaillerie loja de ferragens *f* 99
quinze quinze 147
quoi o quê 12

R

rabbin rabino *m* 84
raccommoder arranjar [consertar] 29
radiateur *(voiture)* radiador *m* 78
radio rádio *m* 23, 28, 104
radio(graphie) radiografia *f* 140
radis rabanete *m* 49
raisin uva *f* 52, 64
raisin sec passa (de uva) *f* 52
rallentir afrouxar [reduzir a velocidade] 79
rallonge *(électrique)* extensão *f* 104
rappeler telefonar 136
raquette *(tennis)* raquete de ténis *f* 90
raser fazer a barba 31
rasoir gilete *f* [barbeador *m*] 124
rasoir (électrique) máquina de barbear *f* [barbeador *m*] 27; aparelho de barbear [barbeador] *m* 104
rayon secção *f* 100
rayures, à às riscas 112
réception *(bureau d'accueil)* recepção *f* 23
réception *(réunion)* festa *f* 95
réceptionniste recepcionista *m/f* 26
recharge carga *f* 119
réclamation reclamação *f* 61
recommandé *(courrier)* registado(a) [registrado(a)] 133
recommander recomendar 137, 145
recoudre coser [costurar] 117
rectangulaire rectangular 101
reçu recibo *m* 103, 144
réduction desconto *m* 24, 82
regarder ver 100
régime dieta *f* 37
régionale regional 36
règle régua *f* 119
règles menstruação *f* 141
règles douloureuses dores menstruais *f/pl* 141
regretter lamentar 103
rein rim *m* 138
religion religião *f* 83
remboursement reembolso *m* 103
remercier agradecer 10, 96
remise desconto *m* 131
remonte-pente pista de esqui *f* 91
remplir *(fiche)* preencher 26, 144
rendez-vous encontro marcado *m* 131; *(méd.)* consulta *f* 137, 145
rendre devolver 103
rendre visite visita *f* 92
rendre, se chamar 31
renseignement informação *f* 67, 68, 155
réparer consertar 75
réparation conserto *m* 126
réparer consertar 75, 104, 117, 126, 145
repas refeição *f* 24, 63, 143
repasser passar a ferro 29
répéter repetir 12
réponse atender 136
repriser remendar 29

réservation reserva *f* 19; marcação de lugares *f* 65, 69
réservation d'hôtel reserva de hotel *f* 19
réservé reservado(a) 155
réserver reservar 19, 23, 36, 87; marcar 69
respirer respirar 141, 142
restaurant restaurante *m* 19, 32, 34, 35, 67
reste resto *m* 130
rester ficar 17, 24, 26
retard atraso *m* 69
retirer levantar, retirar 131
retourner voltar 21, 77
retrait *(argent)* levantamento *m*, retirada *f* 130
retraité reformado(a) [aposentado(a)] 82
rétrécir encolher 114
réveil despertador *m* 107
réveiller acordar 27, 71
revenir voltar 21
revoir voltar a 96
rhum rum *m* 58
rhumatisme reumatismo *m* 141
rhume constipação *f* [resfriado *m*] 121, 141
rhume des foins febre dos fenos *f* 121, 141
rideau cortinado *m* [cortina *f*] 28
rien nada 15, 17
rire rir 95
rivière rio *m* 85
riz arroz *m* 50
robe vestido *m* 116
robinet torneira *f* 28
rôle principal papel principal *m* 86
romarin rosmaninho [alecrim] *m* 51
rond redondo(a) 101
rose *(couleur)* cor-de-rosa 112
rôti assado(a) 47
roue roda *f* 78
roue de secours pneu sobressalente *m* 75
rouge vermelho(a) 112, 119; *(vin)* tinto 58
rouge à lèvres bâton *m* 124
rougeole sarampo *m* 142
route estrada *f* 77; itinerário *m* 85
route touristique itinerário turístico *m* 85
royal real 81
ruban adhésif fita adesiva *f* 119
ruban de machine à écrire fita para máquina de escrever *f* 119
rubis rubi *m* 107
rue rua *f* 25; estrada *f* 77
ruine ruína *f* 81
Russie Rússia *f* 146

S

s'il vous plaît por favor, se faz favor 11
sable areia *f* 90
sac saco *m* [bolsa *f*] 18; [sacola *f*] 103
sac (de voyage) saco *m* [bolsa *f*] (de viagem) 18
sac à dos mochila *f* 109
sac à main mala de mão [bolsa] *f* 156
sac de couchage saco-cama [saco de dormir] *m* 109
sac plastique saco de plástico *m* 105
safran açafrão *m* 51
saignant *(viande)* mal passado(a) 47, 61
saignement de nez hemorragia nasal *f* 141
saigner sangrar 139, 145
saison época *f* 39; estação *f* 150
salade salada *f* 39
salade verte salada de alface *f* 42
salé salgado(a) 61
salle sala *f* 81, 88
salle à manger sala de jantar *f* 27
salle d'attente sala de espera *f* 67
salle de bains casa de banho *f* [banheiro *m*] 27
salle de conférence sala de conferências *f* 23
salopette fato-macaco [macacão] *m* 116
salut olá 11
salutation saudação *f* 11, 152
samedi sábado *m* 151
sandale sandália *f* 117
sandwich sanduíche *f* [*m*] 64
sang sangue *m* 142
sanglier javali *m* 48

sans sem 16
sans manches sem mangas 116
santé! à sua saúde! 55
saphir safira *f* 107
sardine sardinha *f* 44
satin cetim *m* 113
saucisse chouriço *m* 46, 64
sauge salva *f* 51
saumon salmão *m* 44
sauvetage, ceinture de bote salva-vidas *m* 74
savoir saber 17, 24
savon sabonete *m* 27, 124
Schweppes ® água tónica *f* 59
scooter scooter [lambreta] *f* 74
sculpteur escultor(a) *m/f* 83
sculpture escultura *f* 83
seau balde *m* 105, 128
sec seco(a) 30, 58, 124
sec *(vin)* puro(a) 56, 60
sèche-cheveux secador de cabelo *m* 104
seconde segundo *m* 153
secours, au socorro! 156
secrétaire secretário(a) *m/f* 27, 131
section secção *f* 83
sein seio *m* 138
seize dezasseis [dezesseis] 147
séjour estadia *f* 31, 32
sel sal *m* 37, 40, 64
selles *(méd.)* fezes *f/pl* 142
sels de bain sais de banho *m/pl* 124
semaine semana *f* 17, 20, 24, 80, 92, 151
semelle sola *f* 117
sens unique de sentido único 77
sentier caminho pedestre *m* 85
sentir, se sentir-se 140
séparément separadamente 62
sept sete 147
septembre Setembro *m* 150
septième sétimo(a) 149
sérieusement gravemente 139
serveur criado de mesa [garçom] *m* 26
serveuse criada de mesa [garçonete] *f* 26
service serviço *m* 23, 62, 98,100
service des chambres serviço de quartos *m* 23
service religieux serviço religioso, culto *m* 84
serviette guardanapo *m* 36
serviette de bain toalha de banho *f* 27
serviette en papier guardanapo de papel *m* 119
serviette hygiénique penso higiénico *m* [toalha higiênica *f*] 122
servir, se ajudar 120
seulement só 16, 24, 80
shampooing shampoo [xampu] *m* 30,124
shampooing et mise en plis lavar e fazer mise [escova] 30
shampooing sec shampoo [xampu] seco *m* 124
short calções [shorts] *m/pl* 116
siècle século *m* 149
siège lugar *m* 69
signature assinatura *f* 25
simple simples 126
six seis 147
sixième sexto(a) 149
ski esqui *m* 90, 91
ski nautique esqui aquático *m* 92
slip calças compridas *f/pl* 116; cuecas *f/pl* 116
snack-bar snack-bar *m* [lanchonete *f*] 34, 67
sœur irmã *f* 93
soie seda *f* 113
soif, avoir ter sede 14, 35
soir noite *f* 95, 96, 151, 153
soir, ce hoje à noite 29, 86, 87
soixante sessenta 148
soixante-dix setenta 148
soldes saldos *m/pl*, liquidação *f* 100
sole linguado *m* 44
soleil sol *m* 94
solide resistente 101
soliste solista *m/f* 88
sombre lúgubre 84; escuro(a) 101
somme importância *f* 131
somnifère sonífero *m*, pílulas para dormir *f/pl* 122, 143
son, sa, ses seu, sua 159
sonner tocar 155
sonnette campainha *f* 144
sorte género *m* 110
sortie saída *f* 67, 99, 155
sortie de secours saída de emergência *f* 28, 99

sortir sair 95
soupe sopa *f* 43
souple flexível 120
source nascente *f* 85
soutien-gorge soutien *m* 116
souvenir lembrança *f* 127
sparadrap penso rápido [bandaid] *m* 122
spécial especial 20, 37
spécialiste especialista *m/f* 142
spécialité especialidade *f* 39
spectacle de cabaret variedades *f/pl* 88
sport desporto [esporte] *m* 89
stade estádio *m* 82
standardiste telefonista *m/f* 26
station estação (do metro) *f* 72
station-service estação de serviço *f* [posto de gasolina *m*] 75
stationnement estacionamento *m* 77, 79
statue estátua *f* 82
stick-lèvres bálsamo para os lábios *m* 124
store estore *m* 29
stupéfiant espantoso 84
stylo caneta *f* 119
stylo à bille esferográfica *f* 119
stylo à encre caneta de tinta permanente [caneta-tinteiro] *f* 119
stylo-feutre caneta feltro *f* 119
sucre açúcar *m* 37, 63, 64
sud sul *m* 77
Suède Suécia *f* 146
suisse suiço 18
Suisse *(nationalité)* suíco(a) *m* 93
Suisse *(pays)* Suíça *f* 146
super super 75
superbe estupendo(a) 84
supérieur superior(a) 69
supermarché supermercado *m* 99
supplémentaire mais 27
suppositoire supositório *m* 122
sur sobre 16
survêtement fato de treino [jogging] *m* 116
sweatshirt camisola *f* [suéter *m*] de algodão 116
synagogue sinagoga *f* 84
synthétique sintético(a) 113
système sistema *m* 138
système nerveux sistema nervoso *m* 138

T

T-shirt camiseta, t-shirt *f* 116
tabac tabaco [fumo] *m* 108
tabac à chiquer tabaco [fumo] de mascar *m* 108
tabac à priser rapé *m* 108
tabac pour pipe tabaco [fumo] para cachimbo *m* 108
table mesa *f* 36
table pliante mesa de fechar *f* 109
tableau quadro *m* 83
tache nódoa [mancha] *f* 29
taille medida *f* 114
taille-crayons apara-lápis [apontador] *m* 119
tailleur alfaiate *m* 99
talc pó de talco *m* 124
talon salto *m* 117
tampon hygiénique tampão higiénico *m* 122
tante tia *f* 93
tapis de sol tapete *m* 109
tard tarde 15
tarif preço *m* 77, 90; tarifa *f* 20
tarifs spéciaux condições especiais *f/pl* 20
tasse chávena [xícara] *f* 60, 105
taux d'inflation índice de inflação *m* 131
taxe taxa *f* 32
taxe de séjour taxa de turismo *f* 32
taxe sur la valeur ajoutée IVA *m* [taxas *f/pl*] 24, 102, 154
taxi táxi *m* 19, 21, 31, 67
taxi, station de ponto de táxi *m* 21
teint, grand de cor fixa 114
teinté de cor 120
teinture pintura do cabelo *f* 30; tintura *f* 124
teinturerie lavandaria [lavanderia] a seco *f* 29, 99
télécabine teleférico *m* 74
téléfax fax *m* 133
télégramme telegrama *m* 133
télémètre telémetro [foco] *m* 126
téléobjectif teleobjectiva *f* 126
téléphérique teleférico *m* 74

téléphone telefone *m* 28, 134
téléphoner telefonar 134
télévision televisão *f* 23, 28, 104
télex telex *m* 133
température temperatura *f* 90, 142
temps *(météo)* tempo *m* 94; *(l'heure)* tempo *m* 80
tendon tendão *m* 138
tennis *(sport)* ténis *m* 89
tennis *(chaussures)* ténis *m/pl* 117
tension *(méd.)* tensão [pressão] arterial *f* 142
tente tenda *f* 32, 109
tenue de soirée traje de noite *m* 88
terme termo *m* 131
terrifiant pavoroso(a) 84
tétanos tétano *m* 140
tête cabeça *f* 138, 139
tétine chupeta *f* 124
thé chá 40, 60, 64
thé glacé chá gelado *m* 60
théâtre teatro *m* 82, 86
thermomètre termómetro *m* 122, 143
thermos termo *m* [garrafa térmica *f*] 105
thon atum *m* 44
thym tomilho *m* 51
tiers terço *m* 149
timbre(-poste) selo *m* 28, 108, 132, 133
tirer puxar 155
tissu tecido *m* 113
tissu éponge pano turco [tecido felpudo] *m* 113
toile tela *f* 117
toilettes casa de banho *f* [banheiro *m*] 23, 28, 32, 37, 67
tomate tomate *m* 49
tombe túmulo *m* 82
ton tom *m* 111
ton teu, tua 159
tonnerre trovão *m* 94
torticolis torcicolo *m* 141
tôt cedo 15, 31
toucher mexer 155
tour *(édifice)* torre *f* 82
tour *(excursion)* excursão *f* 74, 80
tourner virar 21, 77
tournevis chave de fenda *f* 105
tousser tossir 142
tout tudo 31, 62, 103
tout de suite já 31
tout droit sempre em frente 77
tout droit *(direction)* sempre em frente 21, 77
toux tosse *f* 121, 141
traduire traduzir 13
trafic trânsito *m* 79
train comboio [trem] *m* 68, 69, 70
train direct comboio [trem] directo *m* 68
traitement tratamento *m* 143
traiteur salsicharia [delicatessen] *f* 99
trajet viagem *f* 72
trajet *(voyage)* viagem *f* 72
tram(way) eléctrico [bonde] *m* 73
tranche fatia *f* 120
tranquillisant calmante, tranquilizante *m* 122, 143
transfert transferência *f* 131
transformateur transformador *m* 104
transfusion transfusão de sangue *f* 144
transport transporte, meios de *m* 74
travaux obras, trabalhos 79
travers, à através (de) 16
traversée travessia *f* 74
treize treze 147
trente trinta 147
très muito 16
tricot camisola *f* [suéter *m*] 116
trois três 147
troisième terceiro(a) 149
trombone clipe *m* 119
trop demasiado 15
trop cuit passado(a) demais 61
trotteuse ponteiro de segundos *m* 106
trou buraco *m* 30
trouver encontrar 12, 84, 100; arranjar 12, 19, 32; apanhar 19, 21
truite truta *f* 44
tu tu 159
tuba tubo snorkel *m* 128
tube tubo *m* 120
Turquie Turquia *f* 146
turquoise turquesa 107, 112
TVA IVA *m* [taxas f/pl] 154
type tipo *m* 85

U

Ukraine Ucrânia *f* 146
ultrarapide ultra-rápido(a) 126
un, une um, uma 147, 157
uni liso(a) 112
université universidade *f* 82
urgence emergências *f/pl* 156
urgence, d' depressa 79
urgent urgente 13, 145
urine urina *f* 142
usage uso *m* 17
utile útil 15
utiliser utilizar 134

V

vacances férias *f/pl* 17, 151
vacciner vacinar 140
vague onda *f* 91
vaisselle louça *f* 105
valeur valor *m* 131
vallée vale *m* 85
vapeur, à la cozido(a) ao vapor 45
veau *(viande)* vitela *f* 46
végétarien vegetariano(a) 37
veine veia *f* 138
vélomoteur bicicleta motorizada *f* 74
velours veludo *m* 113
velours côtelé bombazina *f* [veludo coteliê *m*] 113
velours de coton veludo de algodão *m* 113
vendre vender 100
vendredi sexta-feira *f* 151
venir vir 36, 95, 137
vent vento *m* 94
vente venda *f* 131
vérifier examinar 75
véritable *(argent)* autêntico(a) 106; *(cuir)* de lei 117
vermouth vermute *m* 55, 58
vernis à ongles verniz [esmalte] de unhas *m* 124
verre copo *m* 36, 59, 61, 105, 143
verre *(lunettes)* lente *f* 120
verre de contact lentes de contacto *f/pl* 120
vers para, cerca de 16
vert verde 112
vertige, avoir le ter vertigens 140
vessie bexiga *f* 138
veste casaco curto *m* [jaqueta *f*] 116
vestiaire vestiário *m* 87
vêtements roupa *f* 29, 115
vétérinaire veterinário(a) *m/f* 99
viande carne *f* 37, 46, 47, 61
vide vazio(a) 15
vieux velho, idoso 15
vignoble vinha *f* 85
village aldeia *f* 76, 85
ville cidade *f* 19, 76, 82, 89
vin vinho *m* 56, 58, 61
vin de Xérès Xerez *m* 58
vinaigre vinagre *m* 37
vingt vinte 147
violet roxo(a) 112
virage curva *f* 79
visage rosto *m* 138
visite de la ville circuíto turístico *m* 80
visite touristique visita turística *f* 80
vitamines vitaminas *f/pl* 122
vite rápido(a) 15
vitrine vitrine *f* 100, 112
vivre viver 83, 160
vodka vodca *f* 58
vœux felicidades *f/pl* 152
voici aqui 14
voilà aí 14
voilier barco à vela *m* 91
voir ver 13, 25, 26, 89
voiture carro *m* 19, 20, 32; automóvel *m* 75
vol *(vol)* voo *m* 65
vol *(délit)* roubo *m* 156
volaille aves de criação *f/pl* 48
voler *(dérober)* roubar 156
volet janela de madeira *f* 29
voleur ladrão *m* 156
volleyball voleibol *m* 89
voltage voltagem *f* 27, 104
vomir vomitar 140
votre vosso(a) 159
vouloir querer 13, 20, 23, 96, 102, 103, 112
vouloir dire *(signifier)* querer dizer 12
vous você 159
voyage viagem *f* 152
voyage d'affaires viagem de negócios *f* 93

voyager viajar 93
vue vista *f* 120; *(panorama)* 23, 25

W
wagon-lit carruagem-cama *f* [vagão-leito *m*] 68, 69, 70
wagon-restaurant carruagem-restaurante *f* [vagão-restaurante *m*] 66, 68, 71
whisky uísque *m* 17, 58

X, Y, Z
yogourt iogurte *m* 40, 64
zéro zero *m* 147
zoo jardim zoológico *m* 82
zoologie zoologia *f* 83

Índice português

Abreviaturas	154
Acepipes	41
Acidentes	78, 139
Aeroporto	17, 65
Alfândega	17
Alimentação	63, 110
Alojamento	22
Aparelhos eléctricos	104
Apresentações	92
Autocarro	73
Automóvel	75
acidentes	78
aluguer	20
avaria	78
estacionamento	77
Bagagens	18, 71
Ballett	88
Banco	130
Barbeiro	30
Barcos	74
Bebidas	55
Bilhetes	
comboio [trem]	69
concerto	87
futebol	89
museu	82
Boîtes	88
Brinquedos	128
Cabeleireiro	30
Café da manhã	40
Câmbio	18, 129
Camioneta	72
Campismo	32
Campo	85
Cardápio	39
Carnes	46
Cassetes	127
Cerveja	55
Cinema	86
Compras, guia de	97
Concerto	88
Condimentos	50
Convites	94
Cores	112
Corpo, partes do corpo	138
Correio	132
Cosméticos	122
Criação	48
Data	151
Dentista	145
Desportos	89
Diabéticos	37, 141
Dias da semana	151
Dinheiro	18, 129
Direcções	76
Discos	86
Discoteca	88
Distracções	86
Doença	140
Electricista	104
Ementa	39
Encontros	95
Esportes	89
Estação	66
Estação de serviço	75
Estacionamento	77
Estações do ano	150
Excursões	80
Espressões correntes	11
Fado	88
Família	93
Farmácia	121
Feriados	152
Frutas	52
Fotografia	125
Gramática	157
Higiene, produtos de	123
Hora	153
Hospital	144

Hotel 22
  correio 28
  dificuldades 28
  partida 31
  recepção 23
  reserva 19

Igreja 84

Jornais 118

Lavandaria 29
Legumes 49
Lembranças 127
Letreiros 155
Livraria 118
Lojas, lista de 98

Mariscos 44
Médico 137
Mercearia 110
Meses 150
Metro 72
Música 88, 128

Números 147

Oculista 120
Ônibus 72, 73
Ópera 88
Ourivesaria 106
Ovos 42

Países, nomes de 146
Papelaria 118
Passaporte 17
Peixes 44
Pequeno almoço 40
Perdidos e achados 156
Pesca 90
Piquenique 63, 110
Polícia 78, 156
Praia 91
Provisões 63

Queijos 51

Relojoaria 106
Restaurante 33
  conta 62
  ementa [cardápio] 39
  encomenda 36
  reclamações 61
Roubo 156

Saladas 42
Salgadinhos 41
Sapatos 117
Selos 132
Serviços religiosos 84
Sinais de trânsito 79
Sobremesas 53
Sopas 43

Tabacaria 108
Táxi 21
Teatro 86
Telefone 134
Telex, fax 133
Tempo 94
Termos comerciais 131
Transportes
  avião 65
  autocarro [ônibus] 73
  barco 74
  bilhetes 69
  camioneta [ônibus] 72
  comboio [trem] 66
  eléctrico [bonde] 72
  informações 68
  metro 72
Trem 66
Turismo 80

Urgências 156

Vegetarianos 37
Vestuário 111
Vinhos 56
Visitas turistícas 80

PANAMA
Caracas
OCÉAN ATLANTIQUE
VENEZUELA
GUYANE
GUYANE FRANÇAISE
Bogotá
COLOMBIE
SURINAME
Quito
Macapá
Manaus
ÉQUATEUR
Belém
Amazonas
Fortaleza
Pôrto Velho
Recife
Tapajós
BRÉSIL
PÉROU
Salvador
BRASILIA
Lima
BOLIVIA
La Paz
Cuiabá
Belo Horizonte
Vitória
PARAGUAY
OCÉAN
São Paulo
Rio
de Janeiro
CHILI
Asunción
PACIFIQUE
ARGENTINE
Pôrto Alegre
Buenos
Aires
URUGUAY
Santiago
Montevideo
Negro
0
2000 km
OCÉAN
ATLANTIQUE
Tierra del Fuego
Cabo de Hornos

La Coruña
Braga
Porto
Douro
ESPAGNE
Aveiro
Coimbra
Madrid
PORTUGAL
Tejo
Sintra
LISBOA
Guadiana
Estoril
Evora
Setúbal
Córdoba
Guadal quivir
Lagos
Sevilla
Faro
Málaga
Cádiz
0
200 km
MER
MÉDITERRANÉE
OCÉAN
ATLANTIQUE
MAROC